D1748498

SCHWEIZER HANDWERKSKUNST

WERKSTATTPORTRÄTS – LEBENDIGE TRADITION

orell füssli Verlag

INHALT

4	WALTER BACHMANN	ALPHORNBAUER
12	JULIAN HUBER	HUTMACHER
20	DOMINIC BESCHLE	CHOCOLATIER
28	MARION GEISSBÜHLER	GOLDSCHMIEDIN
36	DANIEL UND ROBERT WERREN	GEISSELMACHER
44	EDWIN HAUSER	GLARNER TUCHMACHER
52	SEPP STEINER	ARMBRUSTBAUER
60	ROBERT NIEDERER	GLASMACHER
68	WERNER ALDER	HACKBRETTBAUER
76	FAMILIE MURITH	KÄSER
84	CHRISTINE BAUMGARTNER	KERAMIKERIN
92	JEAN-PIERRE DAMERAU	HOLZMÖBELBAUER
100	FRANÇOIS JUNOD	AUTOMATENBAUER
108	WILLY LÄNG	POYAMALER
116	MARKUS FLÜCK	HOLZBILDHAUER
124	LUDWIG HATECKE	METZGERMEISTER
132	SIMON JACOMET	SKIMACHER
140	BEATRICE STRAUBHAAR	SCHERENSCHNITTKÜNSTLERIN
148	OSKAR EBINER	MASKENSCHNITZER
156	PETER WISLER	SCHWYZERÖRGELIBAUER
164	HANSJÖRG KILCHENMANN	MESSERSCHMIED
172	PEDER BENDERER	ZUCKERBÄCKER
180	EVA DURISCH	TRACHTENSCHNEIDERIN
188	ROGER DÖRIG	SENNENSATTLER
196	KAVITHAS JEYABALAN	SCHLITTENBAUER
204	ARMIN STROM	UHRMACHER
212	HANS REIFLER	WEISSKÜFER
220	ADRESSEN DER PORTRÄTIERTEN BETRIEBE	
223	DIE MACHER	

WALTER BACHMANN | ALPHORNBAUER

Töne für die Seele

Auf dem Knubel, hoch über Eggiwil im oberen Emmental, baut Walter Bachmann aus Hasel-Fichten Alphörner. Er arbeitet noch mit den Werkzeugen, die sein Grossvater eigenhändig hergestellt hat.

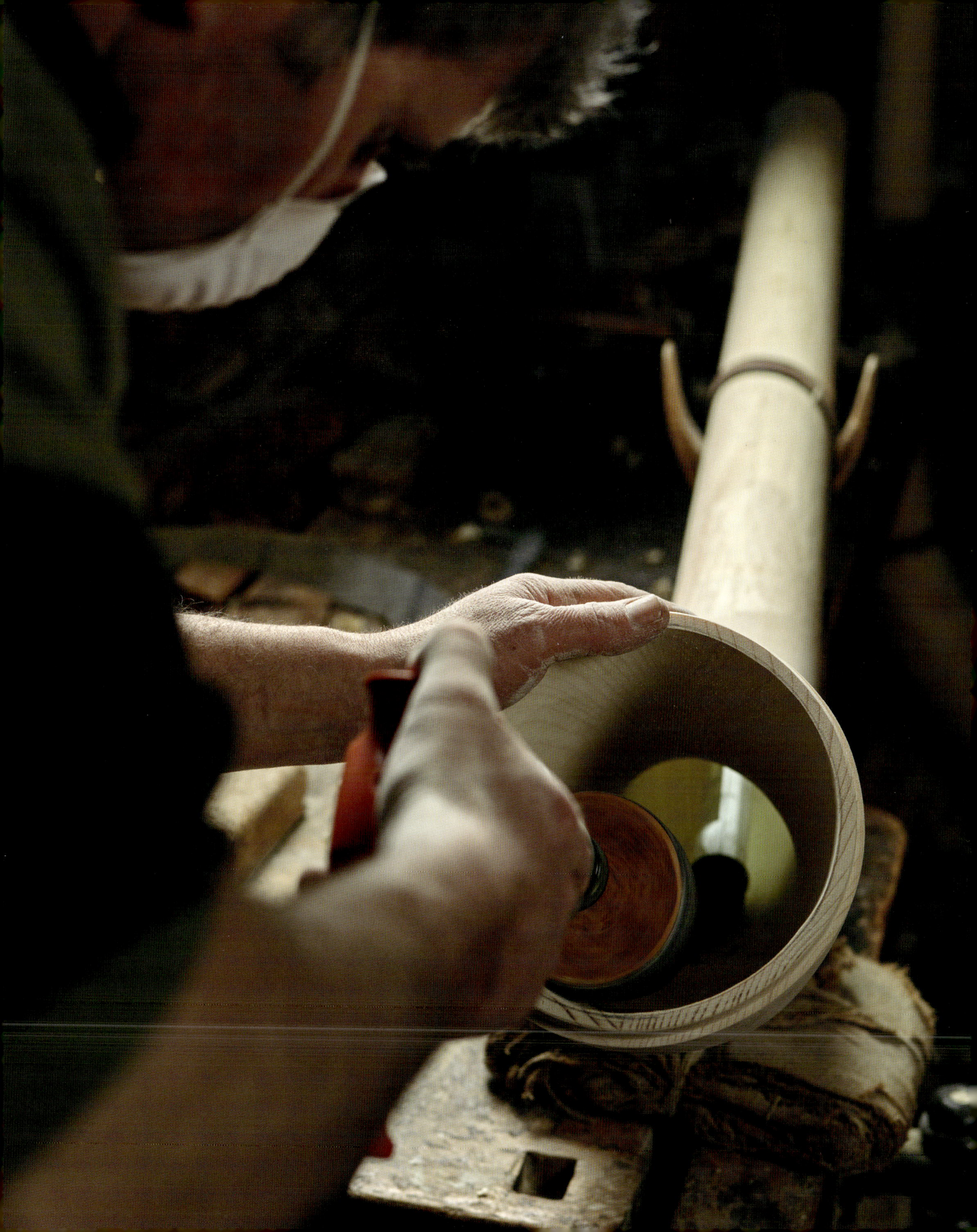

Also zur Folklore kann man ja stehen, wie man will. Doch wenn Walter Bachmann sein Alphorn nimmt, runde, warme Töne über die Hügel des Emmentals bis in den Sonnenuntergang hineinrollen lässt – wer da nicht in der Seele berührt wird, der hat vielleicht keine.

PASSION VOM GROSSVATER GEERBT

Wie sein Vater und sein Grossvater baut der Bergbauer Bachmann Alphörner für sich, vor allem aber für seine Kunden. In der Werkstatt kommt man sich vor, wie aus der Zeit gefallen. »Die meisten Werkzeuge, die ich benutze, hat mein Grossvater noch selber hergestellt«, erzählt Bachmann. Als der Grossvater 1925 mit dem Bau des ersten Alphorns begann, war das Instrument im Oberemmental praktisch ausgestorben, wie Bachmann weiss. »Doch auf einer Chilbi hat mein Vorfahr zufällig einen Alphornspieler gehört – und war elektrisiert.« Geld war keins da, darum baute der Grossvater sein erstes Alphorn selber. Dann ein zweites, ein drittes – und weil er darin gut und die Zeiten für Bauern schlecht waren, wurde daraus ein Betriebszweig und das Alphorn feierte ein Comeback im Oberemmental.

> *»Mit einem modernen Alphorn aus Plastik erreichst du die Seele der Zuhörer nie. Da ist nichts – und das ist nichts für mich.«*

MUTIERTES FICHTENHOLZ ALS WERKSTOFF

Heute baut der Enkel jährlich rund 25 Hörner auf Bestellung. Das Holz dazu stammt aus der benachbarten Honegg: »Dort wachsen speziell viele der sogenannten Hasel-Fichten – das beste Holz für Alphörner«, erzählt Bachmann. Hasel-Fichten sind keine eigene Baumart, sondern normale Fichten, die eine Mutation aufweisen: Ihre Jahrringe ziehen sich nicht gleichmässig mit grösserem oder kleinerem Abstand durchs Holz – sie sind ineinander verzahnt. »Diese Verzahnung hat grossen Einfluss auf die Klangfarbe, auf die Tonalität«, erklärt Bachmann. Entdeckt hätten diese Eigenheit wohl Holzer im 18. Jahrhundert. »Sie liessen im Winter die Stämme in Eiskanälen bergab sausen und bemerkten: Hasel-Fichten haben einen

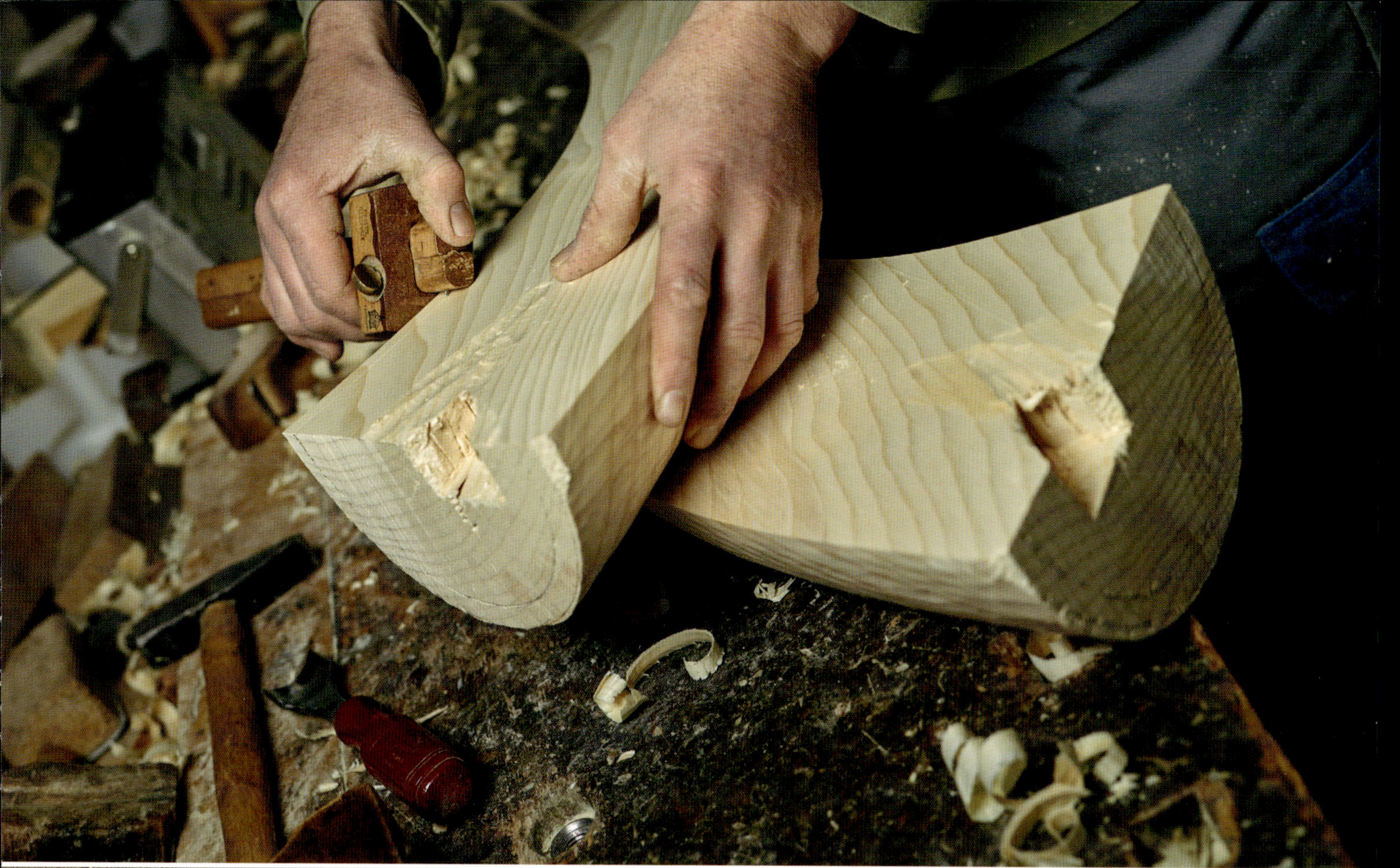
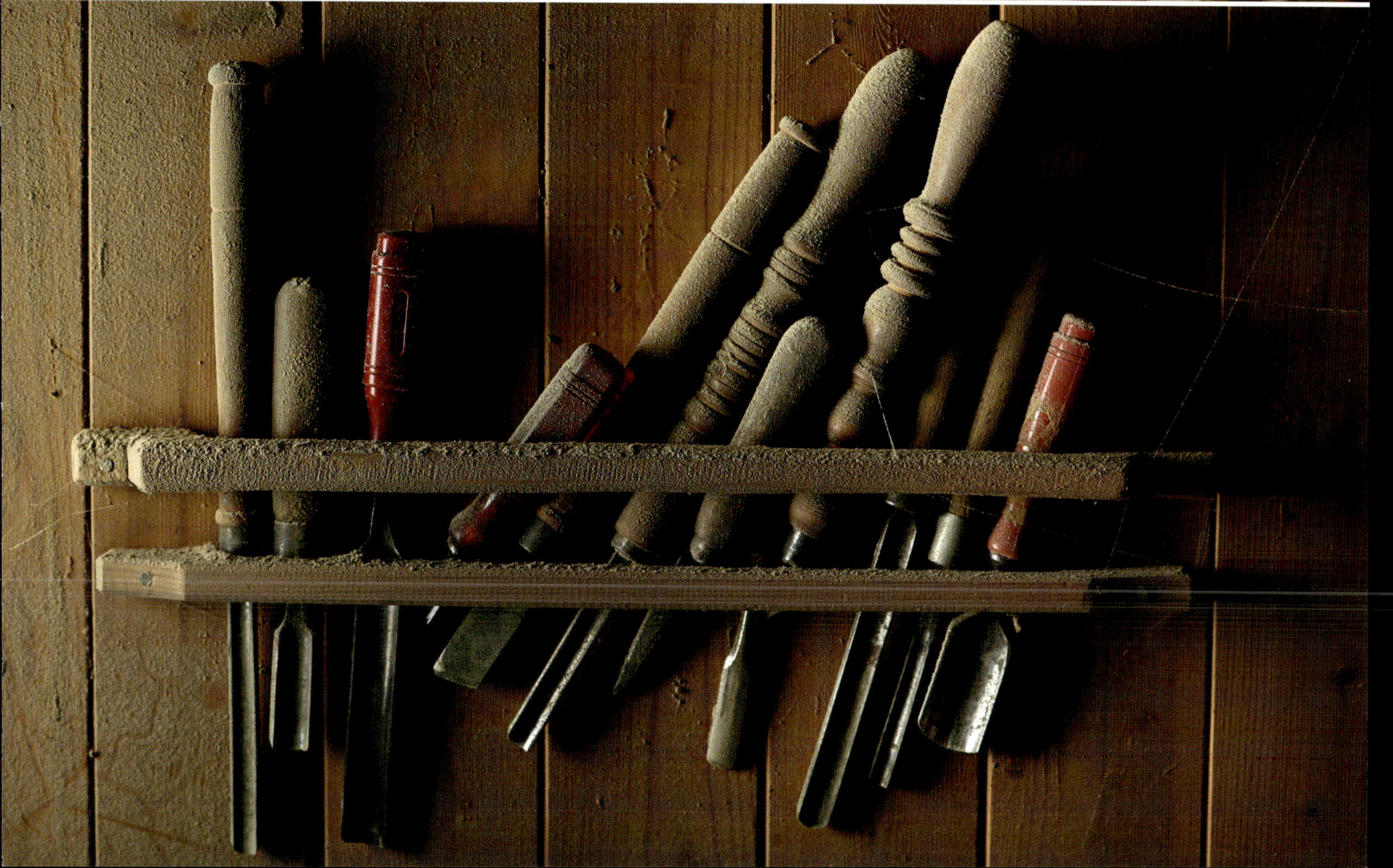

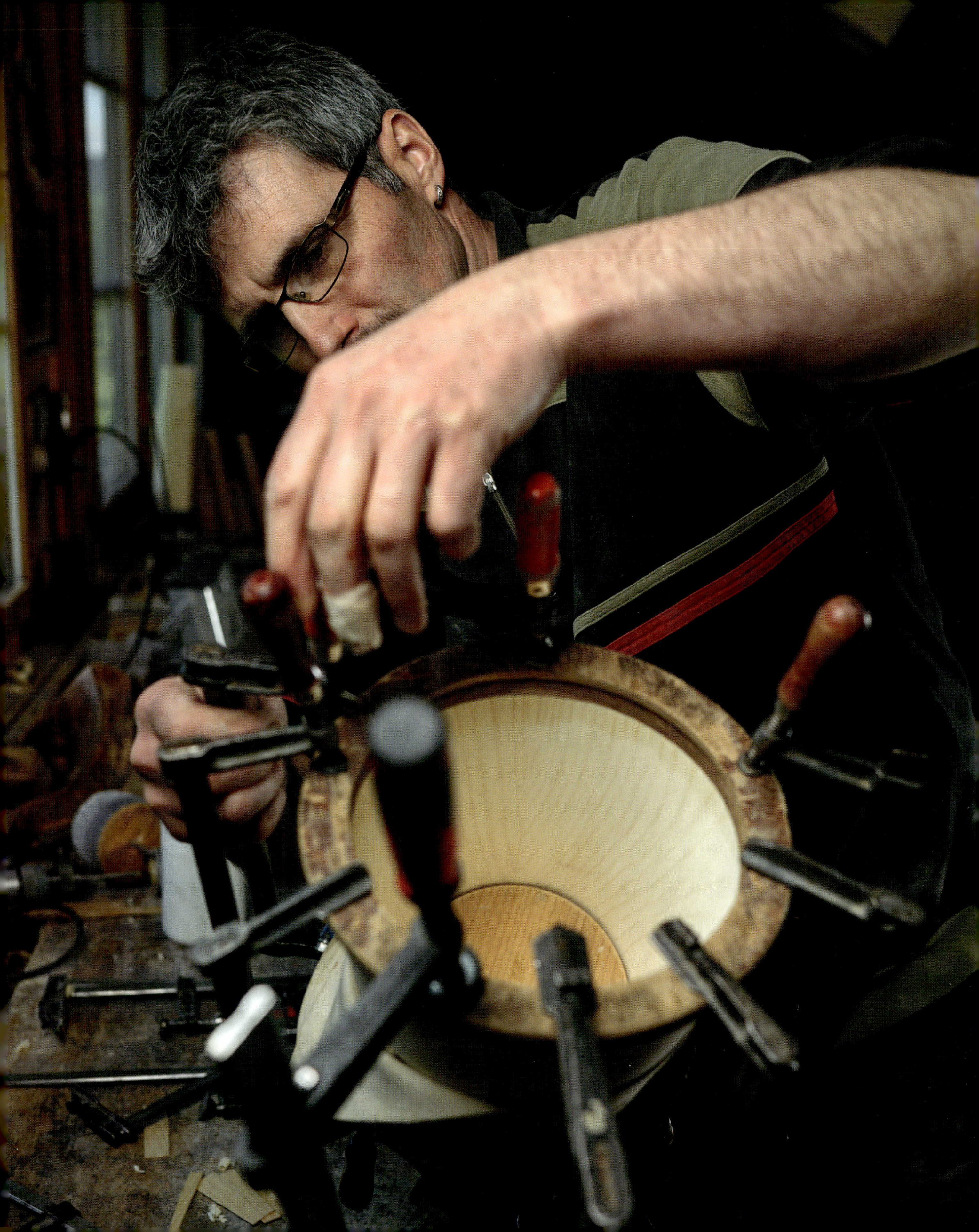

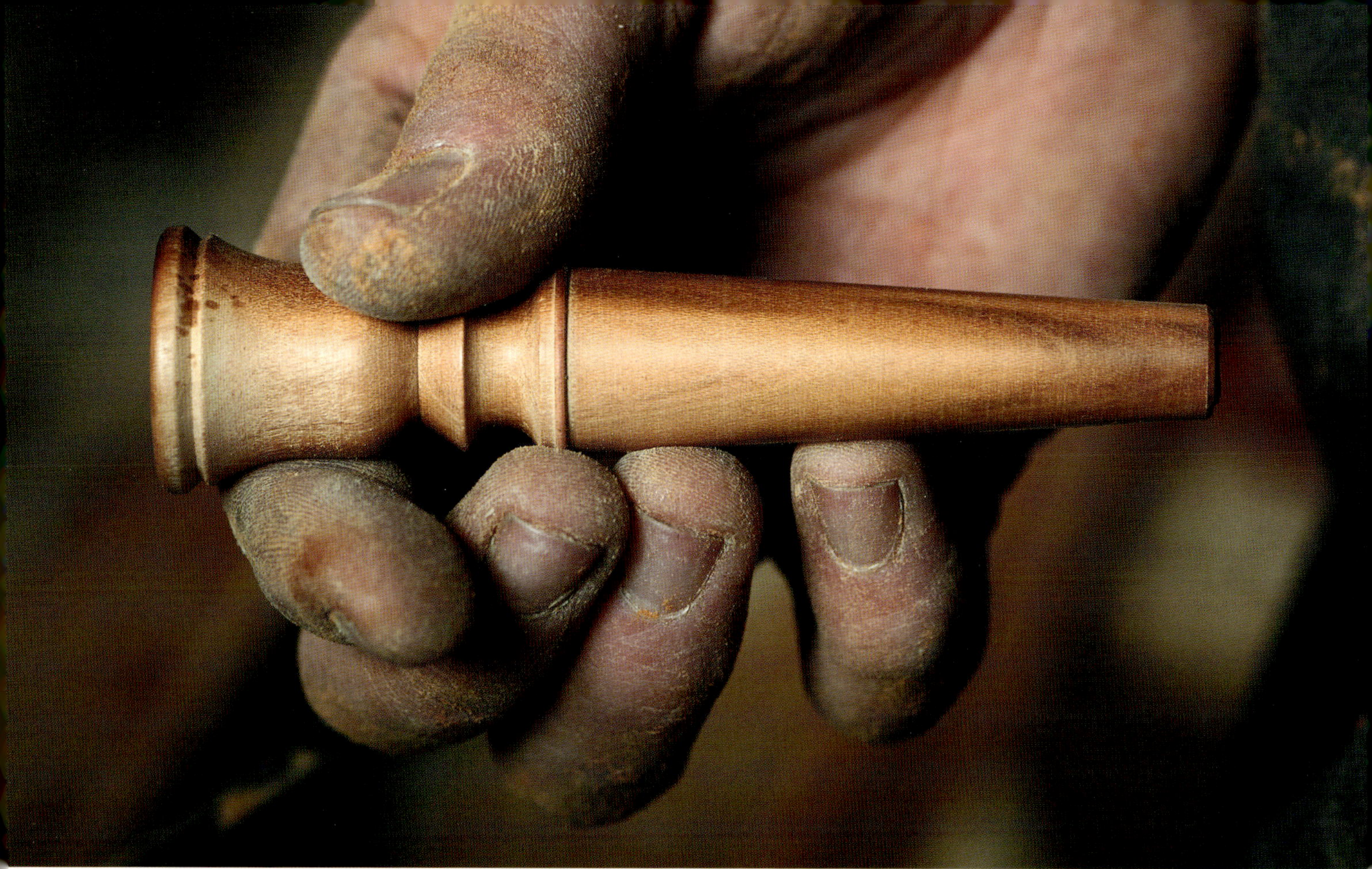

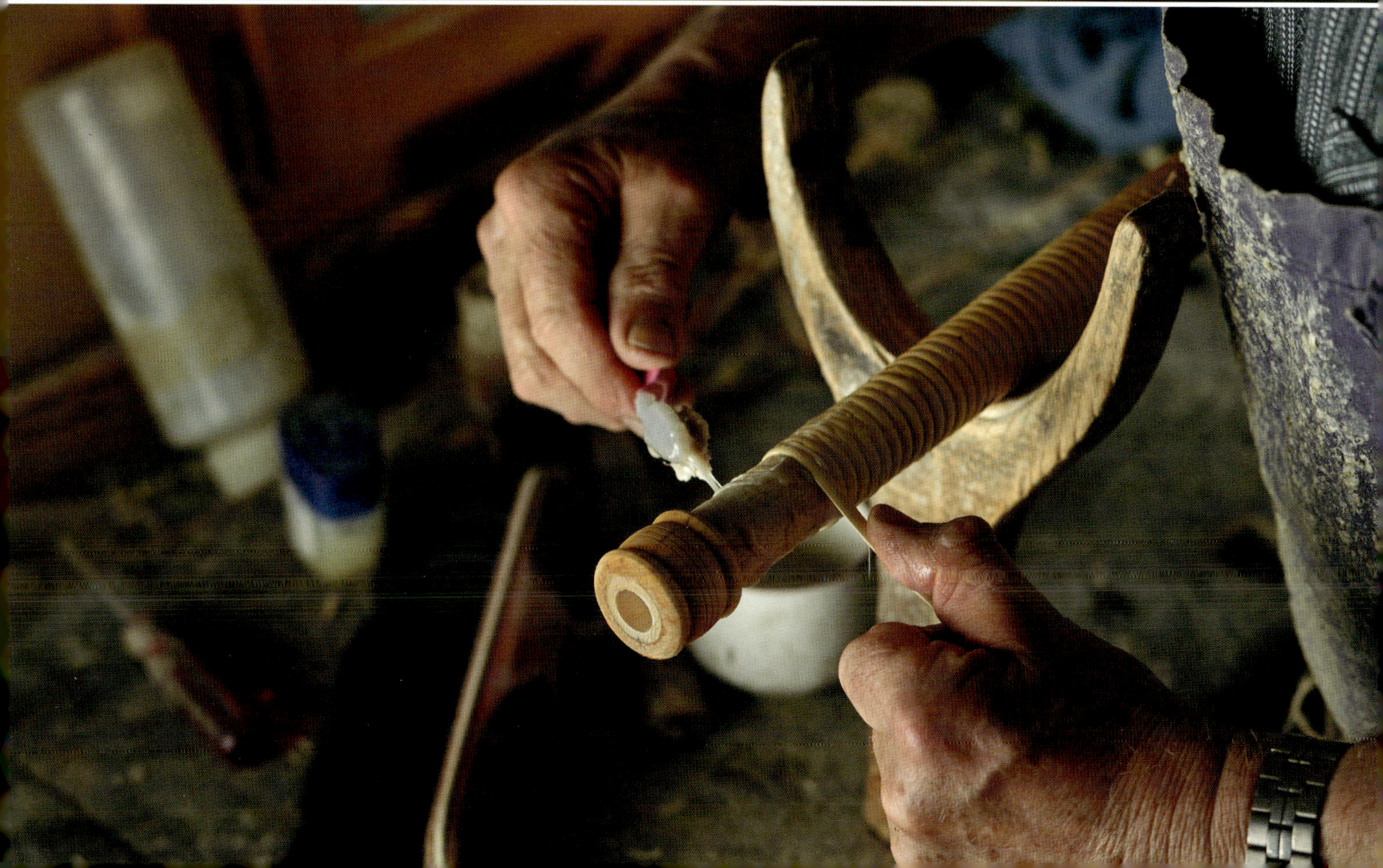

anderen Klang als die übrigen Stämme, wenn sie anstossen.« Überhaupt das Holz: »Es tönt in Graubünden anders als im Jura und im Jura wieder anders als bei uns«, sagt Bachmann. Das herauszuhören ist hohe Schule, aber der Emmentaler vereint ja auch das Wissen, das Können und das Gefühl für Alphörner von drei Generationen in sich. Diese Erfahrung schlägt sich in Sätzen wie diesem nieder: »Ein Alphorn sucht sich seinen Spieler – nicht umgekehrt. Ich kann schon bei den ersten zwei, drei Tönen sagen, ob Musiker und Instrument harmonieren. Oder eben nicht.«

AUS ZWÖLF TEILEN WIRD EIN GANZES

Aber Bachmann macht keine grosse Sache um seine Alphörner. »Das Instrument besteht in der Hauptsache aus zwölf Teilen einer während sechs Jahren getrockneten Hasel-Fichte. »Diese Teile säge und füge ich so zusammen, dass die Jahrringe ineinander verlaufen und so zu einem optimalen Klang beitragen.« Alleine am Rohrkanal hobelt und schleift er 15 Stunden. Es gibt zwar Alphornbauer, die das maschinell in wenigen Minuten machen. Und es gibt sogar Hörner aus Kunststoff. In so ein Ding aus Plastik hat Walter Bachmann auch schon geblasen. »Aber da ist nichts. Keine Schwingungen, keine Wärme. Die Seele der Zuhörer erreichst du damit nicht.«

»Ein Alphorn sucht sich seinen Spieler – und nicht umgekehrt.«

WALTER BACHMANN | ALPHORNBAUER

JULIAN HUBER | HUTMACHER

Zeigt Mut mit Hut

Nächster Halt: Dottikon-Dintikon. Umsteigen und ab geht die Post nach Hägglingen. Klingende Namen heute noch – und erst recht im 19. und anfangs 20. Jahrhundert, als das Freiamt die ganze Welt mit erstklassigen Strohhüten belieferte. Geblieben ist die Risa, die einzige Filz- und Strohhutfabrik der Schweiz. Den Chefhut trägt ein junger Mann: Julian Huber.

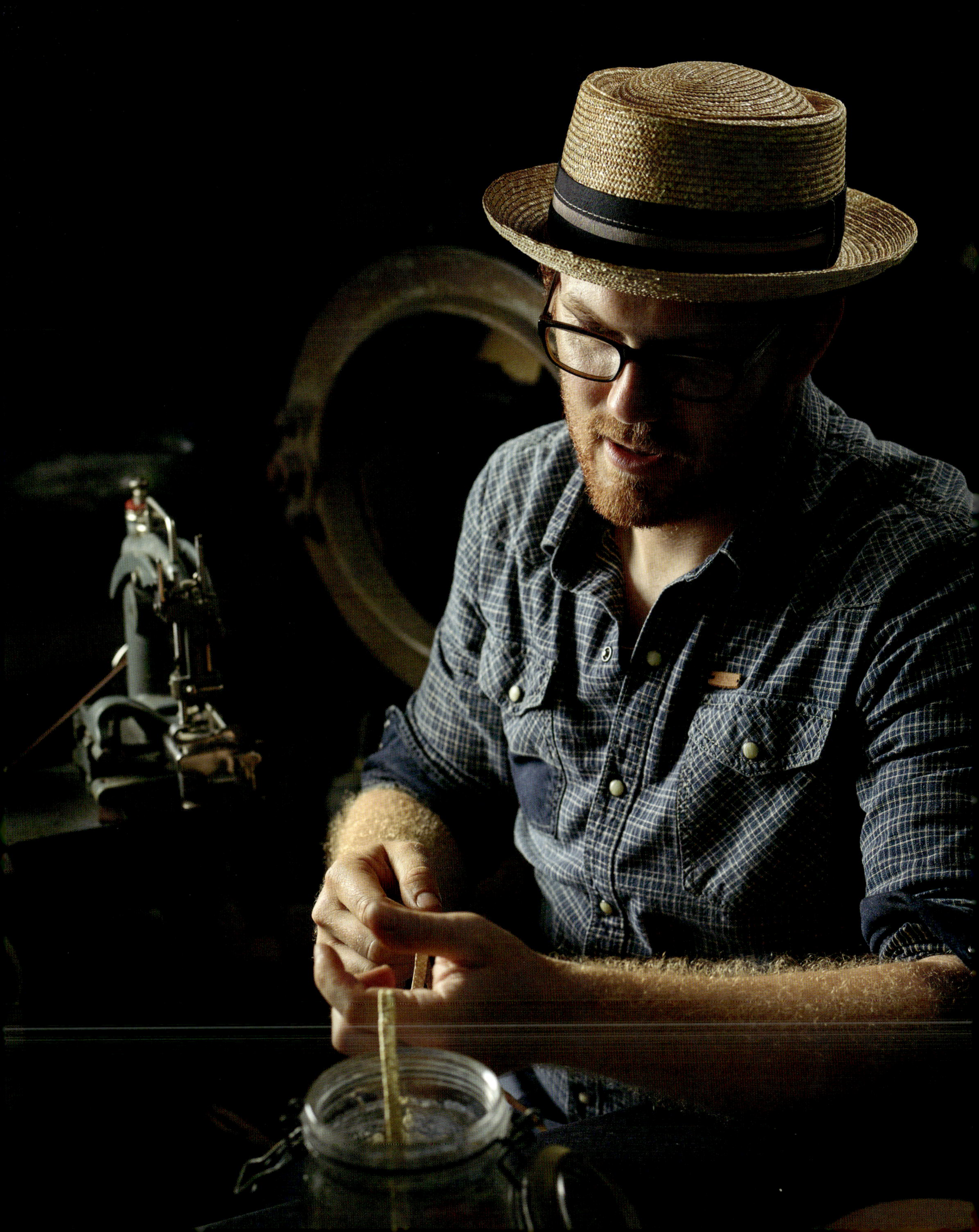

Eigentlich hatte er mit Hüten gar nichts am Hut: Julian Huber. Zwar drehte sich seine Lehre auch ums Handwerk, aber um jenes des Polymechanikers. Er weiss also, wie man Werkzeuge herstellt und flickt. Seine Lehre hat er in einem drei Strassen weiter entfernten Betrieb gemacht, der Riwisa – wo einst neu Kunststoffknöpfe der Schweiz hergestellt wurden. Sowohl die Knopf- wie auch eine Hutfabrik namens Risa wurden 1942 von Hubers Grossvater und einem seiner Kollegen übernommen. Als kleiner Bub war er ab und zu bei Grosspapa und staunte über die Holzköpfe, auf denen Strohhüte unter dampfenden Hauben ihre typische Form annahmen. Seine Mutter half auch mit im Betrieb, der dann in die Hände seines Onkels überging. Schliesslich bot dieser seinem Neffen vor ein paar Jahren an, die Hutfabrik zu übernehmen – und damit die Familientradition weiterzuführen. Seither haben Julian und seine Mutter Gabriela das Heft in der Hand.

MÄNNER SITZEN AN DER NÄHMASCHINE

»Ich wurde ins kalte Wasser geworfen«, erinnert sich der unterdessen 30-jährige Quereinsteiger. »Ich war von Tag eins an für die Hutproduktion verantwortlich. Und das ist bis heute so geblieben.« Das Nähen der Strohhüte ist auch jetzt Männersache. Julian Huber und ein Mitarbeiter vernähen freihändig die berühmten Strohbändel – diese wurden einst in der Gegend in rauen Mengen geflochten – zum »Stumpen«, so heisst der Kopf-teil, und zur Krempe, dem Hutrand. Heute stammen die Bändel aus der Geflechtfabrik Tressa in Villmergen. Die zwei Firmen haben sich zusammengetan, Julian Huber hat seine Kreativität walten lassen und vor vier Jahren eine unterdessen 36-köpfige Kollektion in guter alter Freiämter Manier auf den Markt gebracht. Jeder Hut trägt einen Gemeindenamen aus der Gegend. Und sie sitzen perfekt: die Rudolfstetterin (ein traditionelles Cap), der Abtwiler (eine Melone), die oder der Beriker (ein Unisex Panama-Trilby) oder der Häggliger,

> »Ein guter Hut hält gut und gern 20 Jahre. Für Panamahüte, die aus der Form geraten sind, braucht es manchmal eine Dampfpresstherapie.«

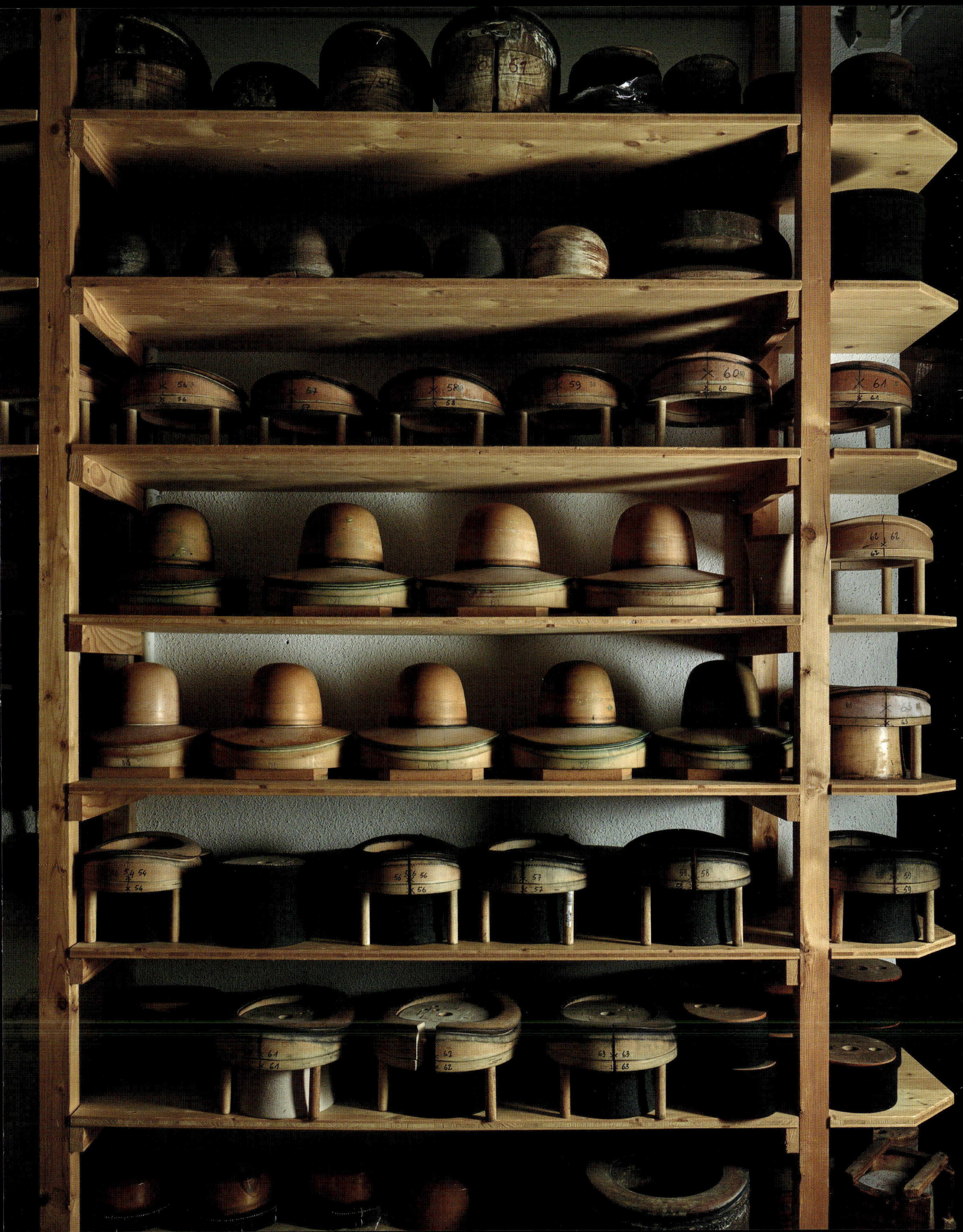

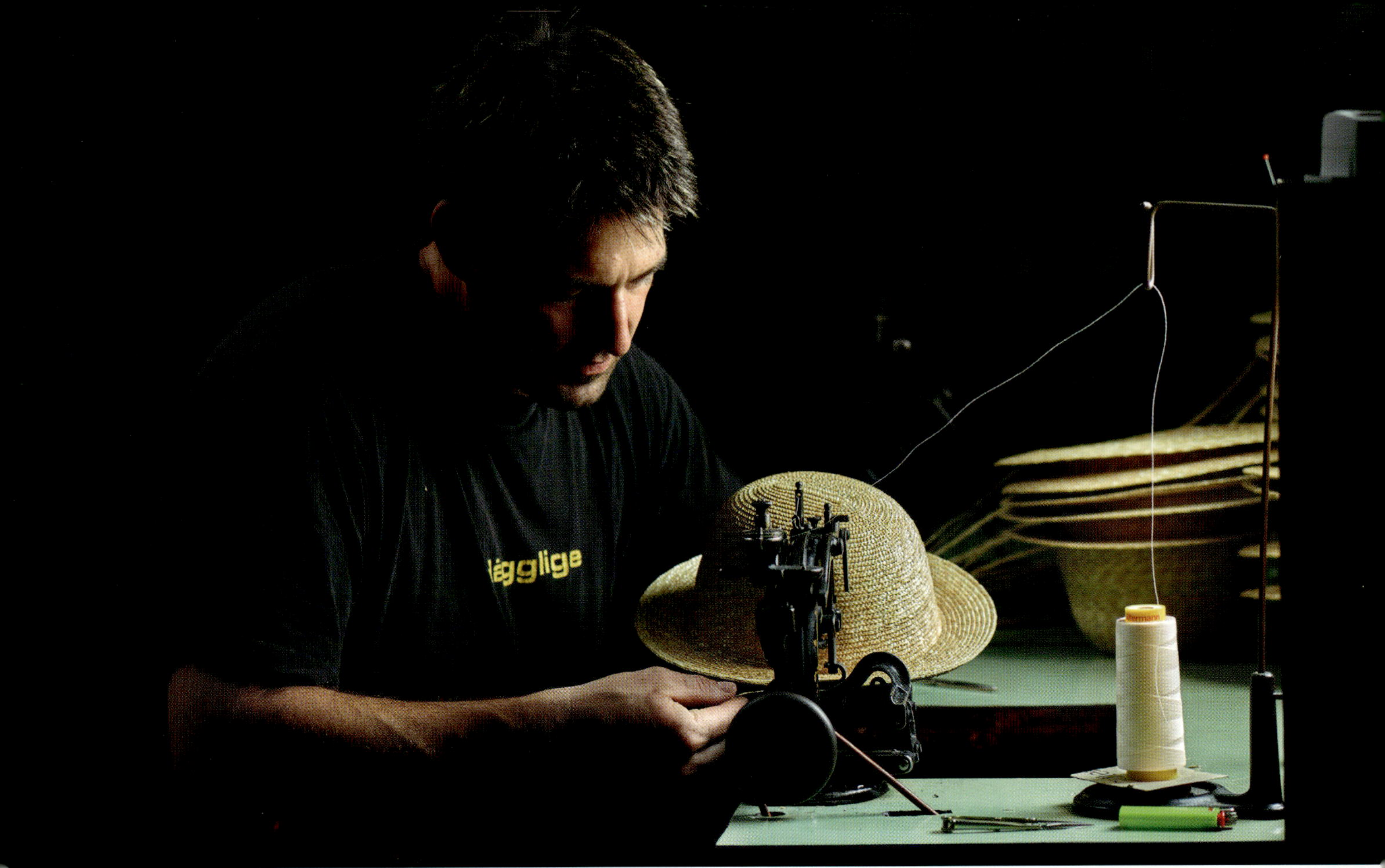

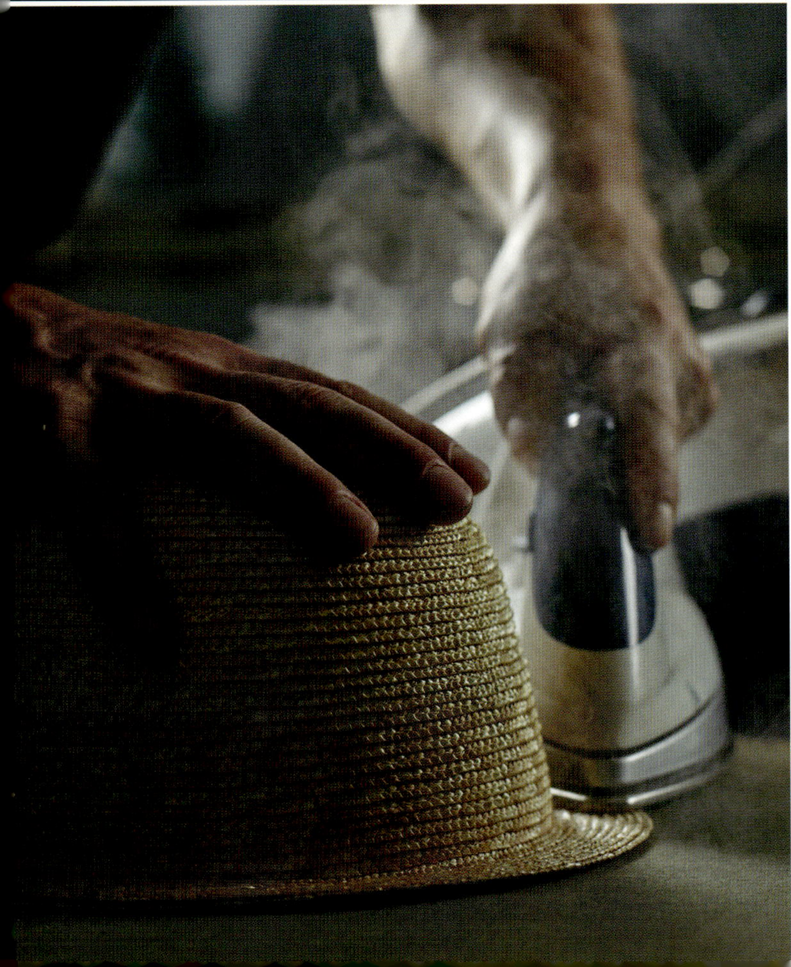

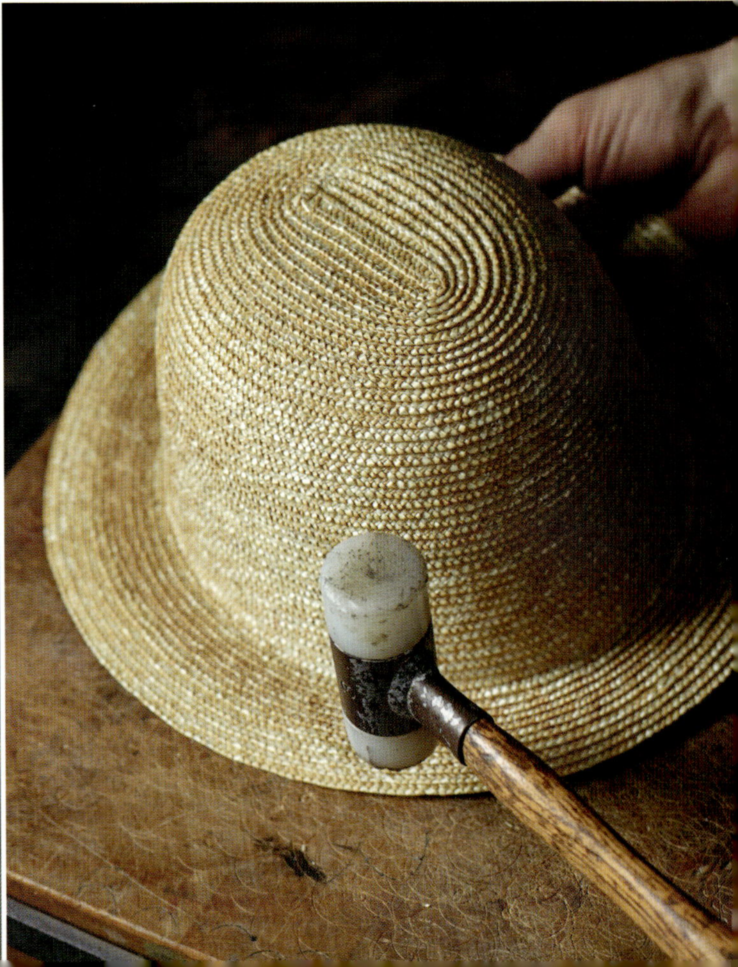

ein typischer Röhrlihut – auch Canotier genannt. »Ich liebe Stroh, das Material lässt so viele Gestaltungsmöglichkeiten zu«, schwärmt Julian Huber.

Die Hommage an seine Heimat hat auf dem Markt grossen Anklang gefunden. Rund 1000 aufwendige Hüte gehen den Machern von der Hand; total sind es 8000 bis 9000 Stück, welche die Risa Jahr für Jahr verlassen. Darunter fallen auch simple Regen- und Funktionshüte für Uniformen. Bei Hubers gibt's natürlich auch Filzhüte, klassische Zylinder oder Melonen und ausgefallene Stücke mit Hasen- oder Biberhaar. »Den Variationen sind fast keine Grenzen gesetzt, denn dank dem enormen Fundus an Kopf- und Hutformen aus unserer Geschichte erfinden wir immer wieder neue Kombinationen. Aktuell laufen gerade Stroh- und Stoff-Kombinationen sehr gut«, erklärt Huber. Der modebewusste Zeitgenosse – er trägt selbstverständlich immer Hut – hat die Nase im Wind, wenn es ums

Marketing für Kopfbekleidungen geht. Dass er je arbeitslos wird, weil ihn Hüte aus dem 3-D-Drucker oder Masskomponiertes vom Internet rechts überholen, befürchtet er nicht. Denn heute will der modisch bewusste Träger wissen, wer die Hand im Spiel hatte.

FREIAMT RELOADED

Rund 200 Franken kostet ein Strohhut für den Mann, die Frauenmodelle sind etwas teurer. Wenn das Team flink zu Werke geht, braucht es rund zwei Stunden, bis ein Hut fixfertig ist. Nach dem Nähen des Stumpen geht's in die Presse, wo er im Normalfall zweimal dem Dampfhitzebad unterzogen und mit Lack – ganz normalem Parkettlack übrigens – imprägniert wird. Anschliessend werden Stumpen und Rand zum eigentlichen Gesamtwerk vernäht. Dann geht's in die Garnitur-Abteilung, wo ein Entréeband – profaner: Schweissband – auf die Innenseite des Huts montiert wird. Schliesslich kommt noch das Garniturband hinzu und je nach Modell noch zwei, drei edle Federchen, um dem Hut den neckisch-modischen Dreh zu geben.

Die meisten Arbeiten werden von den 14 Mitarbeitenden – verteilt auf rund 10 Vollzeitstellen – direkt in der Risa-Fabrik ausgeführt. Wie anno dazumal beschäftigen die Hubers zudem sieben Damen in Heimarbeit. Diese säubern unter anderem die Strohbändel und vernähen sie zu einem langen Band oder schweissen Druckknöpfe in Regenhüte ein. Damit schliesst sich der Kreis im Freiamt, wo in der Mitte des 19. Jahrhunderts 4400 Arbeiterinnen und Arbeiter in verschiedenen Fabriken sowie rund 24 000 Heimarbeiterinnen plus mindestens ebenso viele in anderen Kantonen in der Strohindustrie tätig waren. Hüte für die ganze Welt. Von Hägglingen über Dottikon-Dintikon bis Denver.

»Es ist schon ein Privileg, ›en famille‹ zu arbeiten. Meine Mutter und Schwester halten mir den Rücken frei. Und mein Vater, der eigentlich Modellbauer für Architekten ist, hilft ab und zu auch mit – mit neuen Hutformen.«

JULIAN HUBER | HUTMACHER

DOMINIC BESCHLE | CHOCOLATIER

Die süsse Verführung

Seit 118 Jahren versüsst die Confiserie Beschle den Baslern den Alltag. Das Familienunternehmen am Rheinknie gehört zu den traditionsreichsten Zuckerbäckereien der Stadt. Für seine Spezialität, den Beschle-Ring, kommen die Kunden sogar aus dem grenznahen Ausland.

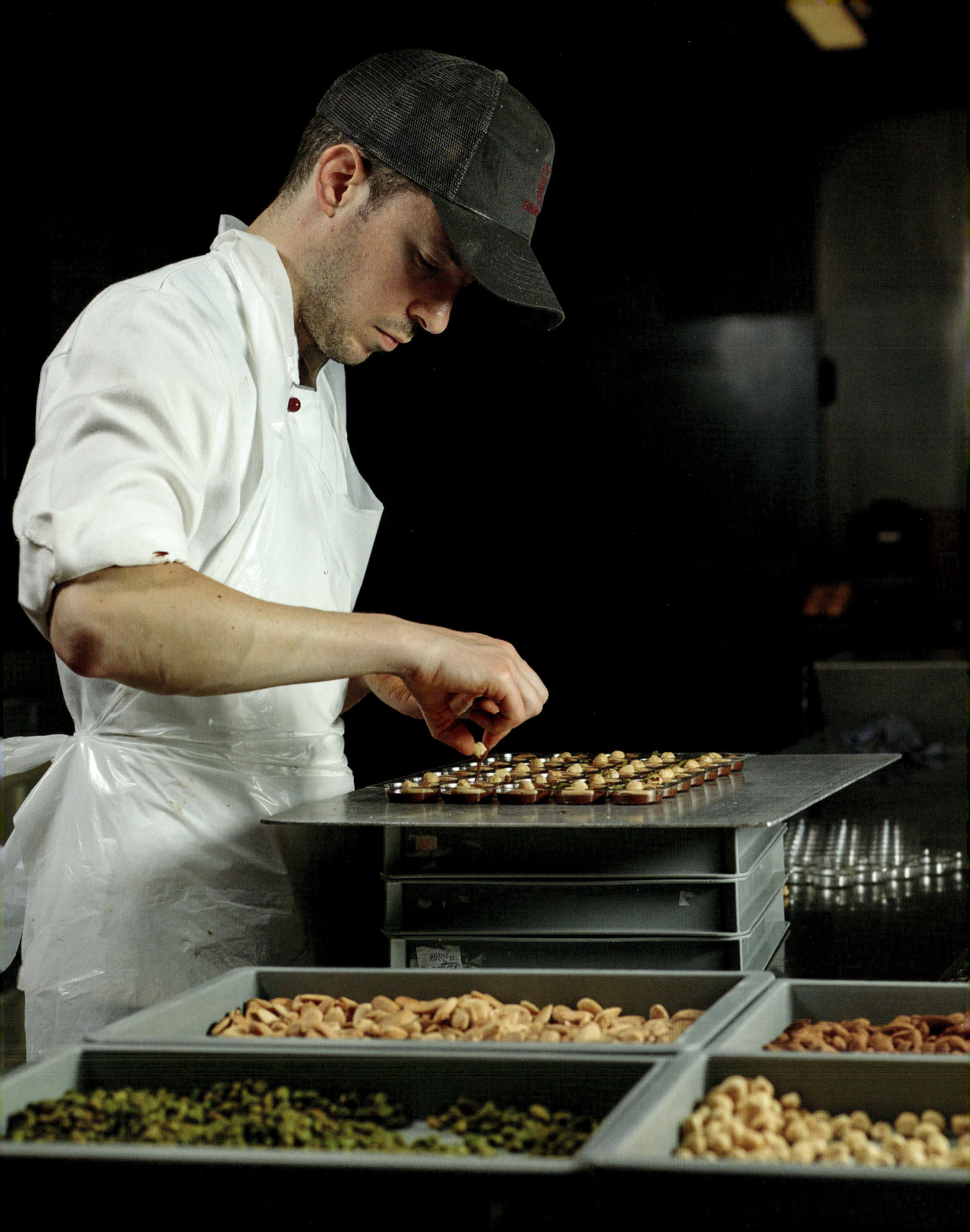

Unscheinbar ist sie, die kleine, in grau gehaltene Manufaktur hinter den Gleisen des Bahnhofs Basel. Die blinden Fenster erlauben kaum Einblick, nur das in Bordeaux gehaltene Logo über dem Eingang verrät, was sich hinter der schlichten Fassade verbirgt: die Produktionsstätte von Beschle, einer der ältesten Confiserien der Stadt.

Im Paradies für Schleckmäuler steigt die Temperatur nie über 18 Grad. Denn hier fliessen nicht nur Milch und Honig, sondern vor allem weisse, braune und schwarze Schokolade – und zwar direkt aus dem Hahnen. Vorsichtig drehen drei Confiseure die Pralinékugeln, die auf einem Abtropfgitter langsam darunter durchlaufen, mehrmals mit einer langzinkigen Gabel, was den Truffes ihre charakteristischen Zäckchen verleiht. Nebenan füllt eine Mitarbeiterin caramelisierte Profiteroles, die später die berühmte St. Honoré Torte zieren werden, und auf dem Tisch gegenüber steht ein Ring aus Bisquit. Sorgfältig mit Crème bestrichen und von goldglitzerndem Krokant ummantelt wird daraus der Beschle-Ring – die Spezialität, welche die Confiserie seit 1898 im Sortiment führt und zu ihrem Markenzeichen wurde.

> »Die Tradition zu wahren und gleichzeitig innovativ zu sein ist eine tägliche Herausforderung.«

EINE GESUNDE PORTION GENUSS MUSS SEIN

»90 Prozent unserer Produkte entstehen in Handarbeit«, sagt Dominic Beschle, 41, und stibitzt auf seinem morgendlichen Rundgang durch die Produktion ein Praliné. Es gebe unterstützende Maschinen, aber keinen Automatismus. Das bedeute zwar viel Aufwand und erhöhe den Preis, garantiere aber auch die hohe Qualität. »Dies ist vielen Kunden wichtiger, sie wollen ein Stück Schokolade geniessen können wie einen guten Wein.« Zusammen mit seinem Bruder Pascal hat er das Basler Confiserie-Unternehmen vor sechs Jahren in vierter Generation übernommen. Die Tradition zu wahren und sich trotzdem immer wieder neu zu erfinden – kein leichtes Unterfangen. Denn auch wenn das Handwerk gleich geblieben ist, das Drumherum habe sich komplett verändert. Während Vater Thomas

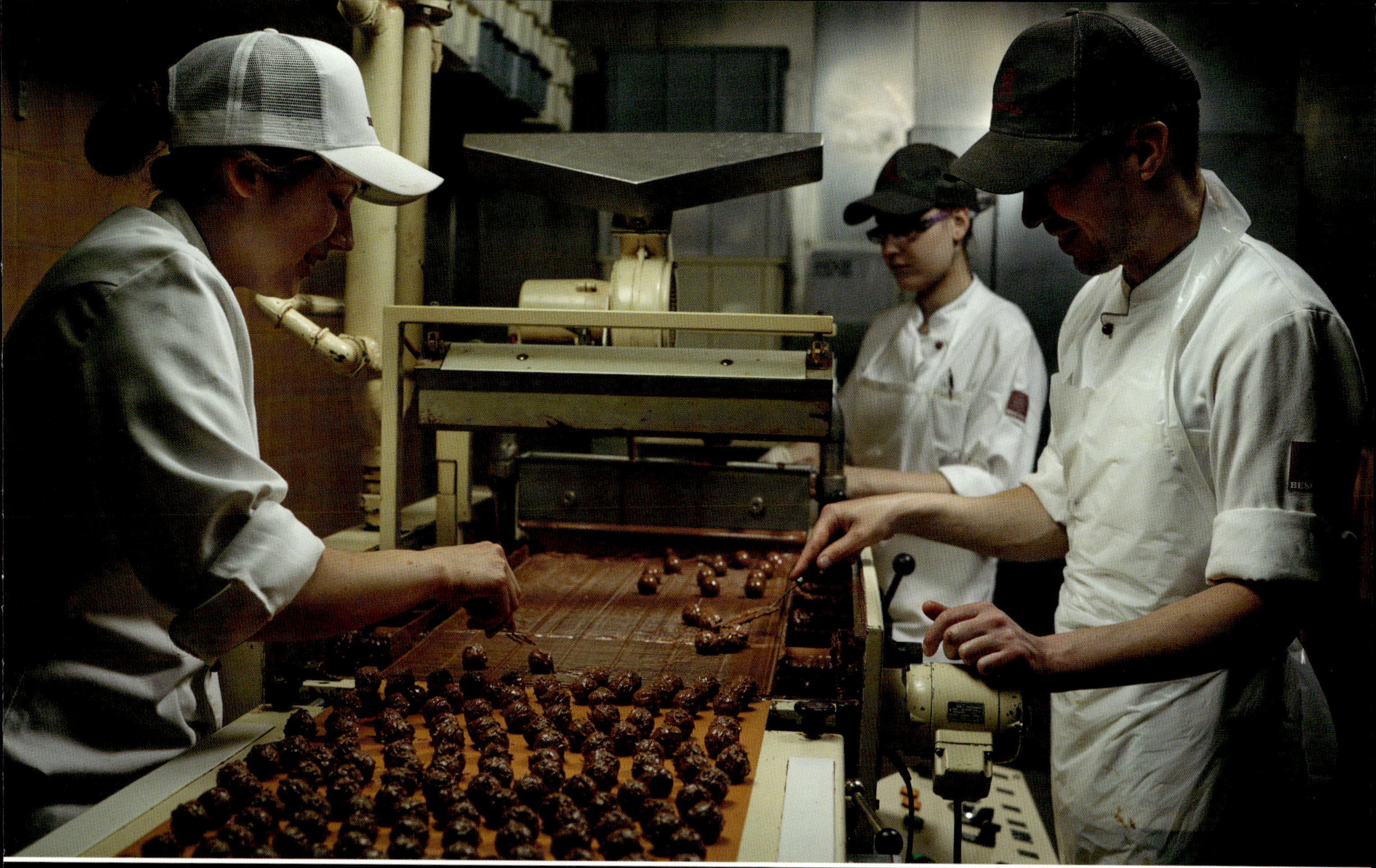

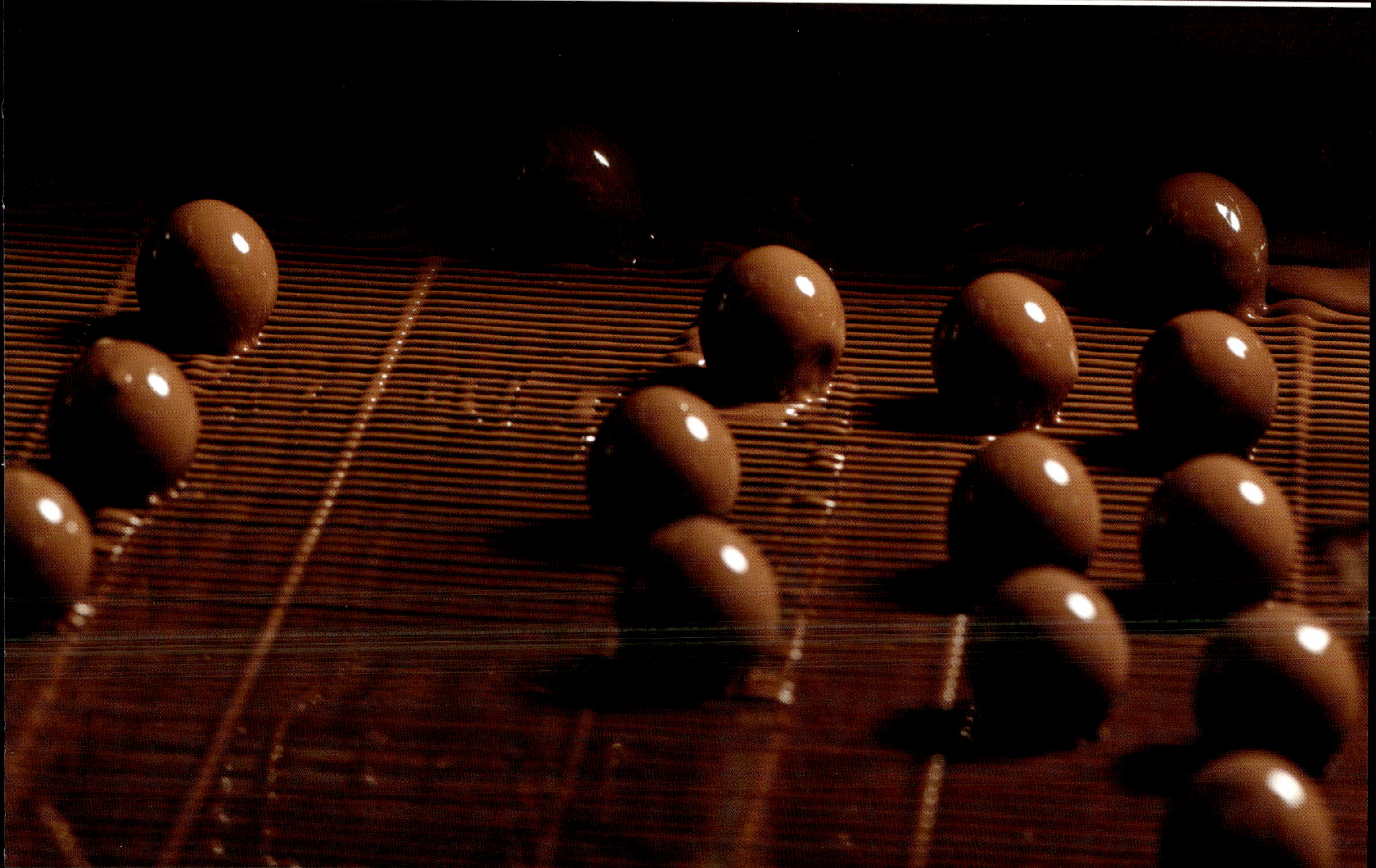

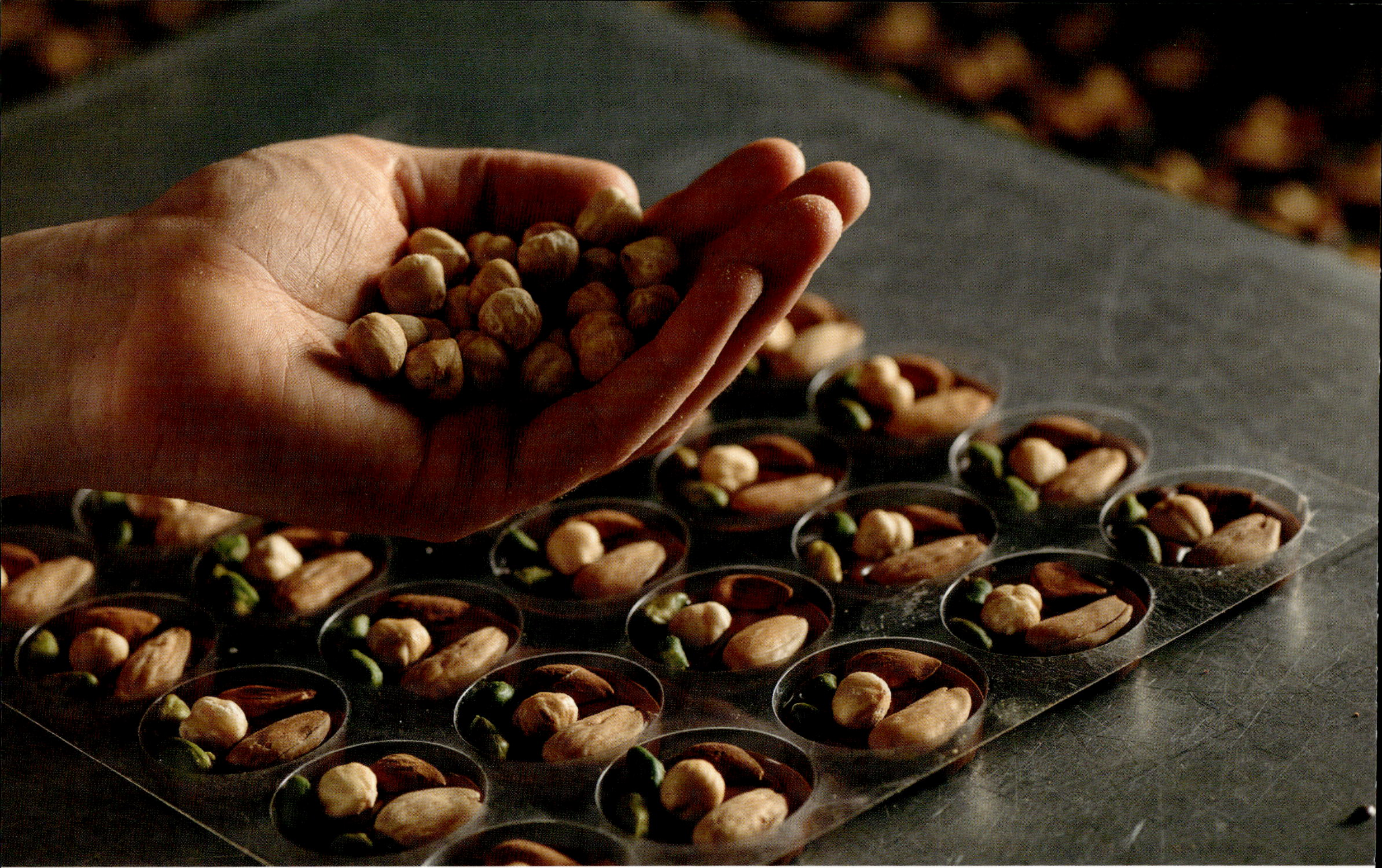
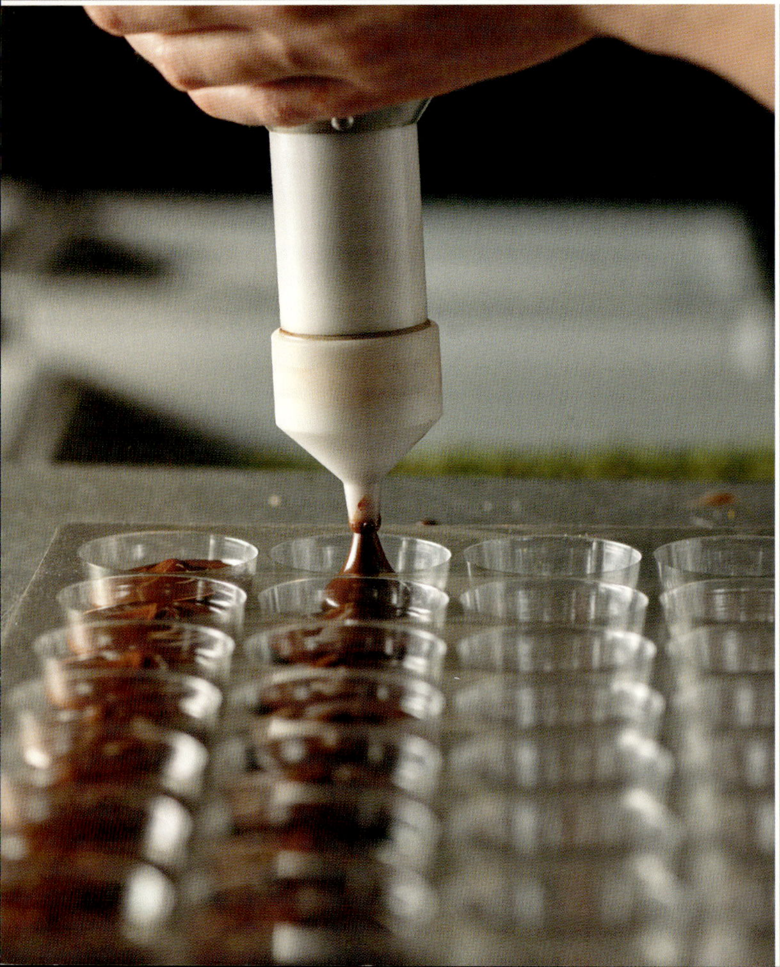
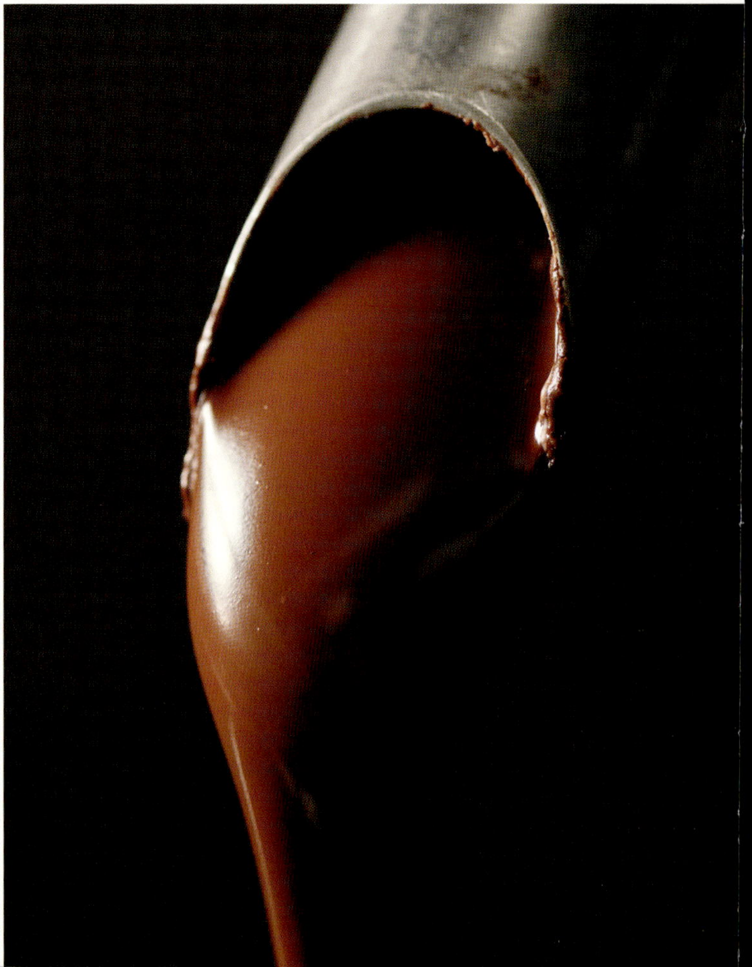

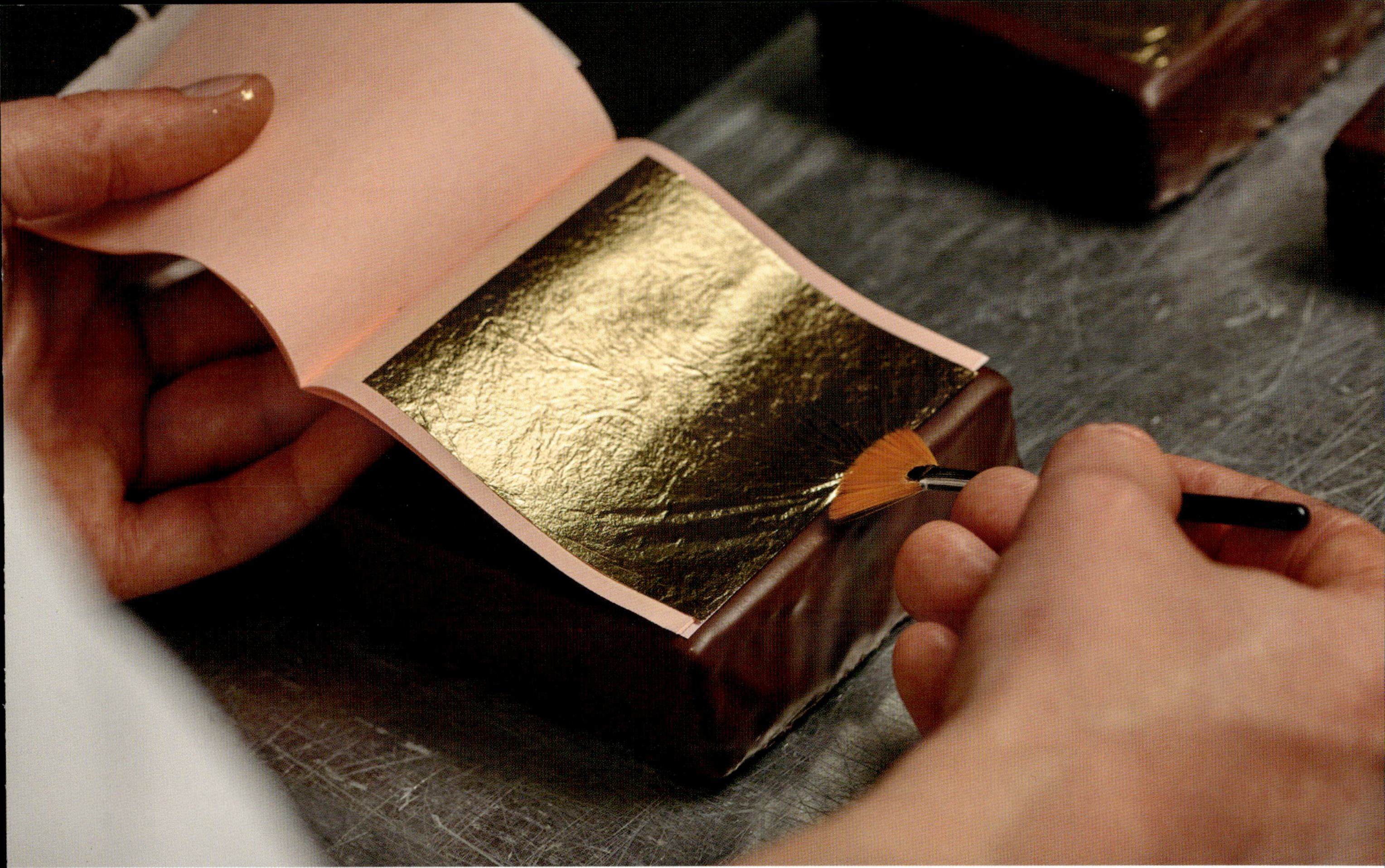

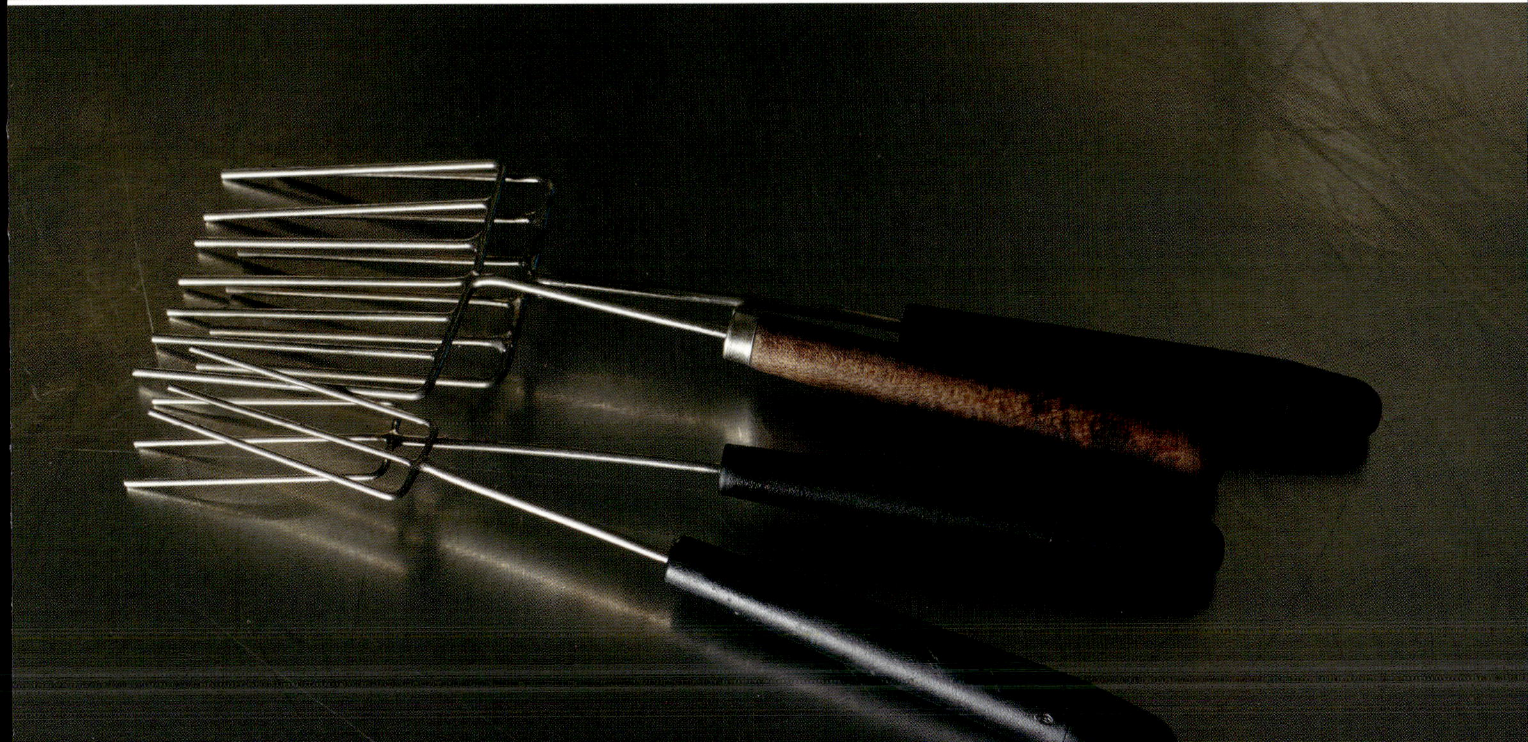

noch täglich im Geschäft stand und viele seiner Stammkunden persönlich kannte, verbringt Dominic Beschle die meiste Zeit vor dem Computer. Neben der Planung und dem Kundenkontakt sei die Präsenz auf dem Markt enorm wichtig. Da eine Twittermeldung über einen gelungenen Schoggiworkshop, dort ein Post der neuesten Tortenkreation auf Facebook. Und seit Pascal Beschle, dessen Kreationen mehrfach preisgekrönt wurden, 2013 das Familienunternehmen verlassen hat, um sich seinem angestammten Beruf des Kochs zu widmen, ist es an Dominic und seinem Team, kreativ zu sein. »Wir probieren ständig aus. Auch wenn die Rezepte vielleicht keine 100 Jahre überdauern wie der Beschle-Ring, sie bereichern das Angebot und wecken die Neugier unserer Kunden.«

> *»Die Kunden wollen ein Stück Schokolade geniessen wie einen guten Wein.«*

DAS AUGE ISST AUCH MIT

In der »Haute Confiserie« ist es wie in der Haute Couture. Nicht nur das Produkt selbst muss perfekt aussehen, auch auf den Gesamteindruck wird immer mehr Wert gelegt. Denn je exklusiver die Verpackung, desto grösser die Versuchung, dem Enthüllten zu erliegen. Besonders bemerkbar macht sich das bei Beschle Chocolatier Suisse, mit der das Unternehmen die wachsende Zahl an anspruchsvollen Connaisseurs im In- und Ausland beliefert. Mit exklusiven Pralinés und aussergewöhnlichen Schokoladentafeln, wahlweise mit Rosmarin und Zitronenthymian, gemahlenem Grüntee oder Fleur de Sel mit Pistache, eine der mehrfach prämierten Kreationen aus dem Hause Beschle.

Rund 20 Tonnen verlassen pro Jahr die Manufaktur – davon werden rund 70 Prozent – kostbar verhüllt – ins Ausland verschickt. Denn während die Baslerinnen und Basler die Truffes am liebsten in einfachen Sachets kaufen, da sie zu Hause gleich gegessen werden, sind für den Export edle und luxuriöse Geschenkverpackungen gefragt. Exklusiver Genuss beginnt eben schon vor dem Hineinbeissen.

DOMINIC BESCHLE | CHOCOLATIER

MARION GEISSBÜHLER | GOLDSCHMIEDIN

Ein filigraner Drahtseilakt

Von Troja aus eroberte sie den Mittelmeerraum und später Amerika und Asien. Die im Alpenraum für Trachten typische Filigrankunst wird noch in einem Atelier in der Nähe von Bern gepflegt. Eine junge Goldschmiedin geht ihren eigenen Weg, um die Tradition und das Familienerbe zu erhalten.

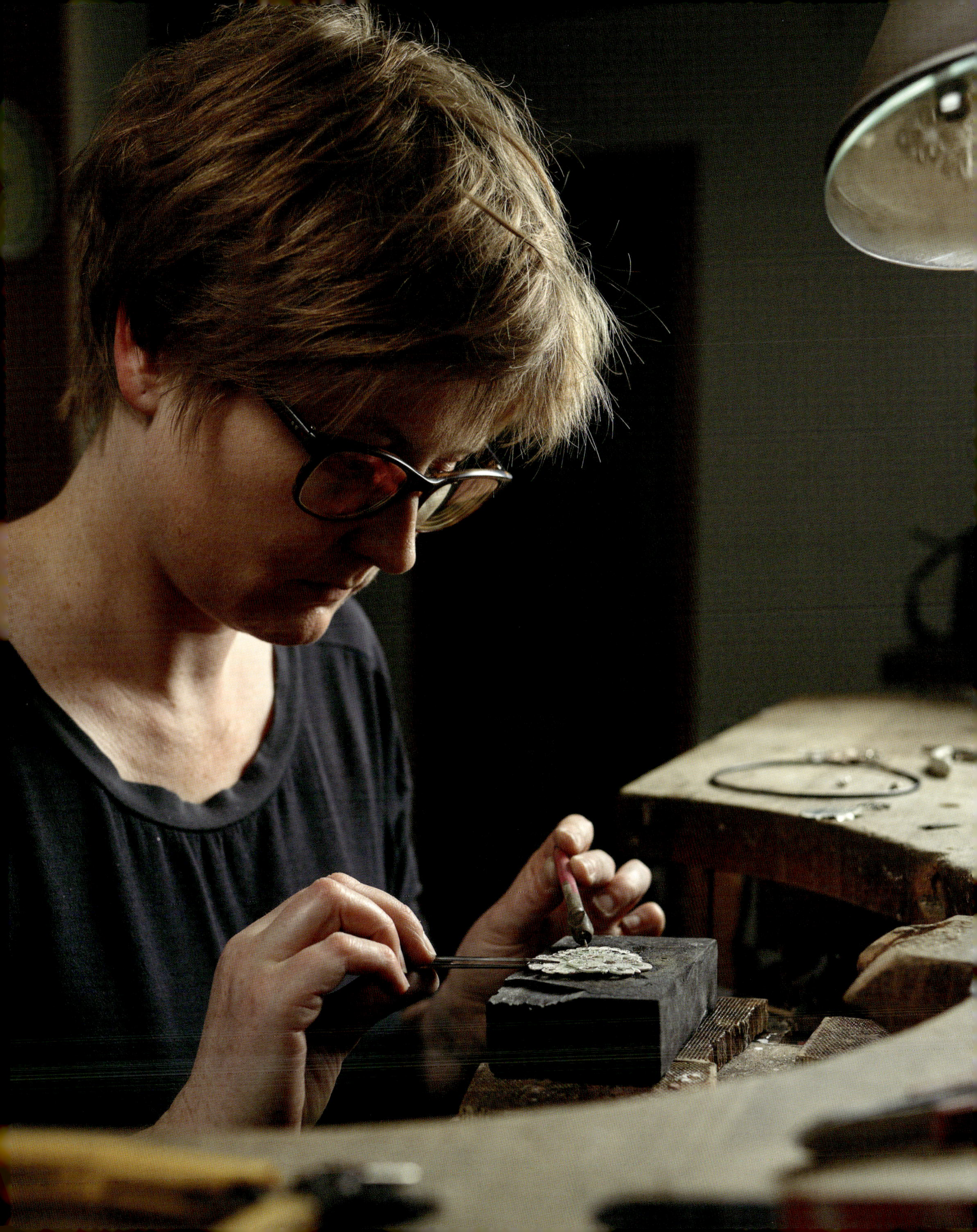

Sie walzen und wickeln feinste Silberdrähte, löten diese zu Miniaturkunstwerken mit typischen Blumen- und Rosettenmotiven zusammen. Und dies seit Generationen. Filigranisten gab es früher noch zahlreiche in den Talschaften des Emmental, wo die Bauern stolz ihre Trachten schmückten. Im Atelier Geissbühler in Konolfingen – 25 Bahn-Minuten von Bern entfernt – wird diese Tradition heute noch gepflegt.

2015 hat Marion Geissbühler in fünfter Generation die Werkstatt übernommen. Sie ist eine der letzten ihrer Zunft. Ursprünglich stammt die Technik aus Troja, sie ist über 5000 Jahre alt. Ein grosses Erbe findet hier seine Meisterin. Aktuell beschäftigt sie noch einen Filigranisten, der vor vielen Jahren aus dem Kosovo in die Schweiz gekommen ist. »Für den Trachtenschmuck wenden wir eine äusserst exakte Technik an. Wir haben die Filigrankunst im Hause Geissbühler über die Jahrzehnte bis zur Perfektion weiterentwickelt. Unsere Schmuckstücke tragen eine unverwechselbare Handschrift.«

NEUE WEGE, UM TRADITION ZU RETTEN

Die Goldschmiedin sorgt regelmässig für positive Schlagzeilen. Sie geht wie ihre Vorfahren ihren eigenen Weg, nachdem sie schon einige Preise und ein Stipendium gewonnen und auch im Ausland mit ganz unterschiedlichen Materialien experimentiert hat. Die alte Filigrankunst inspiriert sie für genial Neues. So steht das »Hübliblech« mit seinem typischen Lochblechmuster der ausgestanzten »Hübli« – ähnlich einer kleinen Perle – Patin für die ausdrucksstarken Ringe in Gold. Jüngst hat Marion Geissbühler über Nacht eine neue Eingebung umgesetzt. Sie walzte alte Filigranschmuckstücke wie Broschen flach und setzte diese zu neuen Kompositionen zusammen, teilweise mit anderen Materialien kombiniert. Damit sorgt die Goldschmiedin an Messen und Ausstellungen für Aufsehen. Originalschmuckstücke finden so ihre neue Daseinsberechtigung. Fingerabdrücke der Vorfahren, verewigt und neu interpretiert.

> *»Zwei Herzen schlagen in meiner Brust – ich will die Tradition meiner Vorfahren pflegen und zugleich Neues ausprobieren.«*

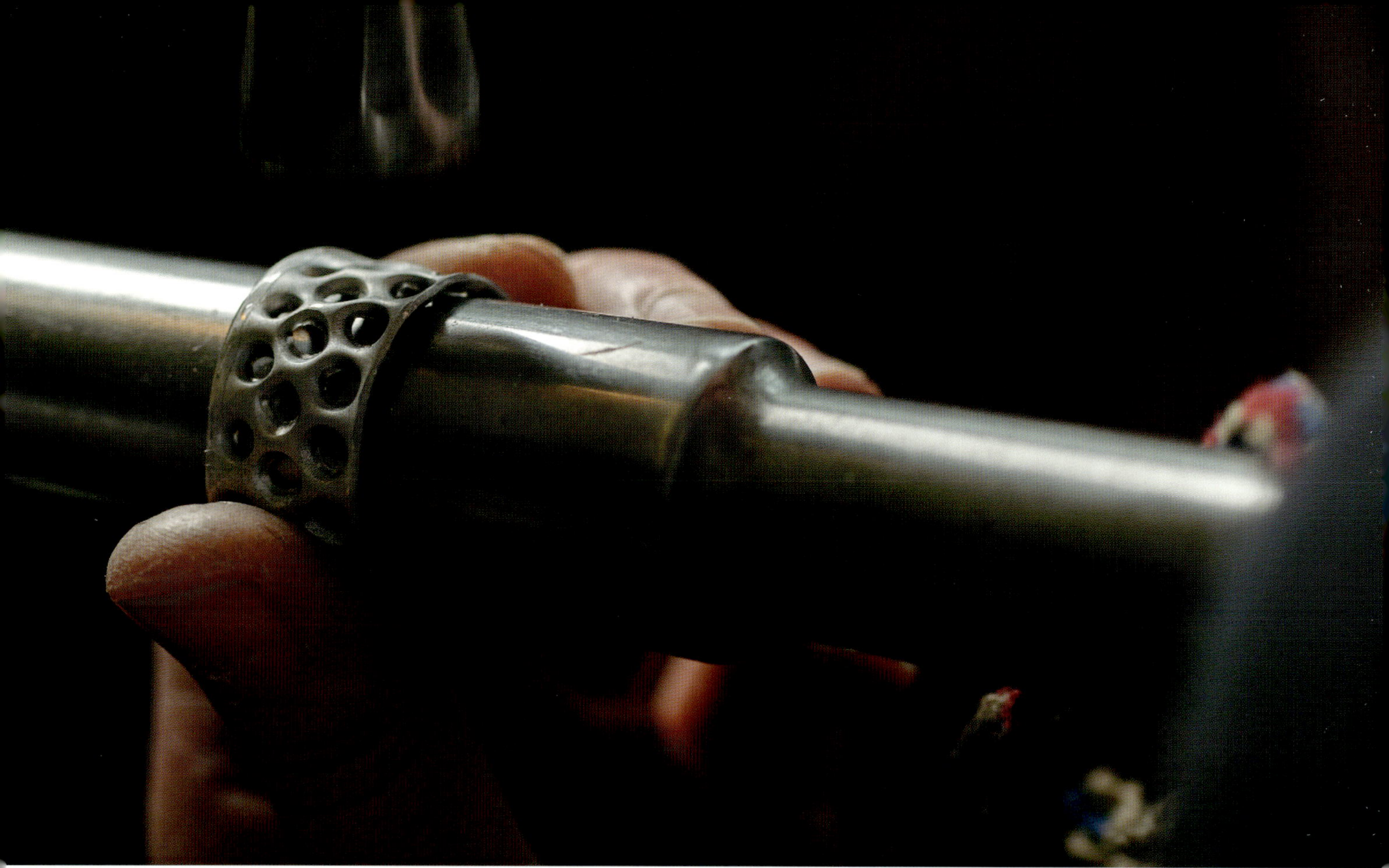

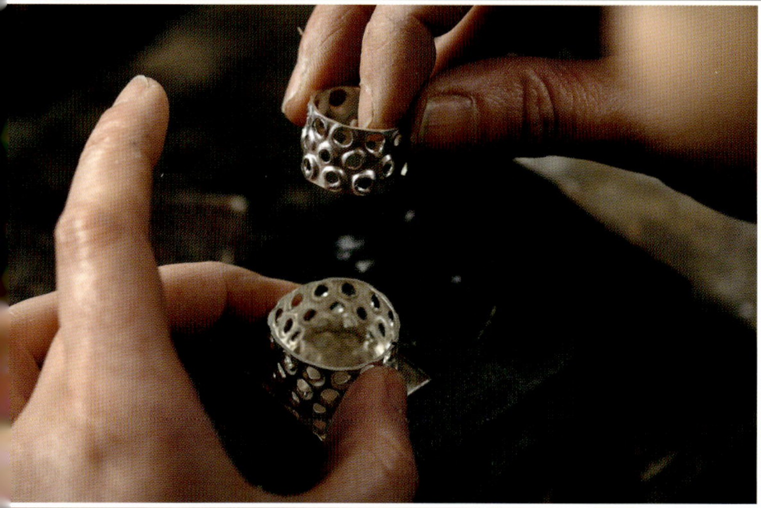

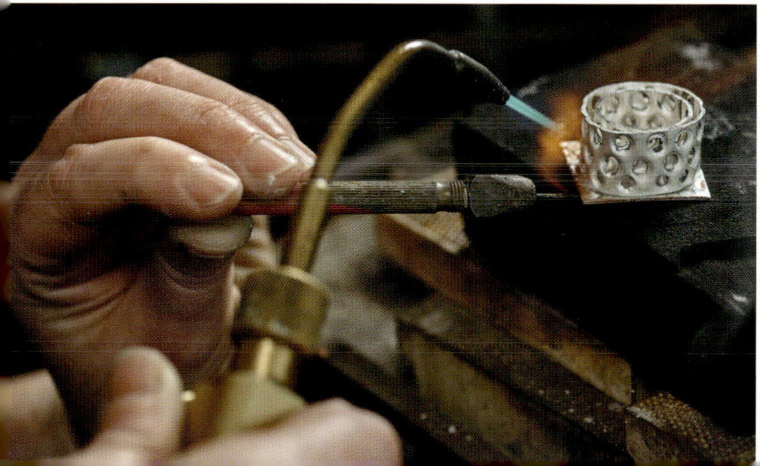

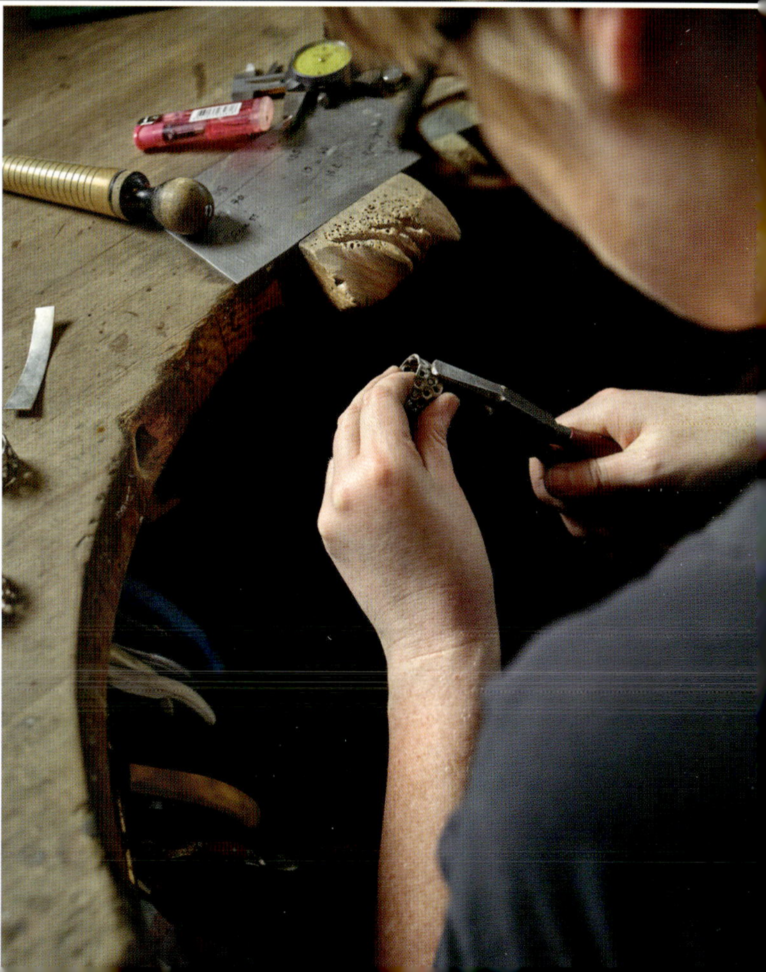

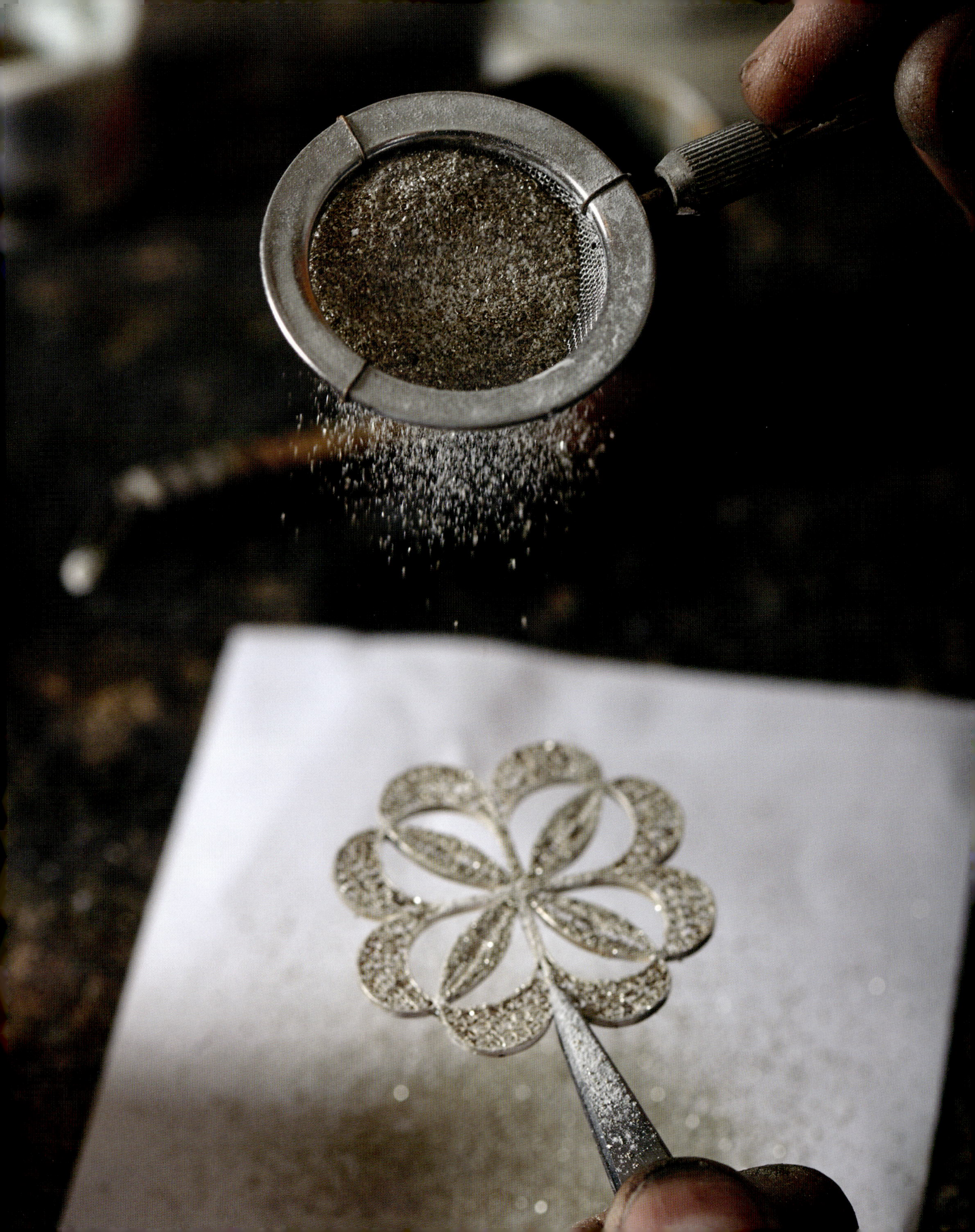

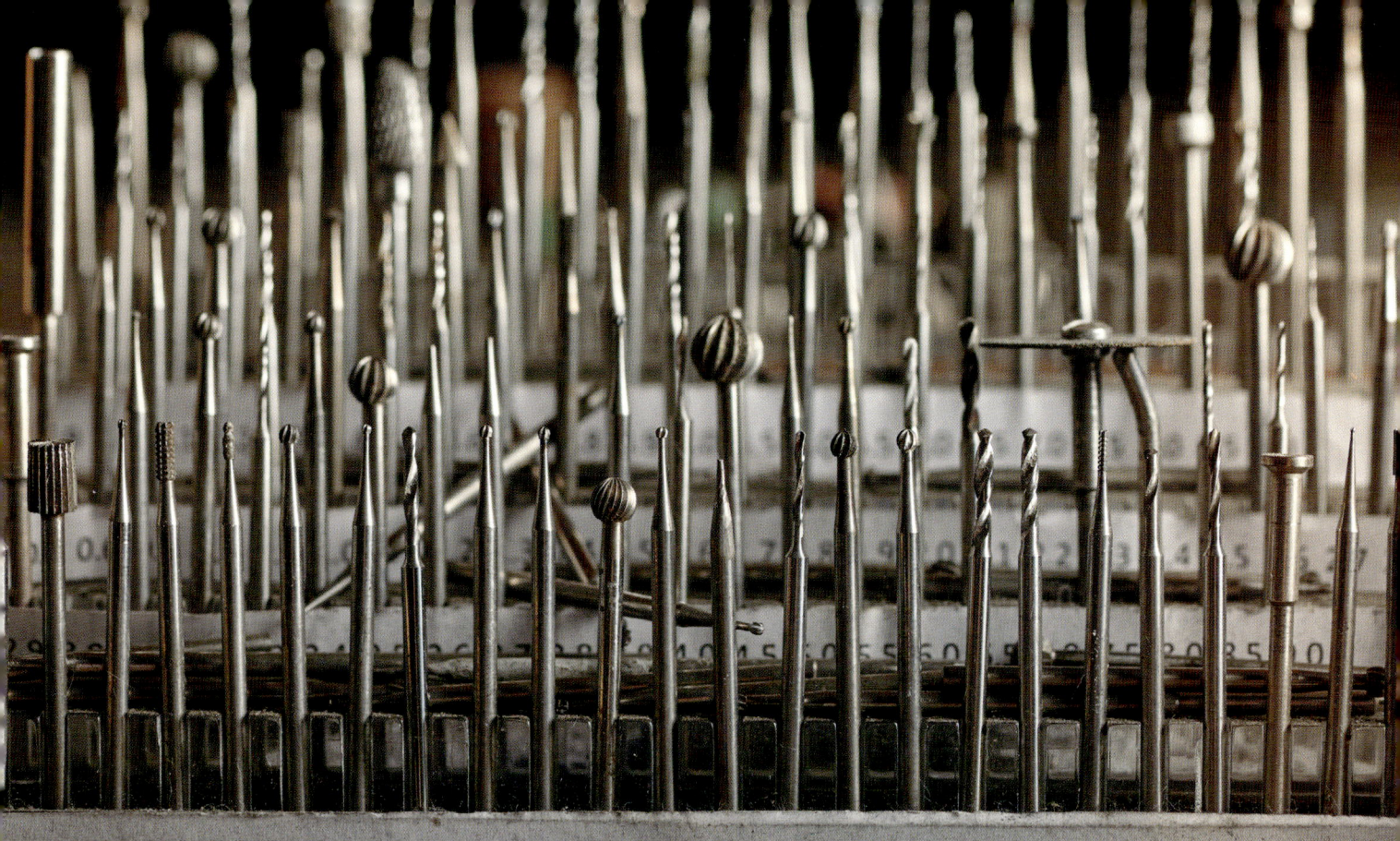

0.6 0.7 0.8 0.9 1.0 1.1 1.2 1.3 1.4 1.5 1.6 1.7 1.8 1.9 2.0 2.1 2.2 2.3 2.4 2.5 2.6 2.7

TRADITION VERSUS INNOVATION

«Zwei Herzen schlagen in meiner Brust. Ich habe das Filigranisten-Atelier meiner Vorfahren von meinen Eltern übernommen – gleichzeitig will ich Neues probieren und moderne Goldschmiedekunst pflegen«, beschreibt Geissbühler ihren Spagat. Denn neuer Trachtenschmuck entsteht nur noch selten, Aufträge zur Reparatur und Reinigung dominieren. Tag für Tag vollzieht sie diesen Drahtseilakt. Kann der Kleinbetrieb überleben? Kann sie die Tradition erhalten? Wieviel Platz und Zeit bekommt das Goldschmiede-Atelier für Neues? Die Filigrankunst ist längst kein Broterwerb mehr.

KULTURERBE RETTEN

»Ich habe grosse Ehrfurcht vor dem Handwerkserbe, das wir hier bei uns pflegen.« Vor Jahren hat die Familie damit begonnen, alte Musterbücher ihres Vorfahren Fritz Geissbühler neu zu zeichnen und die einzelnen Trachtenschmuckstücke zu dokumentieren. Aktuell will Marion Geissbühler nicht nur jedes Element abbilden, sondern auch detailliert aufzeichnen, wie es hergestellt wird, mit welchem Werkzeug, in welcher Grösse. »Ich will, dass auch jemand in 50 oder 100 Jahren die Schmuckstücke anfertigen kann.« Zum Teil gelangen immer noch Originalwerkzeuge und Kleinsthilfsgeräte wie die Zaggelidrahtmaschine zur Herstellung des »Zaggelidrahts« oder die Spezialpinzette »Kluftli« von Fritz Geissbühler aus dem Jahr 1880 zum Einsatz.

»Tradition ist für mich Inspiration für Neues.«

Im Atelier sitzt ihr Vater Hansueli gegenüber und hilft einen grossen Reparaturauftrag für Trachtenschmuck rechtzeitig ausführen zu können. Ein paar Meter entfernt steht Filigranist Zef Memaj, dreht die »Schnäggli« aus Draht, lötet später auf dem warmen Kohlebrett und reinigt im Säurebad den Silberschmuck. Zwischendurch liegen auf den Werkbänken, feinsäuberlich angeschrieben, Arbeitssäcklein mit Schmuckstücken von Kunden – Altes zum Reparieren, Neues zum Kreieren. Noch ist nichts verloren, dank Marion Geissbühler.

MARION GEISSBÜHLER | GOLDSCHMIEDIN

DANIEL UND ROBERT WERREN | GEISSELMACHER

Die Spinner von Egliswil

Aus Freude am Geisselchlöpfen und aus Liebe zur Tradition haben zwei gestandene Männer im Aargau das Geisselmachen gelernt. Sie gehören zu den letzten, die diese Kunst beherrschen.

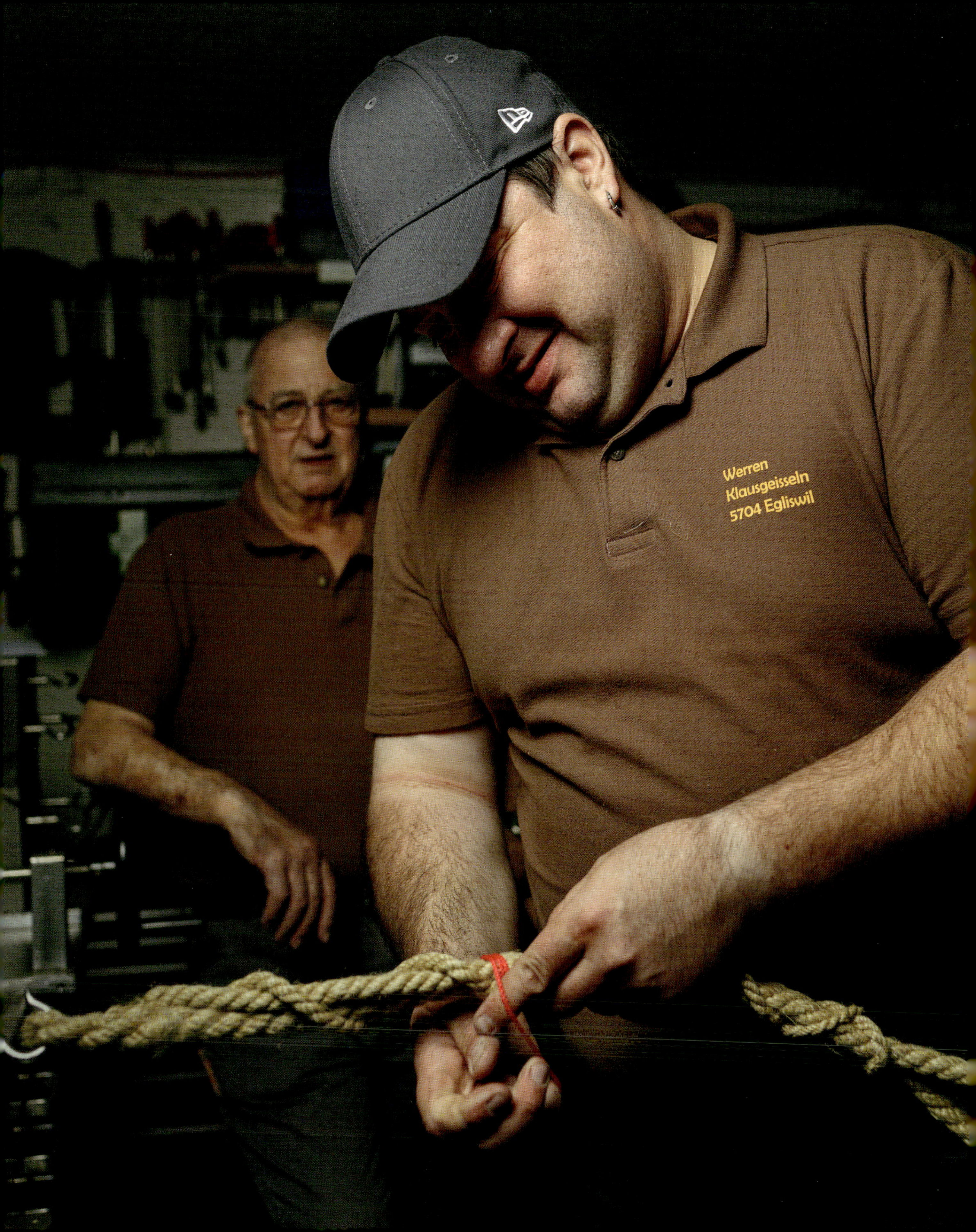
Werren
Klausgeisseln
5704 Egliswil

Tiefste Mittagsruhe liegt über Egliswil (AG). Nur ein müder Hund schleppt sich in den Schatten der Bushaltestelle. Doch dann zerreisst ein trockener Knall die Mittagsstille, dann noch einer und noch einer. Wie eine Reihe von Schüssen. Doch keine Fenster werden aufgerissen, niemand ruft die Polizei und nicht einmal der Hund regt sich.

ES KNALLT – UND KEINER REGT SICH

Ein paar Minuten später ist klar, warum: Die Egliswiler sind sich den Lärm, der für sie kein Lärm ist, gewohnt. Wenn es hier knallt, sind es die Geisselchlöpfer. »Chlöpfen darf man eigentlich nur vom 1. November bis zum 1. Sonntag nach dem Samichlausmarkt«, erzählt Robert Werren, 68. Er und sein Sohn Daniel, 36, gehören zu den letzten Geisselmachern der Schweiz. Und nur weil Daniel Werren eine neue Geissel ausprobierte, hat es auch heute kurz geknallt.

SELBST IST DER MANN

Vater Werren war Schreiner, der Sohn ist Müller. Wie wird man da eigentlich zum Geisselmacher und zum Chlöpfer, wie die Egliswiler sagen? »Angefangen hat es damit, dass ich Chlöpfer werden wollte und mir eine Geissel kaufte«, erzählt der Vater. »Doch dann hat es bei ihm mit dem Chlöpfen nie wirklich gut geklappt«, spinnt der Sohn die Geschichte weiter. »Als ich es später dann selber versuchen wollte, hat er mir die Geissel geschenkt.« Daniel ist heute ein begnadeter Chlöpfer und er nimmt an den regionalen Meisterschaften teil. Zusammen mit seinem Vater fertigt er jährlich rund 800 Geisseln.

> »Mit dem Chlöpfen hat es beim Vater nie wirklich gut geklappt.«

Verdienen tun die beiden dabei praktisch nichts. Aber sie sind Traditionalisten im besten Sinn des Wortes: »Bräuche wie das Chlöpfen gehören zu unserer Kultur, die wollen wir pflegen. Und weil fast niemand mehr Geisseln fertigte, haben wir es eben selber gelernt«, sagt der Vater.

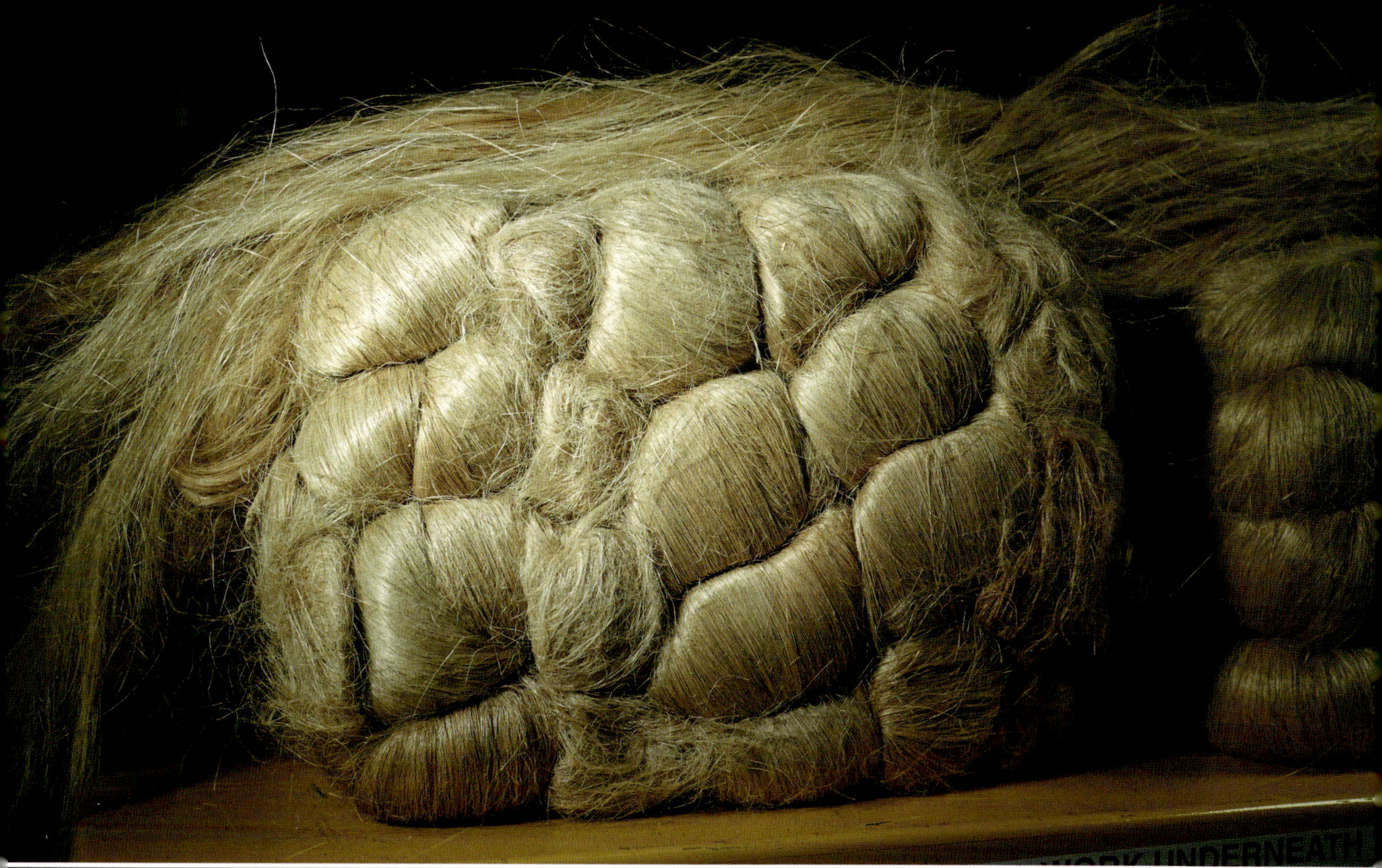
UNDERNEATH

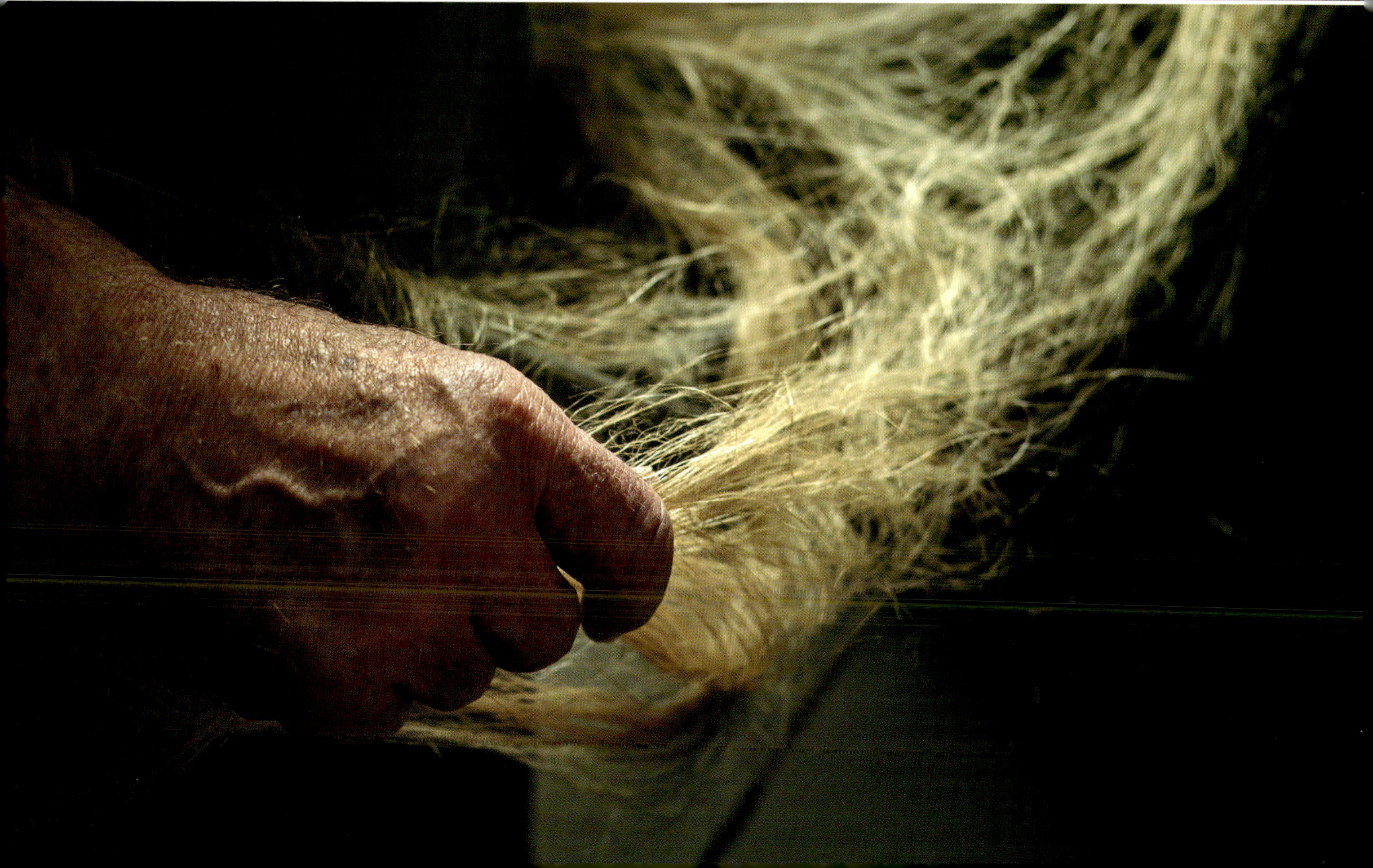

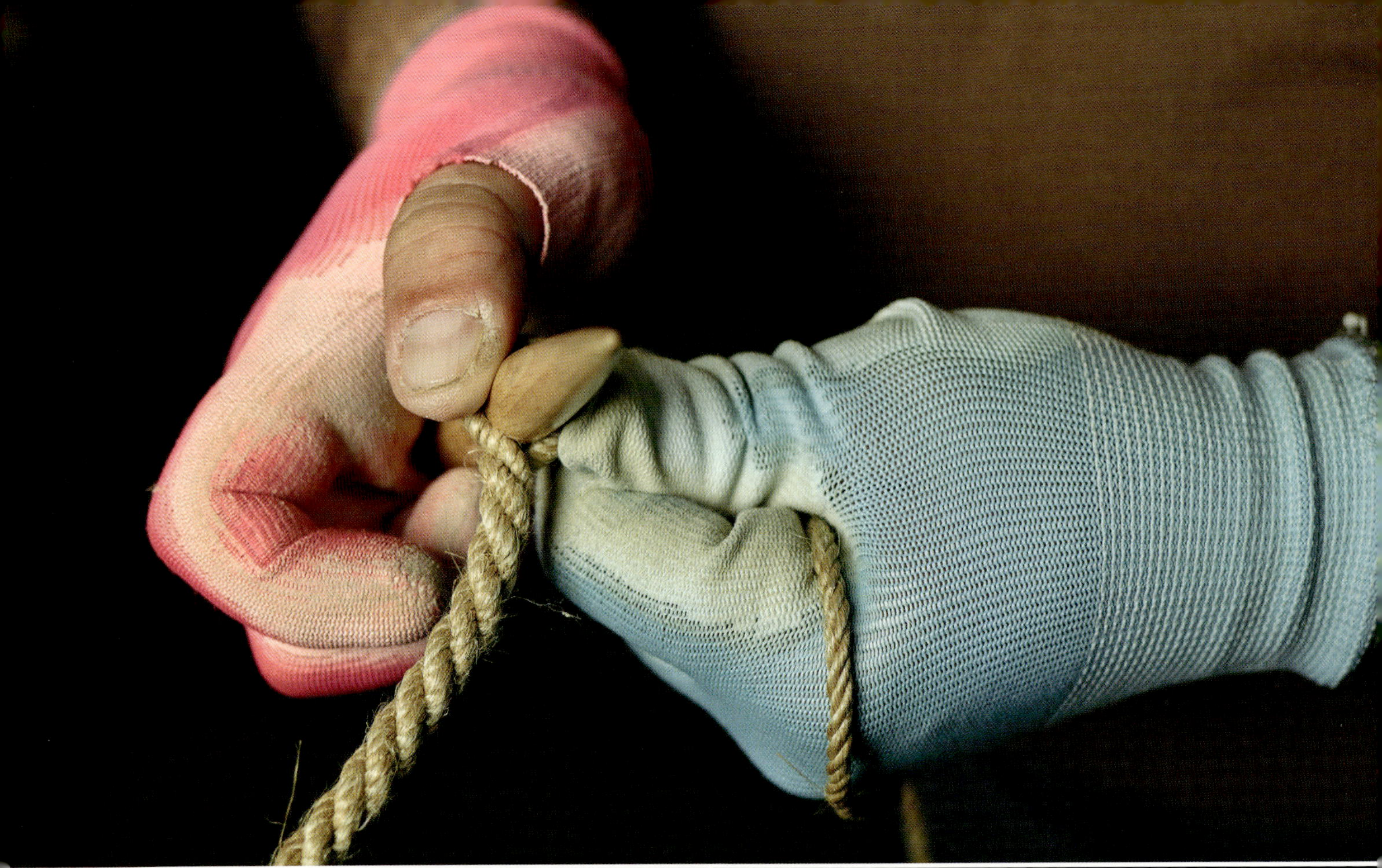

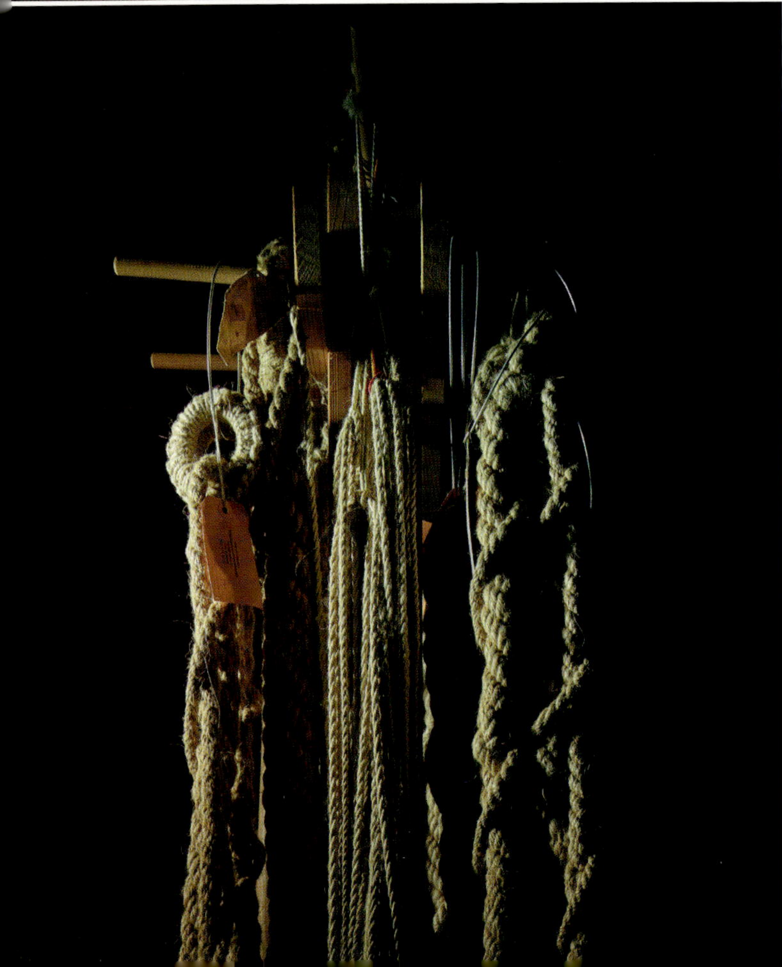

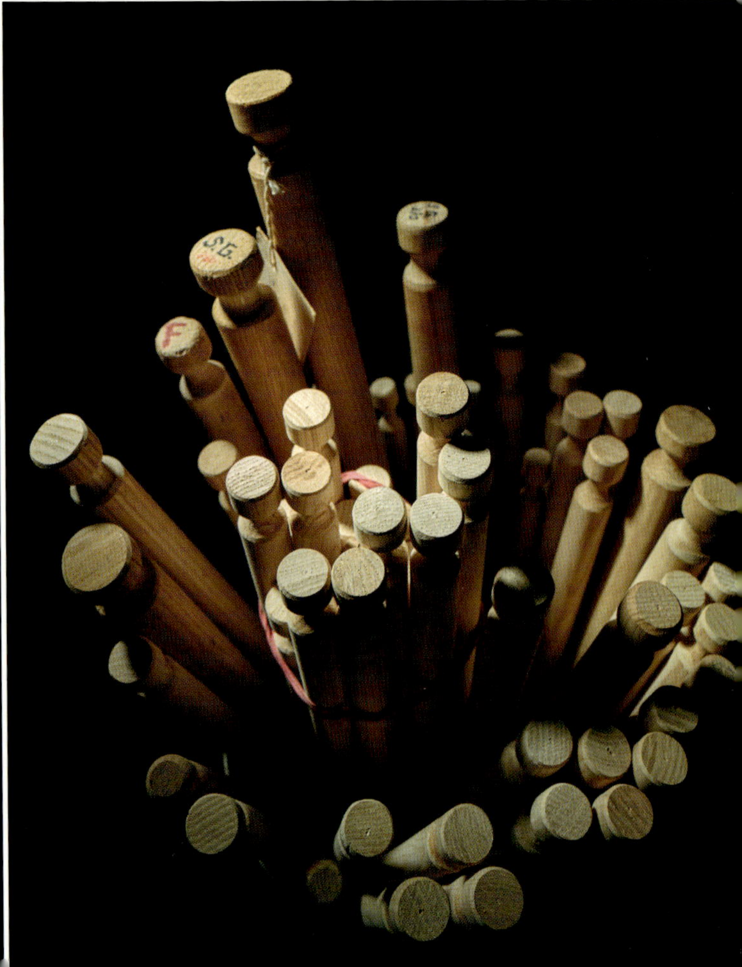

FLINKE FINGER GEFRAGT

Die Hauptarbeit beim Geisselmachen besteht im präzisen Spinnen der Flachsseile, welche einen Kern aus Jute haben. »Wir machen alles von Hand – Maschinen können keine konischen Seile fertigen«, sagt Vater Werren. Das Schwierigste am Ganzen sei, die Seile nicht nur konisch, sondern auch gleichmässig zu spinnen. »Es braucht schon ein bisschen Fingerfertigkeit.« Das ist leicht untertrieben: Manchmal kommt man beim Zuschauen nämlich gar nicht mit und staunt, dass sich die beiden nicht einen Knoten in die Finger drehen. Und langsam versteht man, warum sie vier Jahre lang bei einem alten Seilmacher Samstag für Samstag in die Lehre gingen und sogar die Ferien drangaben.

ÜBERSCHALLKNALL VON HAND

Zunächst werden bis zu maximal 6,2 Meter lange sogenannte Litzen (Seile) gesponnen. Anschliessend werden vier Litzen mit Hilfe eines Leitholzes zu einem Schenkel, also einem dickeren Seil, gedreht. Drei Schenkel wiederum werden dann zur fertigen Geissel – der sogenannten Lenzburger Geissel. Das dickere Ende ist das »Wybli«, das dünnere das »Mändli«. Am Schluss wird der »Zwick«, ein kurzes Stück Kunststoffschnur, an der Spitze der Geissel befestigt. Wird die Geissel nun am Holzstecken geschwungen, erreicht der Zwick Überschallgeschwindigkeit und produziert wie ein Flugzeug den entsprechenden Knall, der über 100 Dezibel laut werden kann.

DEN SAMICHLAUS HERBEILOCKEN

Gechlöpft wir in der Gegend schon seit vorchristlicher Zeit – mit dem Knallen wurden die Wintergeister vertrieben. Nachchristlich wurde der Brauch kurzerhand umgebogen, wie Daniel Werren weiss: »Der Samichlaus wohnte der Sage nach im Goffersberg zu Lenzburg und beschenkte die Menschen am Samichlaustag reichlich. Doch eines schlechten Tages, als er, müde vom Schenken, die vielen Treppen den Berg hinauf schritt, hatten böse Buben trockene Erbsen auf die Stufen gestreut: Der Samichlaus fiel die Treppen hinab, tat sich weh und schwor, nie mehr wieder zu kommen.« In den folgenden Jahren versuchten die Chlöpfer jedes Jahr, den wohltätigen Mann mit ihrem Lärm aus seiner Behausung zu locken. Und es funktionierte. Längst ist der Samichlaus wieder da. Doch weil es so schön ist, chlöpfen die Leute um Lenzburg weiter. Auf jeden Fall so lange es Geisselmacher wie die beiden Werrens gibt, die Spinner von Egliswil, wie sie sich selber schalkhaft nennen.

> »Maschinen können keine konischen Seile fertigen.«

DANIEL UND ROBERT WERREN | GEISSELMACHER

EDWIN HAUSER | GLARNER TUCHMACHER

Das modische Schnupftuch

Rot-weiss ist es, von solider Qualität und Made in Switzerland. Typisch schweizerisch eben, das Glarner Tüechli von F. Blumer & Cie. AG, gedruckt bei Textildruck AG Mitlödi. Doch halt – wieso ist der Stoff mit den Palmblättern des Paisleymusters bedruckt?

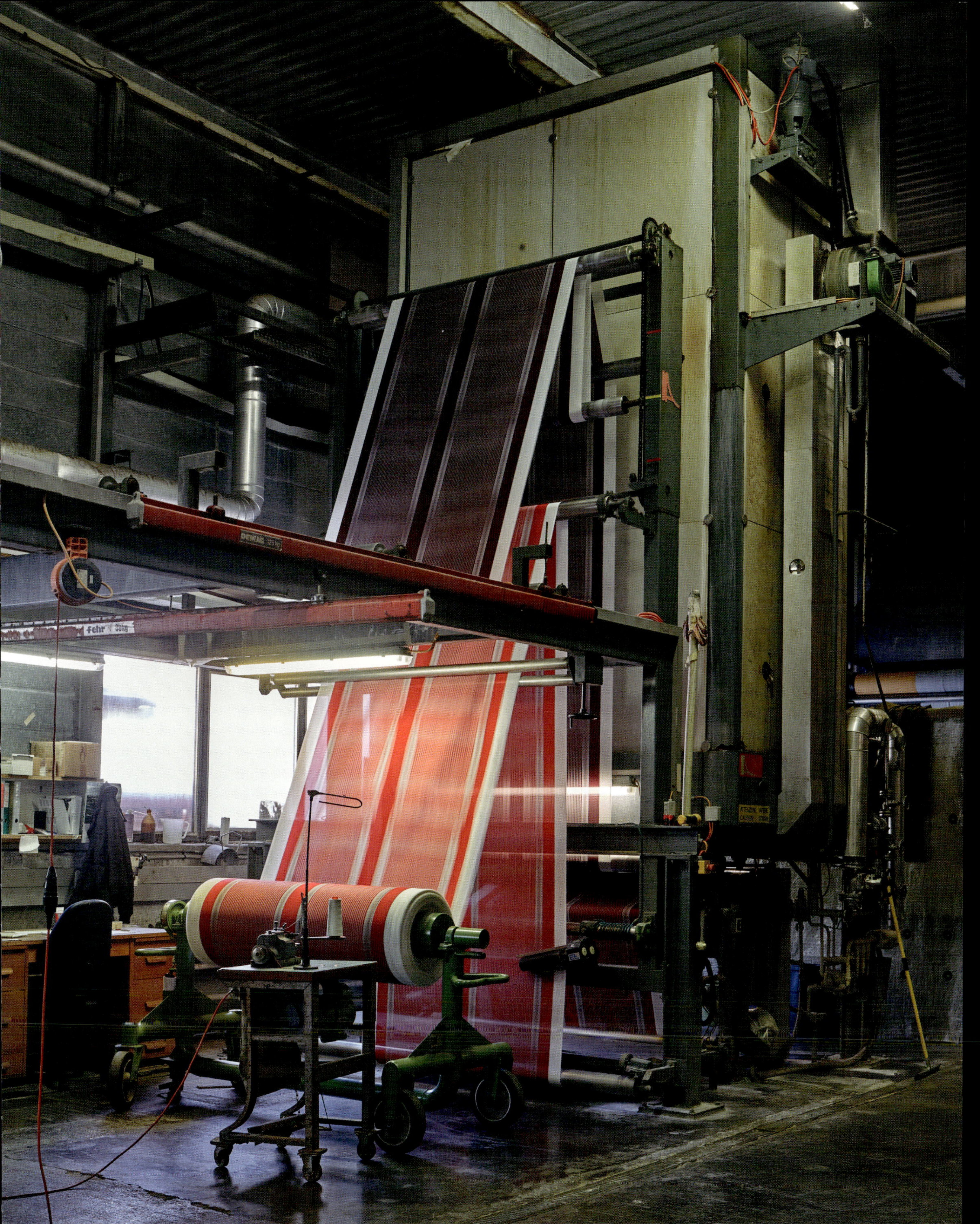

An den steilen Berghängen des Kanton Glarus wachsen Edelweiss, grasen Geissli auf den Matten und Kühe weiden auf der Alp – von Palmen jedoch weit und breit keine Spur. Und doch ist das Fazonetli, wie das Glarner Tüechli mit seinem Palmenmuster früher genannt wurde, seit über 170 Jahren Sinnbild für den Bergkanton. Und Symbol für die Weltoffenheit der Schweiz. Das kam so: Im 19. Jahrhundert war Glarus europaweit ein bedeutendes Zentrum für Stoffdruck. In den Dörfern entlang der Linth wurde unermüdlich gewoben, gesponnen und gedruckt. Zur Blütezeit waren es bis zu 48 Millionen Meter Stoff pro Jahr, wovon der grösste Teil in die ganze Welt exportiert wurde. Farbig bedruckte Baumwollstoffe, Krapptücher und Wollschals wurden von der Türkei über Afghanistan, Usbekistan und Saudi Arabien bis nach Indien geliefert. Um Handelsbeziehungen auszubauen und neue Inspiration für Stoffdesigns zu finden, reiste der Glarner Fabrikbesitzer Conrad Blumer 1843 nach Indien und Indonesien.

»Früher eignete sich nur das natürliche Krapprot und Indigoblau für ein wasch-, sprich farbechtes Glarner Tüechli.«

SCHNUPFTUCH MIT EXOTISCHEM FLAIR

Mit einem Koffer voller Ideen kehrte er zurück: Nicht nur die neuen, ungewöhnlichen Farbkombinationen gefielen seinen Kunden, auch die exotischen Muster, darunter das mit den eingerollten Palmblättern, fanden grossen Zuspruch bei der hiesigen Bevölkerung. Dass die Männer damals Tabak schnupften, tat sein Übriges zum Erfolg des neu lancierten Taschentuchs. Um sich die Hände beim Naseputzen nicht schmutzig zu machen, kamen nun die Glarner Tüechli zum Einsatz. »Farbig und kochecht mussten sie sein, diesen Anforderungen entsprachen zu jener Zeit nur die pflanzlichen Farbstoffe krapprot und indigoblau«, erzählt Edwin Hauser, heutiger Besitzer der Textildruckerei Blumer in Niederurnen beim Rundgang durch seine Firma.

EINST MIT SCHABLONEN AUS BUCHSBAUM

Im Showroom hat der 75-Jährige, der mit seiner Tochter den Betrieb seit 1993 führt, einige Druckmodelle ausgelegt. Bis zur Entwicklung

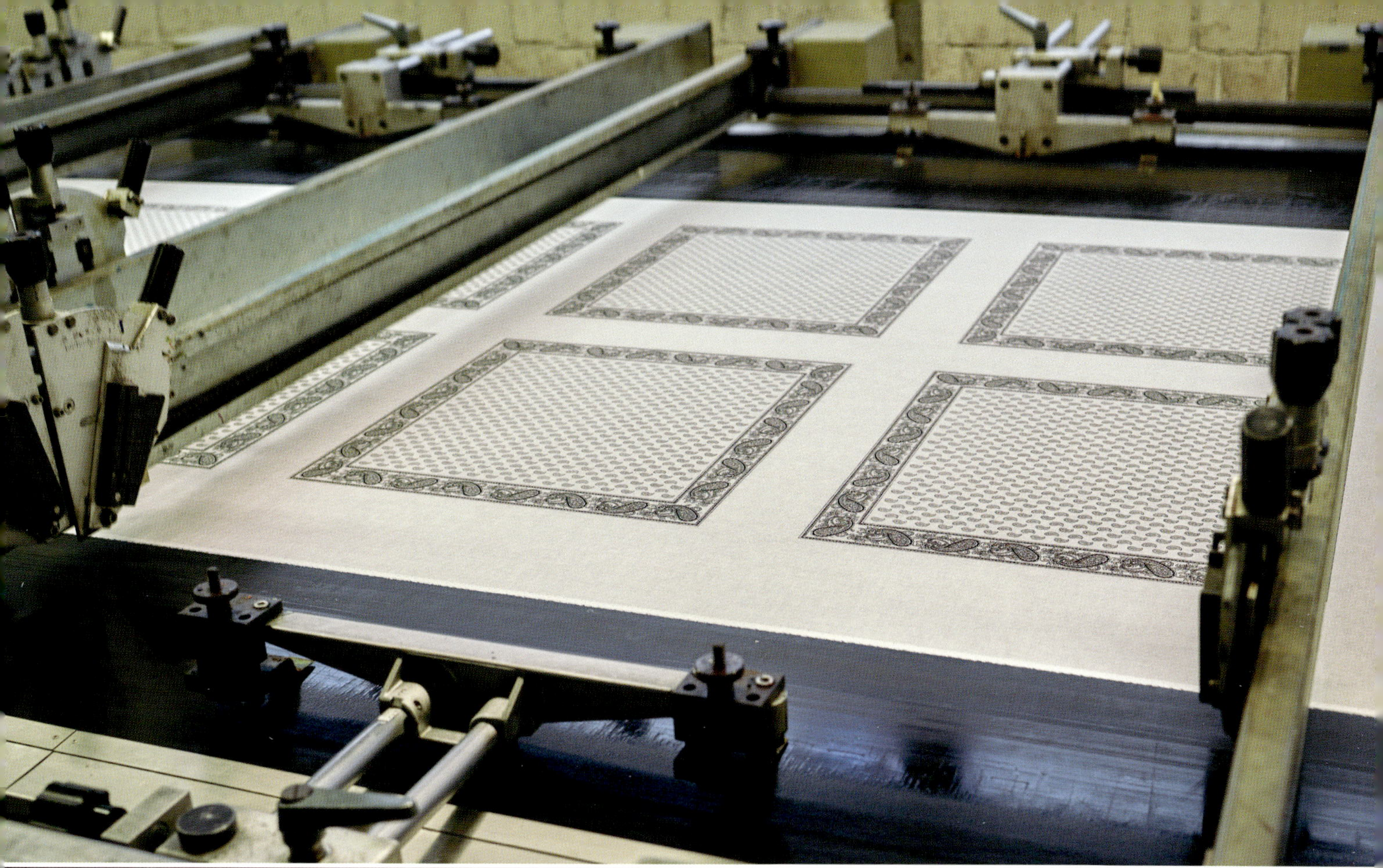
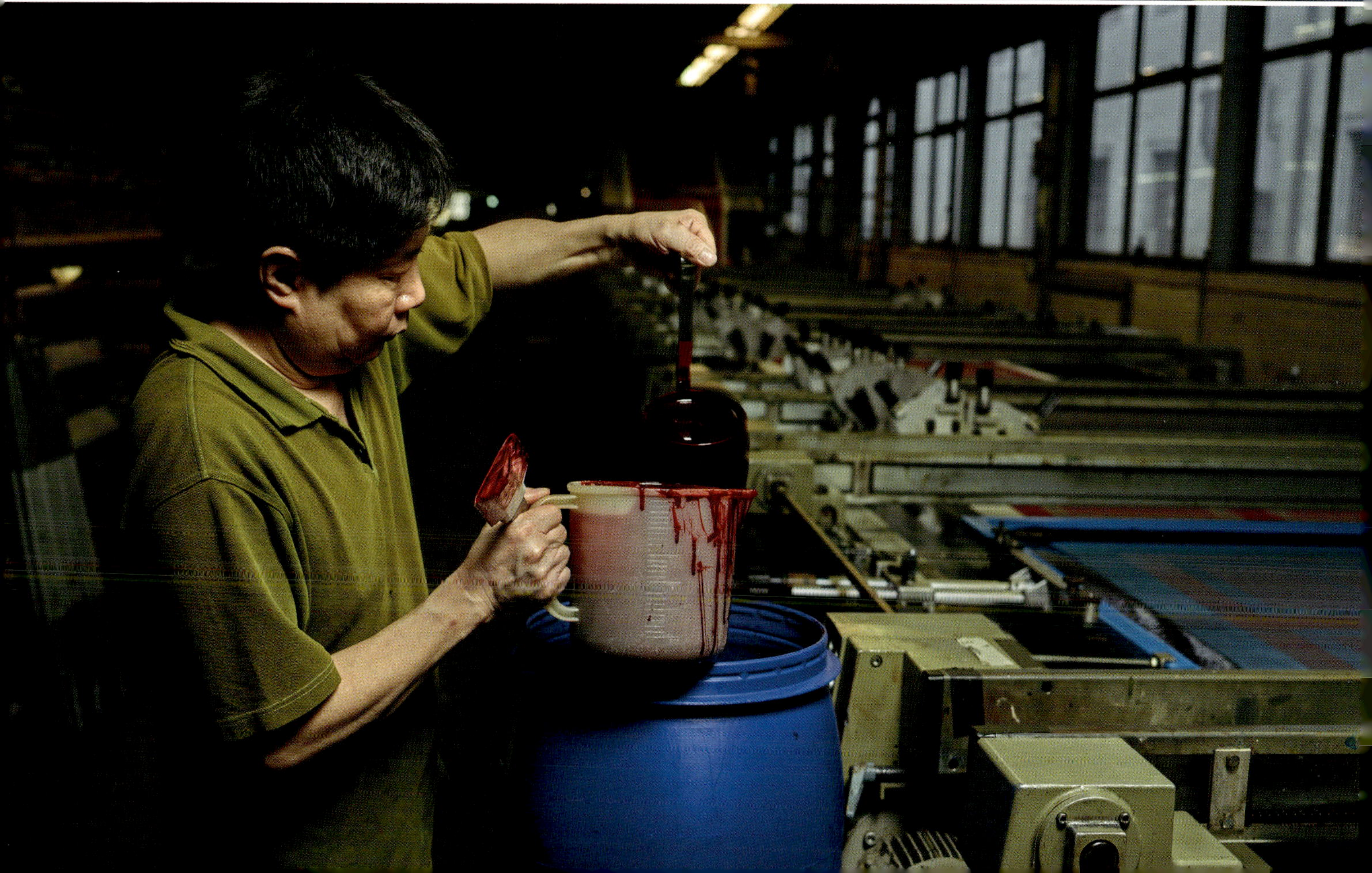

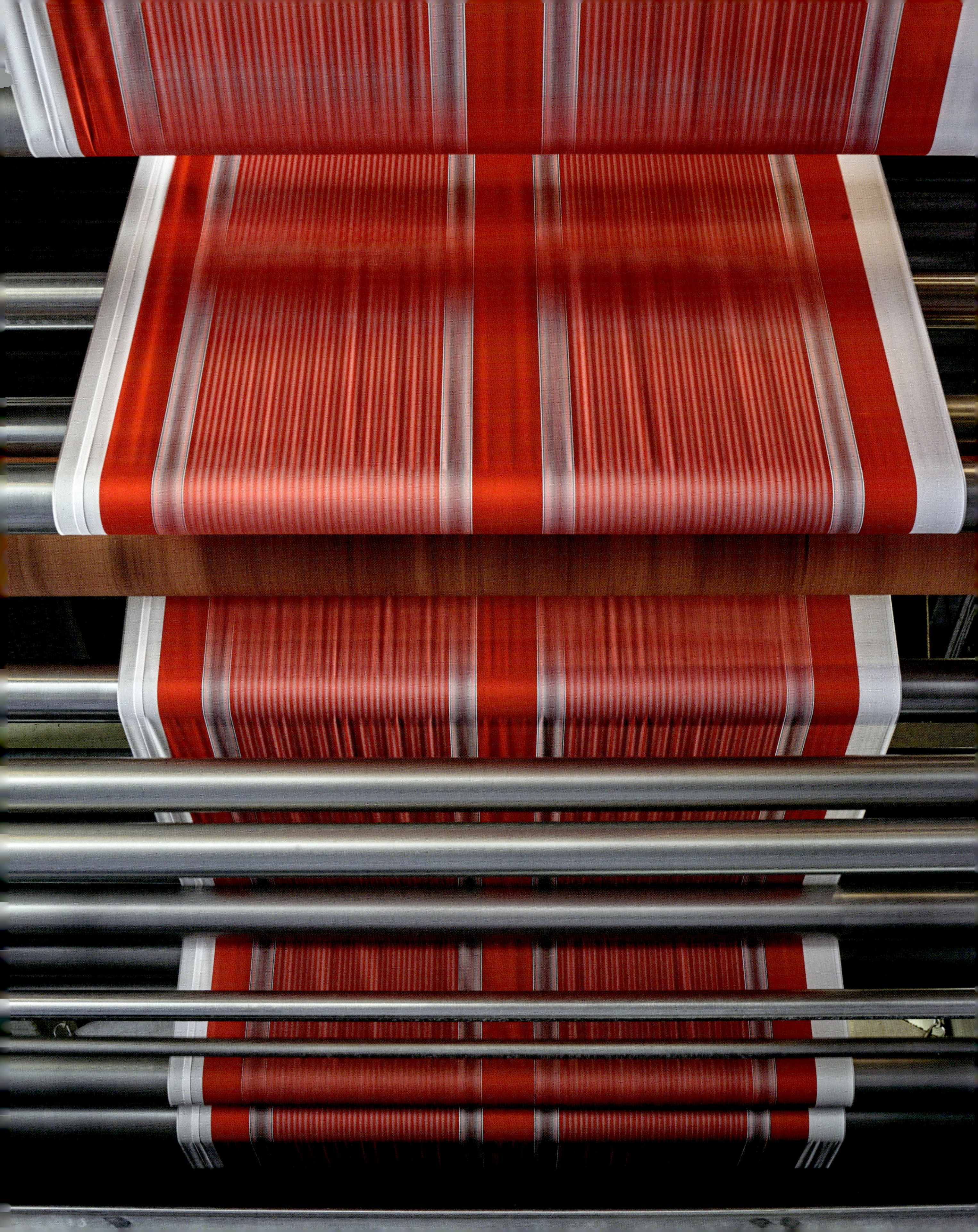

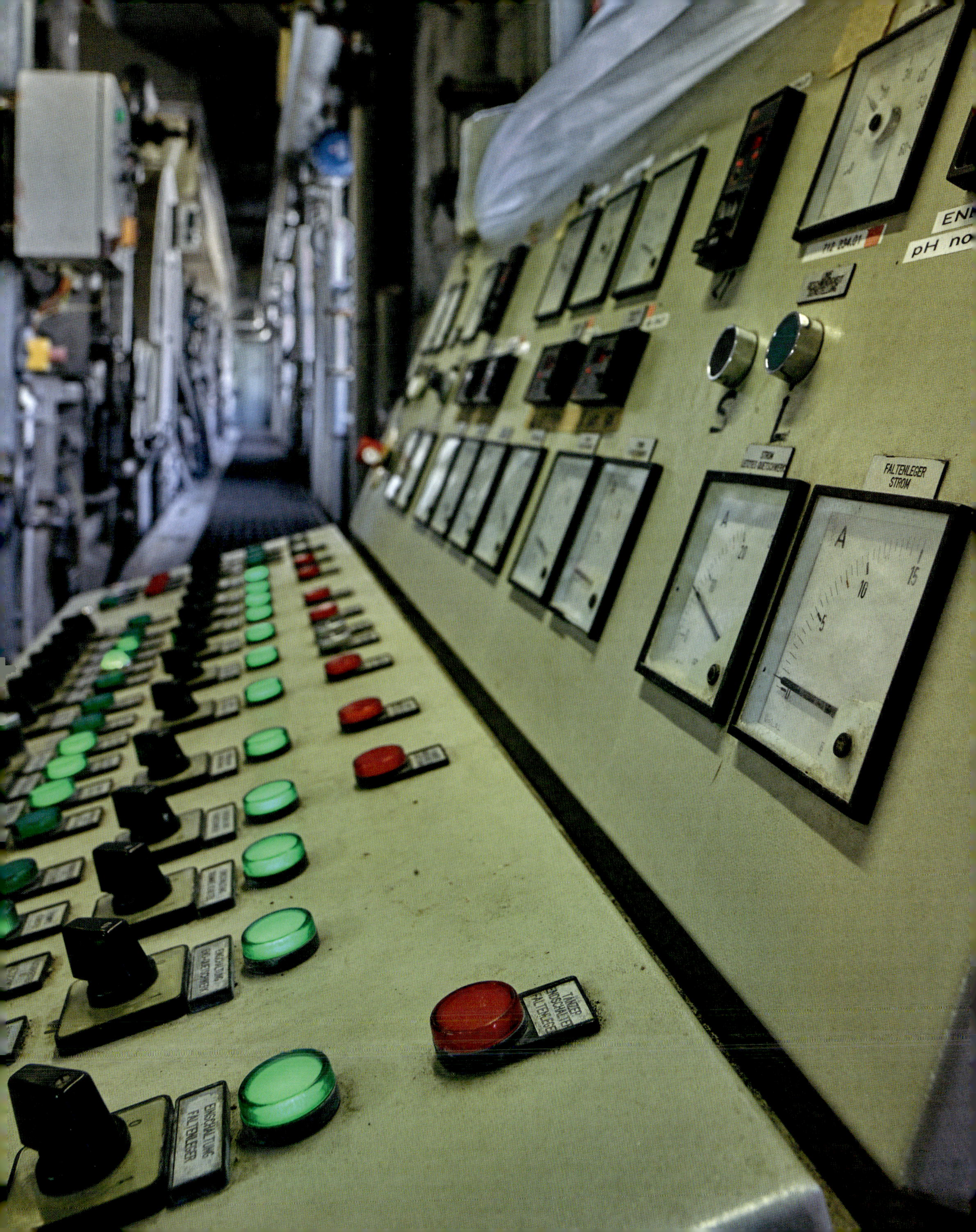
FALTENLEGER
STROM
EINSCHALTUNG
FALTENLEGER

des Siebdrucks in den 1940er-Jahren wurde damit noch von Hand gedruckt: verleimte Holzblöcke aus Buchsbaum, in die der Modelstecher nach Zeichnungsvorlagen die verschiedenen Stoffdessins geschnitzt hatte. Für die besonders filigranen Muster wurden unzählige kleine Metallstifte in die Blöcke gehauen. »Jede Farbe brauchte ihr eigenes Model, und passen mussten sie auch ganz genau – das war echtes Kunsthandwerk«, erklärt Edwin Hauser.

Auch wenn heute längst mit Schablonen und digital gedruckt wird – der Arbeitsprozess, bis ein Glarner Tüechli seine Form angenommen hat, ist noch immer aufwendig. Der Stoff wird bei der Firma Jenny in Haslen gewoben und in die Textildruckerei Mitlödi geliefert. Nach dem Nähen der Säume kehren die fertigen Tüechli zurück zu Blumer und werden hier einzeln auf allfällige Fehler kontrolliert und von Hand gebügelt. Rund 100 000 Stück sind es pro Jahr.

»Mit dem Glarner Tüechli machen wir heute rund einen Drittel unseres Umsatzes.«

HIP HOPPER ENTDECKEN GLARNER RELIKT

Neben den Glarner Tüechli, die rund einen Drittel des Gesamtumsatzes der Firma Blumer ausmachen, ist der Handel mit Hüten aus Italien, Deutschland und Frankreich ein wichtiges Standbein. Mit Accessoires für den Sportfachhandel ist Blumer gut im Geschäft. Der HAD-Schlauch, ein vielseitiges Tuch aus moderner Microfaser, wird von Sportlern als Halstuch, Kappe oder Stirnband getragen. »Der Schlauch ist ein Verkaufshit, aber wir kannibalisieren uns damit auch selbst. Denn wer früher zum Sport ein Glarner Tüechli kaufte, nimmt heute vielleicht das moderne Produkt«, sagt Hauser.

Doch die krapproten Tüechli mit dem Paisleymuster sind ein Schweizer Klassiker und werden längst nicht nur im Sportbereich verwendet, sondern auch von Hip Hoppern, modernen Heidis und kleinen Piraten getragen. Dass es sie mittlerweile in 36 verschiedenen Farben, drei Grössen und mit weiteren folkloristischen Motiven wie Edelweiss, Geissen oder Kühen gibt, gefällt auch den Touristen, die das Glarner Tüechli in die ganze Welt tragen.

EDWIN HAUSER | GLARNER TUCHMACHER

SEPP STEINER | ARMBRUSTBAUER

Das war Tells Geschoss

So stellt man ihn sich vor: den Tell. Sepp Steiner sieht nicht nur aus wie Schillers Titelheld. In seiner Werkstatt in der »Altfryen Republik Gersau« erweckt er auch das längst ausgestorbene Handwerk des Ambrustbauens zu neuem Leben.

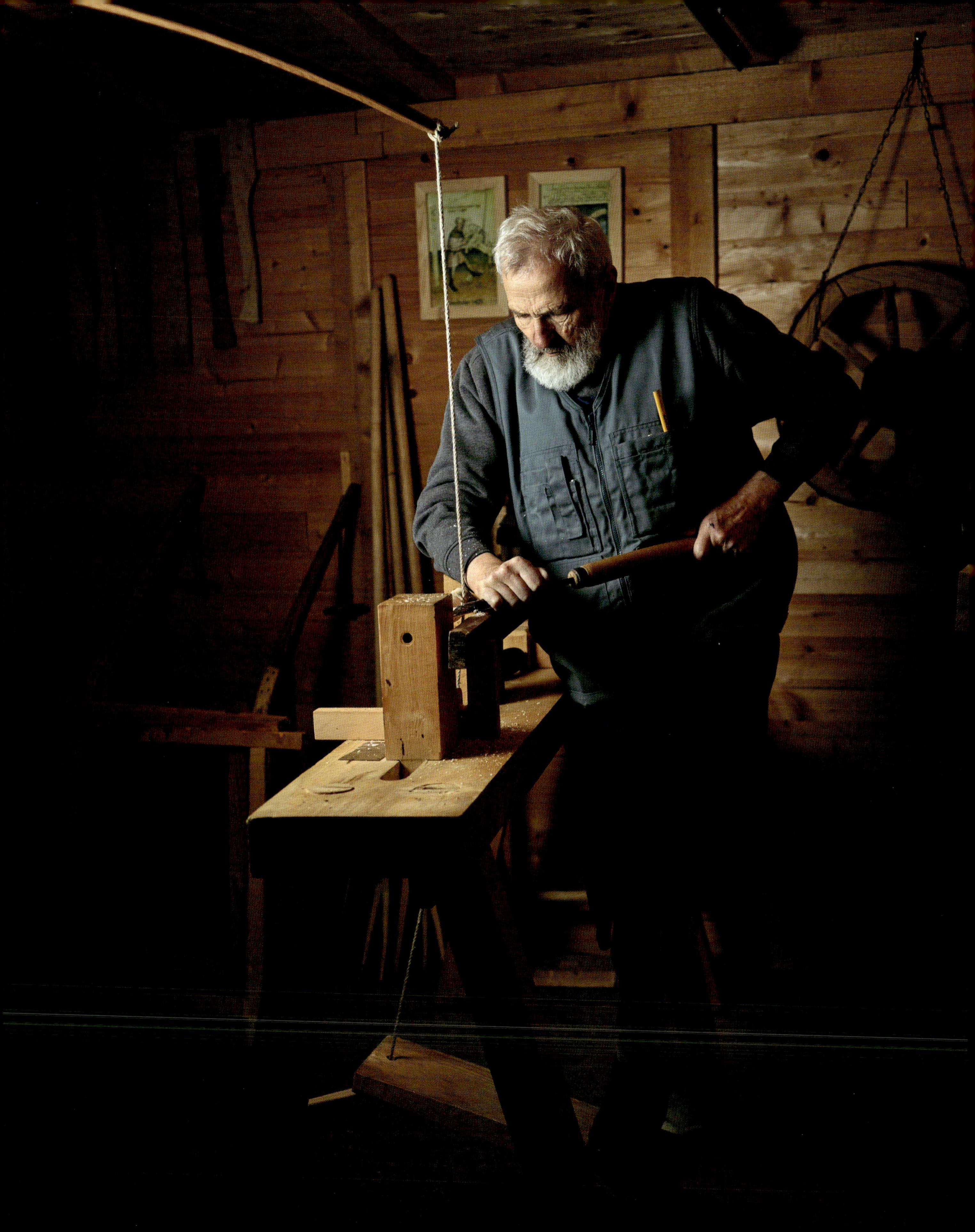

Es ist, als stünde Wilhelm Tell leibhaftig vor einem. Der Händedruck ist fest, die Haare sind grau, der Bart ist dicht, die Stimme tief und vertrauenswürdig. Sepp Steiner ist der Tell – mit Leib und Seele. Des Öfteren schon stand er Modell für diese mythische Figur aus Schillers gleichnamigem Drama. Kürzlich erst wieder hat Sepp Steiner posiert für Swisslabel, jene Organisation also, die Urschweizerisches – für die ganze Welt sichtbar – mit dem entsprechenden Markenzeichen versieht. Und natürlich ziert deren Logo eine Armbrust, womit sich der Kreis zu jenem Metier schliesst, dem Steiner seit über 30 Jahren mit Herzblut nachgeht. Zuerst in Vitznau am Vierwaldstättersee, jetzt in der »Fryen Republik Gersau«, ein paar Kilometer weiter weg, wo er seine Tellswerkstatt in einer alten Seidenscharpenspinnerei originalgetreu nachgebaut hat. Seine Führungen geben Einblick in die 15 verschiedenen Handwerke, die nötig waren, um eine Armbrust herzustellen: Da brauchte es unter anderem das virtuose Zusammenspiel eines Wagners, Schnurmachers, Seilers, Schreiners, Zimmermanns, Drechslers sowie eines Sattlers. »Statt Lehrlinge hielten sich die damaligen Adligen oder Gutbürgerlichen in den aufstrebenden Städten einfach Leibeigene, die dieses Können mitbrachten«, erklärt Steiner, der diese Fertigkeiten allesamt beherrscht. Obwohl er eigentlich Schreiner werden wollte, hat er die Käserlehre gemacht, dann als Baggerführer und schliesslich wieder als Schreiner gearbeitet. Mit dem Armbrustbauen hatte er ursprünglich gar nichts am Hut.

> *»Reich wird man mit dem Armbrustbauen nicht. Aber es macht Spass, ein Armbruster zu sein.«*

VON EINEM KOLLEGEN ÜBERREDET

Dass er sich diesem komplexen Unterfangen widmet, hat er nicht zuletzt einem Kollegen – einem Büchsenmacher – zu verdanken. Dieser war es auch, der ihn ermunterte, eine limitierte Edition der letzten Armbrust, die Oberst Bollinger für die Schweizer Armee Ende 19. Jahrhundert als Ordonanzwaffe in Auftrag gegeben hatte, nachzubauen. Und so studierte Steiner die alten Pläne und begann die nötigen Materialien für die Produktion einzukaufen. Bereits

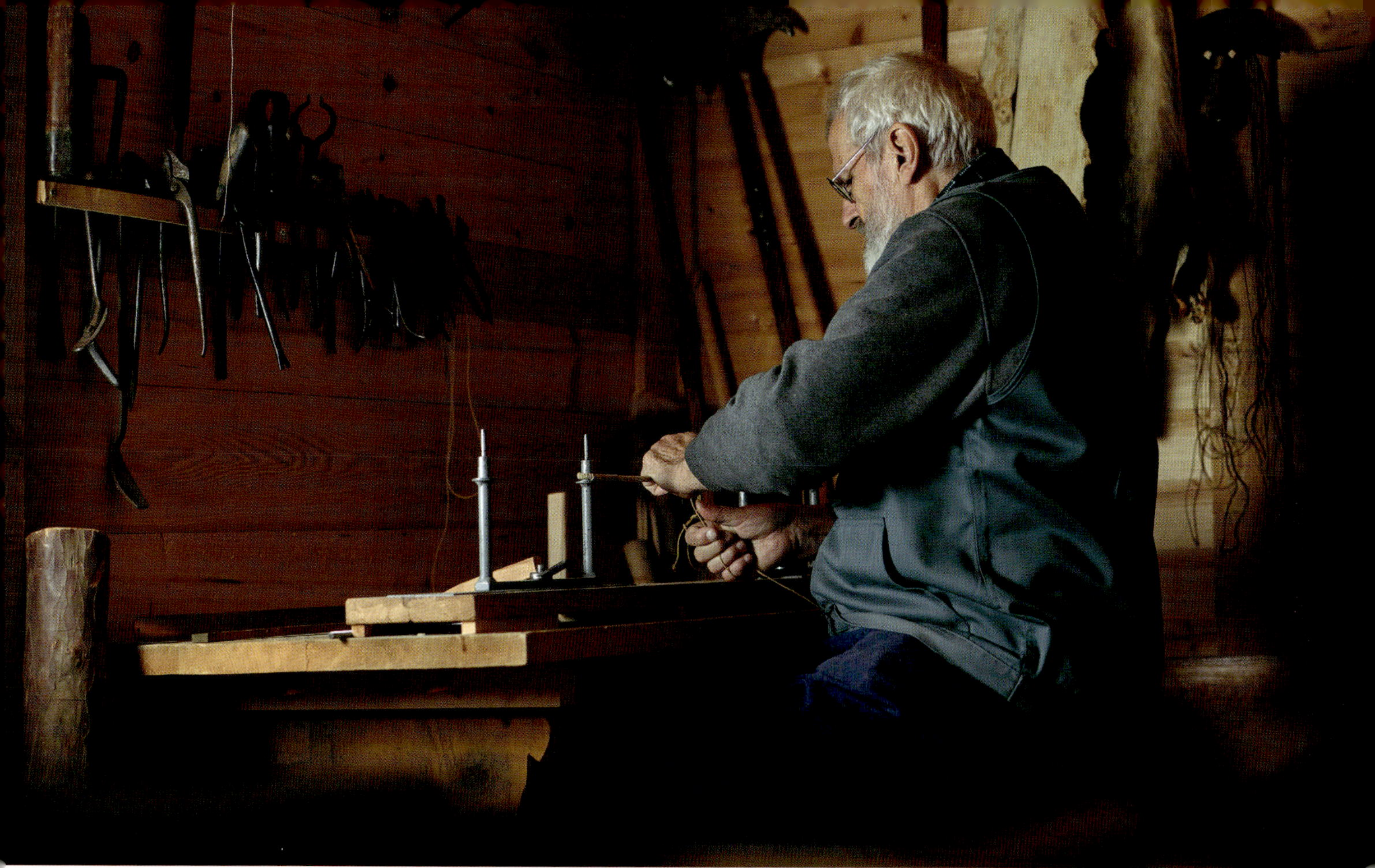

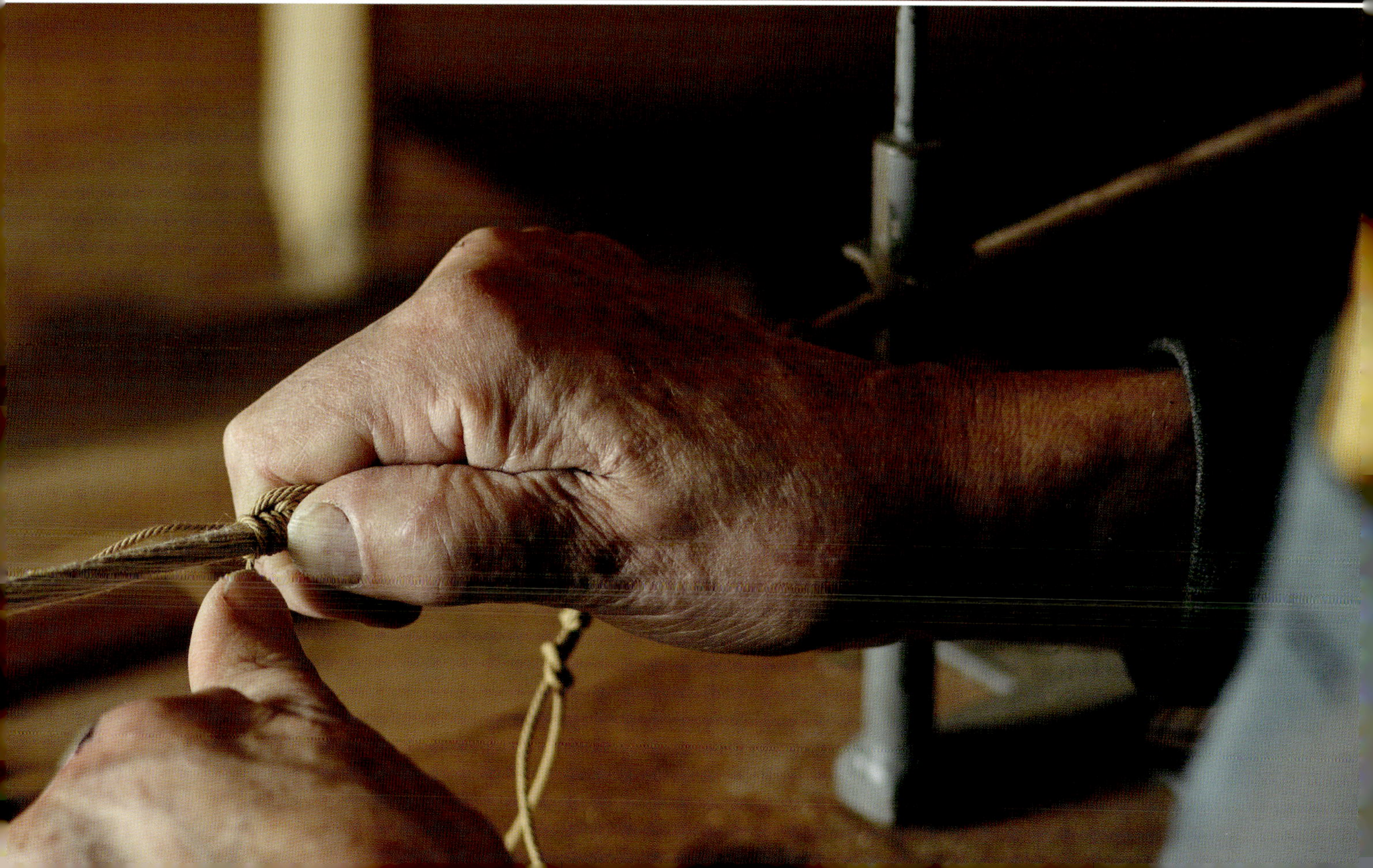

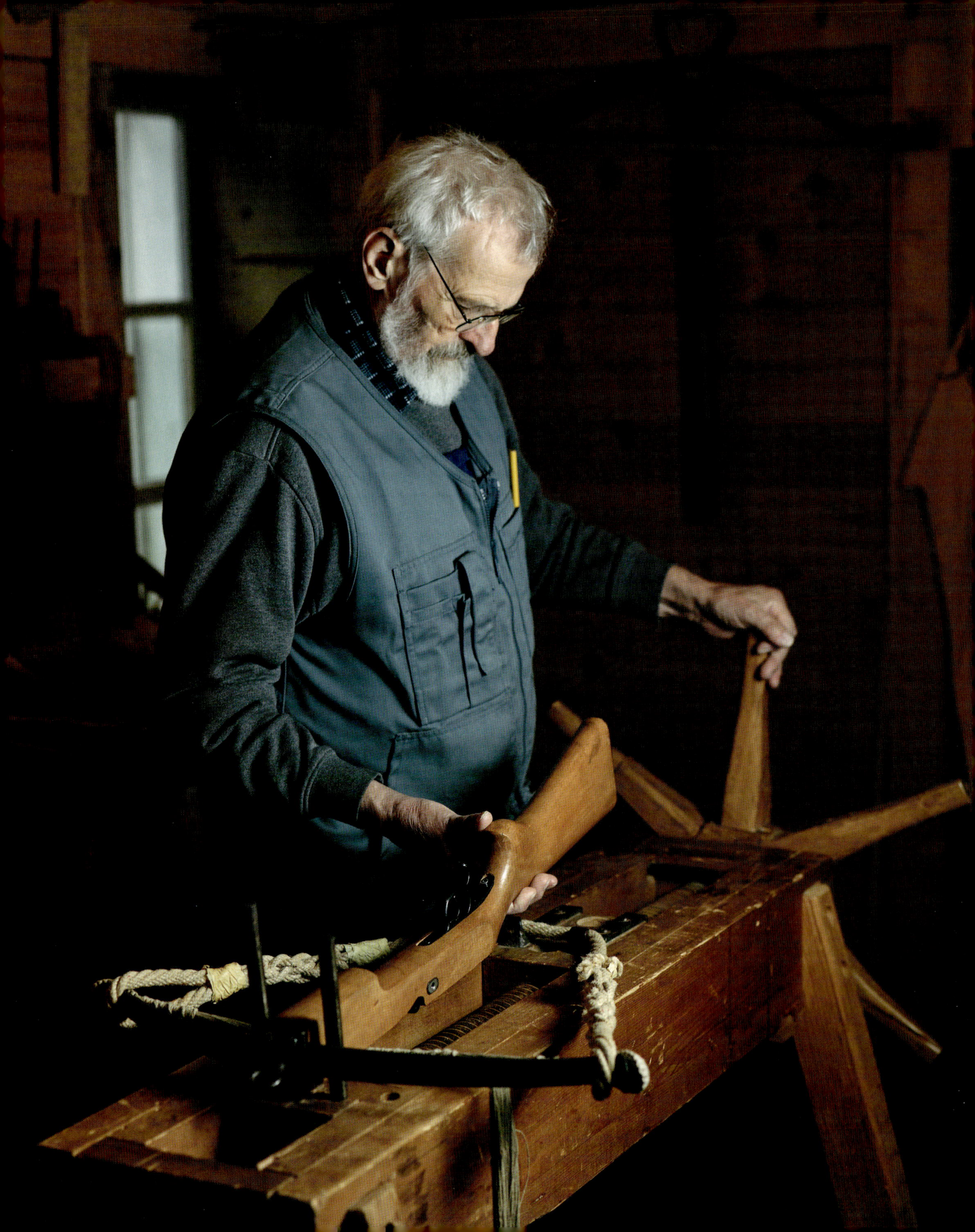

liegen 12 Bestellungen für diese Waffe, die bis 1919 in der Zürcher Militärschule in der Grundausbildung für Schiessübungen verwendet wurde, vor. »Obwohl die Armbrust in der Schweiz – im Gegensatz zu den Nachbarländern – gar nicht als Waffe gilt. Es braucht bis heute keinen Waffenschein dafür«, fügt Steiner an. Diese historische Armbrust soll schon bald Form annehmen, wenn alles nach Plan verläuft.

STARKES STÜCK HANDARBEIT

Deren Kernstück ist der Schaft und ist aus Ahornholz, das Steiner von einem Bauern im Dorf erstanden hat, gefertigt. Dieses gilt als besonders stark und liegt damit entsprechend ruhig in der Hand. Um sich das Leben ein wenig zu erleichtern, lässt er die Schäfte entlang eines von ihm entworfenen Musters maschinell kopieren. Noch bleibt genug andere Arbeit zu tun. Zum Beispiel das Aufziehen der

Sehne. Dazu verwendet Steiner Flachsfäden, die er in unzähligen Vorgängen auf einer Spannbank zu einer Sehne windet und an den Enden, wo der Druck am grössten ist, vielfach verknotet. Auch feinmechanisches Geschick ist gefragt. So werden die Teile und Schrauben für den mechanischen Abzug, wie man ihn zu dieser Zeit besass, originalgetreu nachgebildet, Stück für Stück.

Für den Bogen, der früher aus Eibenholz war – dieses galt als besonders elastisch und beständig zugleich – verwendet Steiner neu Karbon. Früher war dieser mit Hornschichten von Rind und Ziege, die mit Tiersehnen umwickelt waren, durchsetzt. Diese wurden Schicht für Schicht mit dem Holz verleimt, um die Schnellkraft zu erhöhen. Bis zu 120 Kilogramm Spannkraft hatten gute Hornschichtbögen auszuhalten. Der Zain, wie der mit einer vierkantigen Metallspitze versehene Holzpfeil damals genannt wurde, flog mit hoher Drehzahl über 1000 Meter weit.

»Die Armbrust gilt nicht als Waffe in der Schweiz. Trotzdem ist es verboten, mit ihr auf die Jagd zu gehen. Sie ist ein reines Sportinstrument.«

LEIDENSCHAFT FÜR HOCHGEACHTETES HANDWERK

Kein Wunder waren Armbrustschützen wie auch deren Erbauer gefürchtete Herrschaften. Ein gewiefter Bogner konnte im Durchschnitt drei bis vier Stücke pro Jahr herstellen. Diese machten ihn zu einem angesehenen, reichen Mann in den aufstrebenden Städten des Mittelalters. Heute ist dem nicht mehr so. »Reich wird man mit dem Armbrustbauen nicht. Die Billigkonkurrenz aus China, von wo notabene die ersten Armbrüste via Arabien und Sarazenenzüge zu uns nach Europa kamen, macht uns das Leben auch nicht leichter. Trotzdem, es macht Spass, Armbrustbauer zu sein.« Die Armbrust ist bis heute in Tells Landen ein beliebtes Objekt und längst nicht nur fürs Museum bestimmt. Denn Herr und Frau Schweizer pflegen eifrig diesen Schiesssport – rund 120 Armbrustgesellschaften zählt das Land – und ernten immer wieder weltmeisterliche Lorbeeren. Dem Land von Tell & Co. geht der Nachwuchs also nicht aus. Nur Armbrustbauer wie Sepp Steiner sind rar geworden. Sehr rar sogar.

SEPP STEINER | ARMBRUSTBAUER

ROBERT NIEDERER | GLASMACHER

Der Dauerbrenner

Die einzige Glashütte der Schweiz, in welcher Glas noch von Mund geblasen und von Hand verarbeitet wird, lässt tief in diese Kunst blicken. Eine sinnliche Erlebniswelt ist entstanden. Mittendrin die Glasmacher am Schmelzofen. Sie giessen, bügeln und blasen. Die Glasi Hergiswil bleibt ein Unikat.

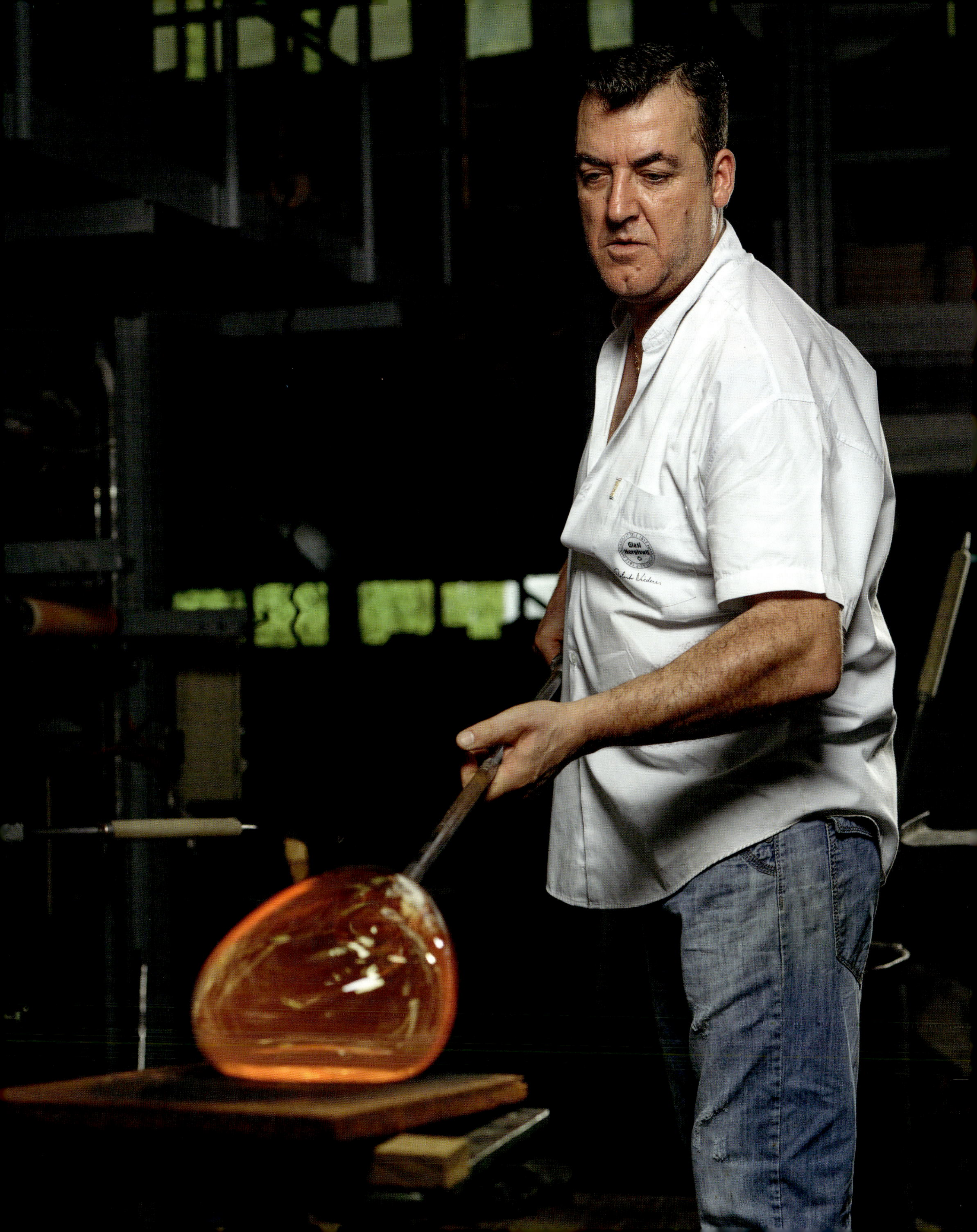
Glasi
Hergiswil

Roberto Niederer (1928–1988) rettete 1975 die Glasi Hergiswil vor der Schliessung. Kurz nachdem sein Sohn Robert die Leitung der Glasi im Mai 1988 übernahm, verstarb Roberto Niederer in seinem geliebten Kalabrien, von wo er als Kind in die Schweiz gekommen war. Der gebürtige Italiener hat wie kein zweiter die Schweizer Glaskunst in der zweiten Hälfte des 20. Jahrhunderts geprägt. Er wollte das Glas erlebbar machen, ihm seinen freien Lauf lassen, nicht einsperren. Niederer Kreationen aus Glas gehören auch heute zu den ganz besonderen Geschenkideen für Heim und Haushalt. Über 800 Glaskreationen zählen zum aktuellen Sortiment, jedes Jahr kommen zwischen 40 und 50 neue Ideen dazu. Alle Produkte sind von Hand hergestellt, vor Ort gegossen, gebügelt oder geblasen. Umweltschonend, mit bleifreiem Glas, ohne Giftstoffe. Regelmässig werden die Glasmacher auch für Auftragsproduktionen angefragt.

HANDWERK UND PHÄNOMENE ERLEBBAR MACHEN

1989 strömten über 50 000 Personen in die Ausstellung zu Ehren von Roberto Niederer. »Das war für mich und die Glasi-Lüüt ein prägendes Ereignis und zeigte uns, wie stark mein Vater als Person die Marke Niederer und die Glasi Hergiswil geprägt hatte«, erklärt Robert Niederer, der bei seinem Vater den Beruf des Apparateglasbläsers erlernte. Das enorme Echo bestärkte ihn, und so schuf er in den vergangenen Jahrzehnten eine permanente Ausstellung rund um das Phänomen Glas in Hergiswil: eine alle Sinne ansprechende Erlebniswelt. Dazu gehören heute ein Museum, ein Glas-Labyrinth, eine Märchenwelt, eine Ausstellung zu Naturphänomenen rund ums Glas, Verkaufsläden, ein Restaurant, eine Bar direkt am See und ein Kinderspielplatz mit einer sieben Meter hohen Murmelbahn. Jährlich pilgern über 100 000 Menschen nach Hergiswil das am Fusse des Pilatus, unweit von Luzern liegt und erleben das Material Glas in all seinen Ausprägungen.

Die Glasi Hergiswil wurde schon 1817 von der Familie Siegwart gegründet und direkt ans Seeufer gebaut – ideal für den Warentrans-

> *»Am liebsten würde ich ein Mobiltelefon aus Glas machen – das gäbe Arbeit für unsere Glasmacher.«*

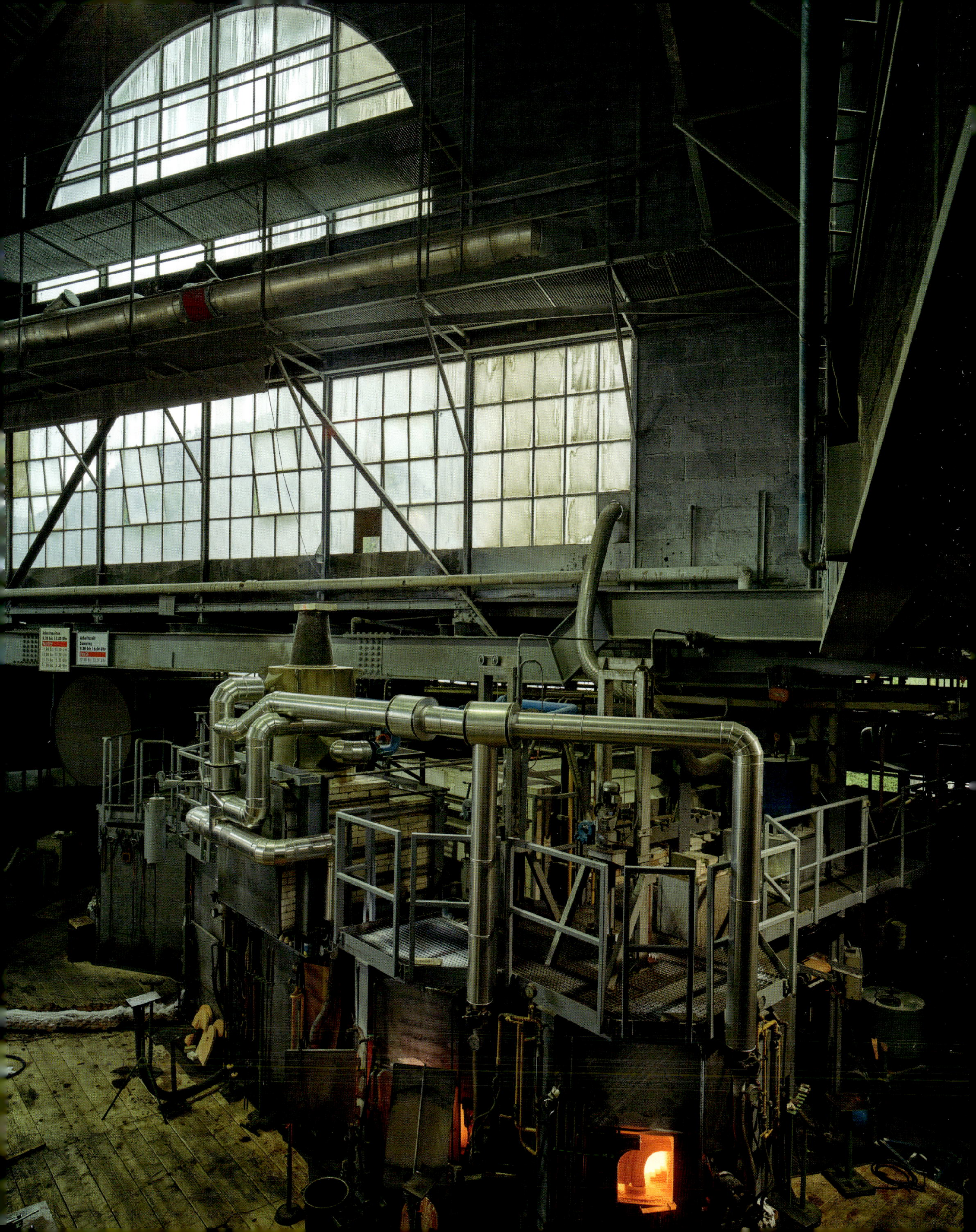

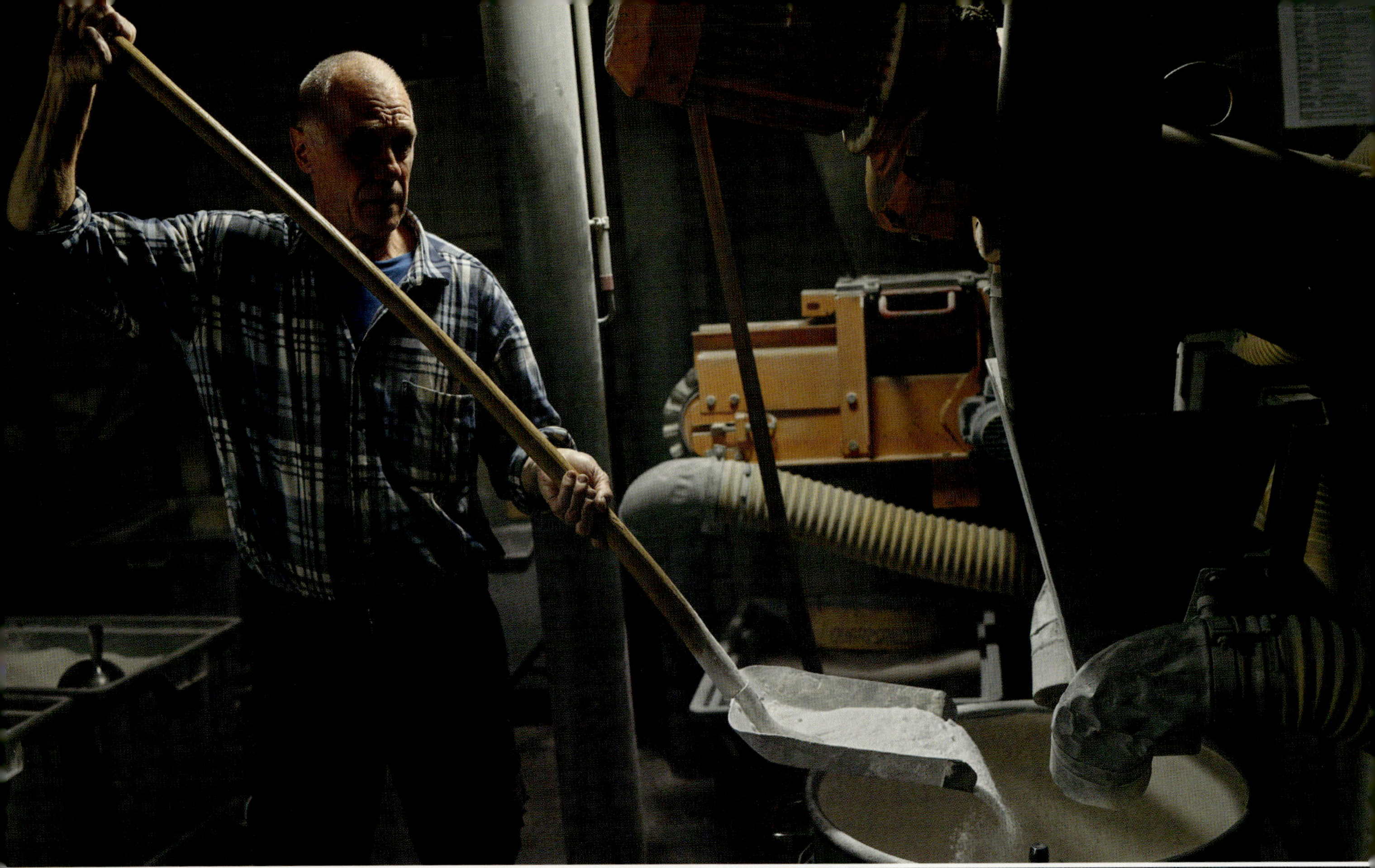

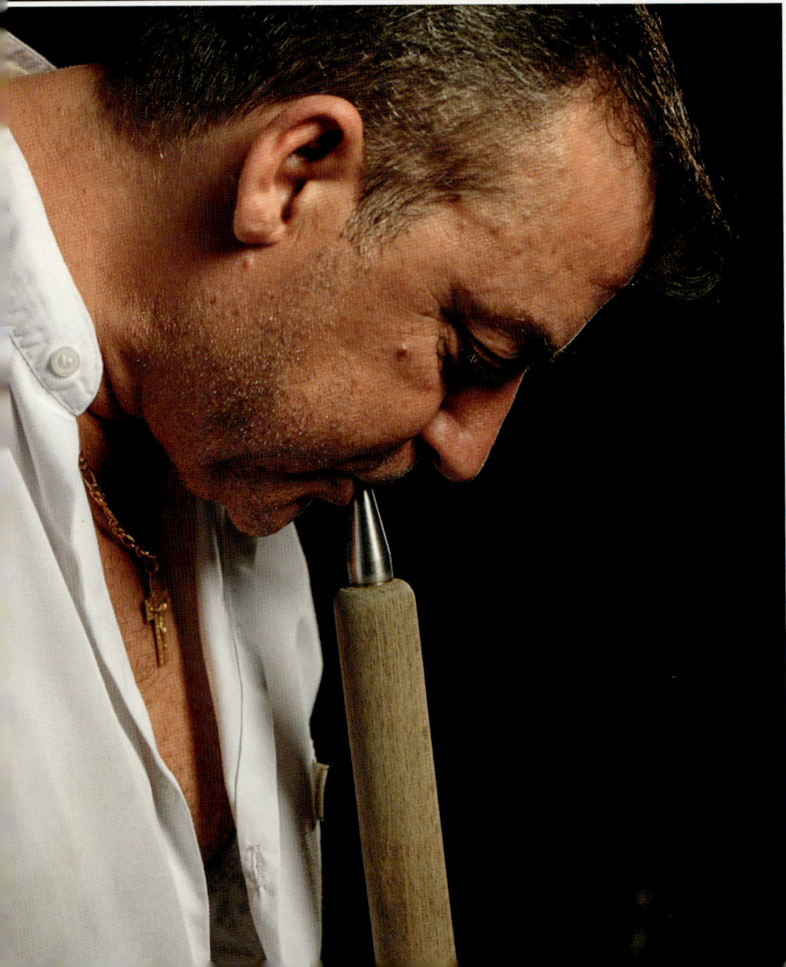

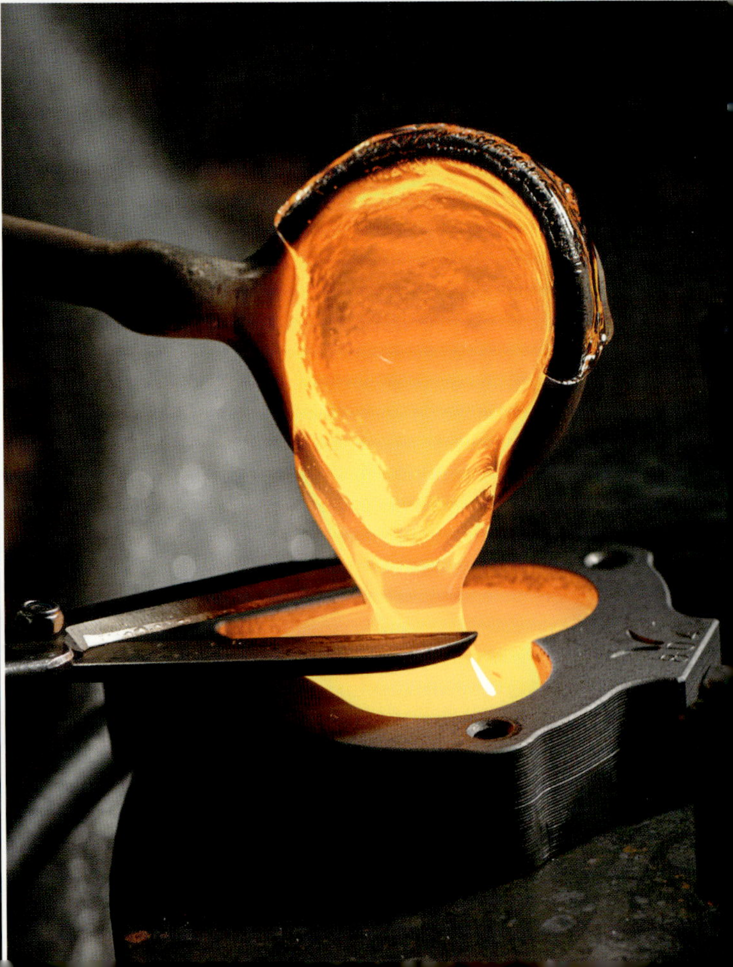

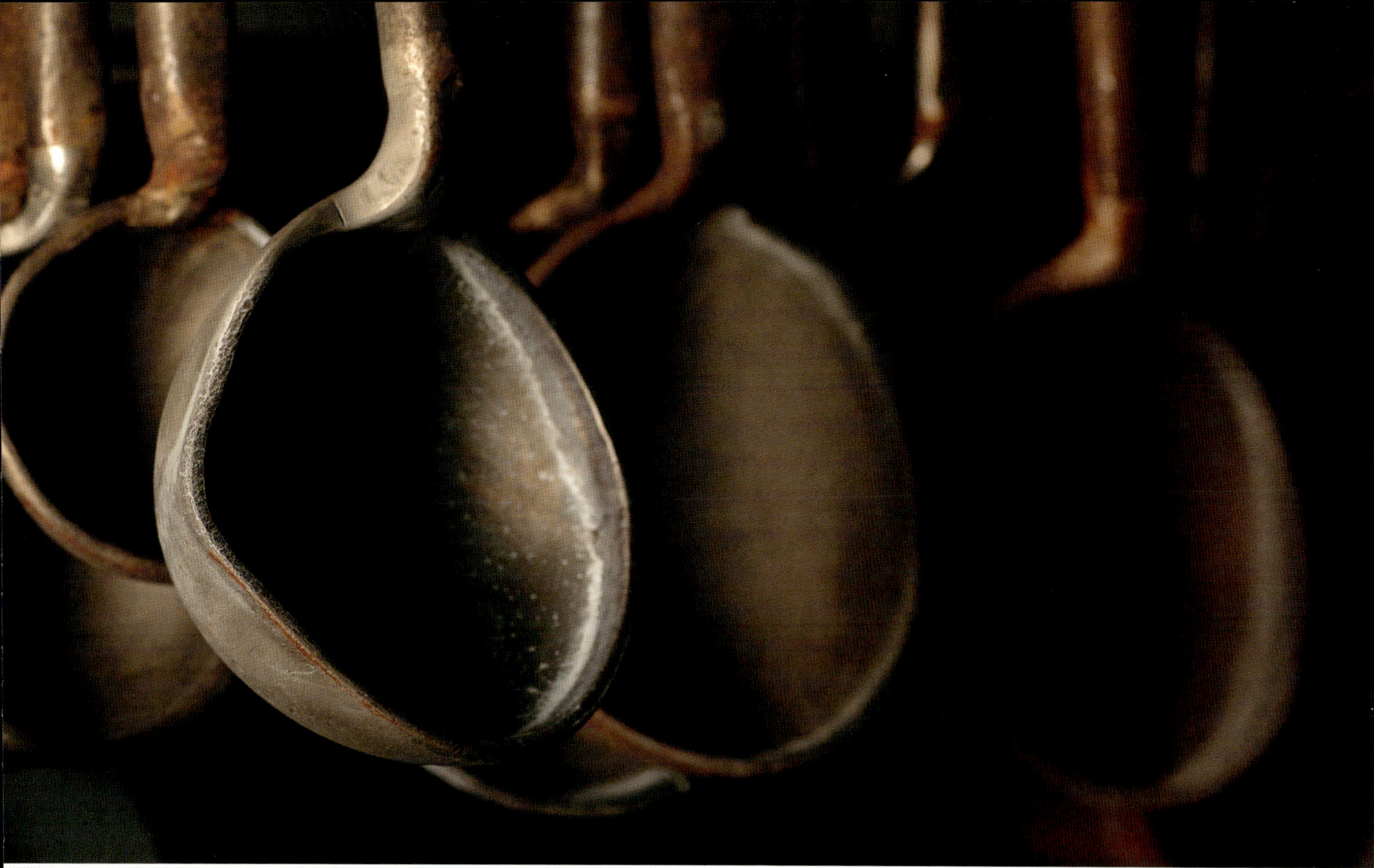
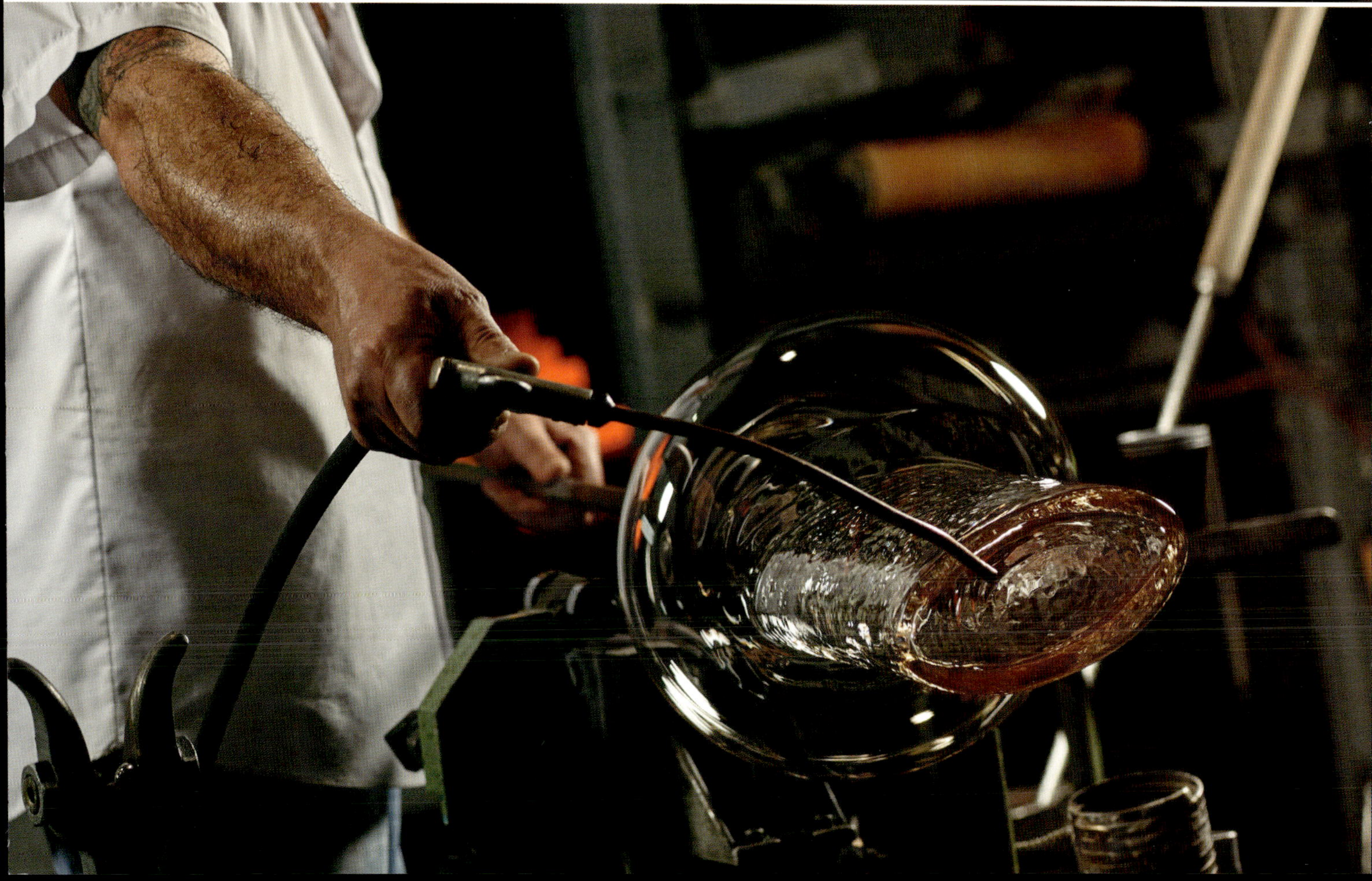

port. Die Familie war im 18. Jahrhundert aus dem Schwarzwald in die Schweiz eingewandert und betrieb in der Region Flühli-Sörenberg im Entlebuch Waldglashütten. Und so ist es nur logisch, dass sich eine der grössten Sammlungen von Flühli-Gläser aus dem 18. und 19. Jahrhundert heute in der Glasi Hergiswil wiederfindet.

DER BABY-KOLOSS IM DAUEREINSATZ

Im Zentrum der Glasi steht der Glasschmelzofen. Sieben Tage die Woche, 24 Stunden pro Tag brennt und schnaubt er: Sand, Kalk, Soda und 15 weitere Mineralien werden darin auf 1500 Grad Celsius erhitzt. Das »grosse Baby« wird rund um die Uhr, überwacht und beim kleinsten Husten – wenn sich zum Beispiel Blasen bilden – sofort bemuttert. Seine Lebenserwartung liegt nur gerade bei sechs bis sieben Jahren. Dann sind die Steinwände der Brennkammern verbraucht. Rund drei Millionen Schweizer Franken kostet ein Ersatz.

Bei 1250 Grad Celsius giessen, blasen, bügeln (sprich: verreiben), pressen oder schleudern die Glasmacher die honigähnliche Masse. Bei 550 Grad Celsius erstarrt das Glas. Danach wird es über Stunden langsam auf Zimmertemperatur abgekühlt. Besucherinnen und Besucher können alles mit eigenen Augen von der Galerie aus mitverfolgen, und sie dürfen auch selbst eine Glaskugel blasen – ein Glasbläser ist ihnen dabei behilflich.

»Die Rettung der Glasi war mit vielen Hochs und Tiefs verbunden.«

GLAS LEBT WEITER

Für das 200-Jahr-Jubiläum plant Robert Niederer, einen Turm am See zu bauen: natürlich aus Hergiswiler Glas. Und danach? 2015 sind seine beiden Söhne in die operative Leitung der Firma eingestiegen. Beide mit Ausbildungen in Business und Marketing. Glasbläser konnten sie nicht mehr lernen.

ROBERT NIEDERER | GLASMACHER

WERNER ALDER | HACKBRETTBAUER

Die Unvollendete

Die Seele berühren. Freude machen. Eigenständig sein: Das Hackbrett widerspiegelt sehr viel Appenzellisches, obwohl es von ganz woanders stammt.

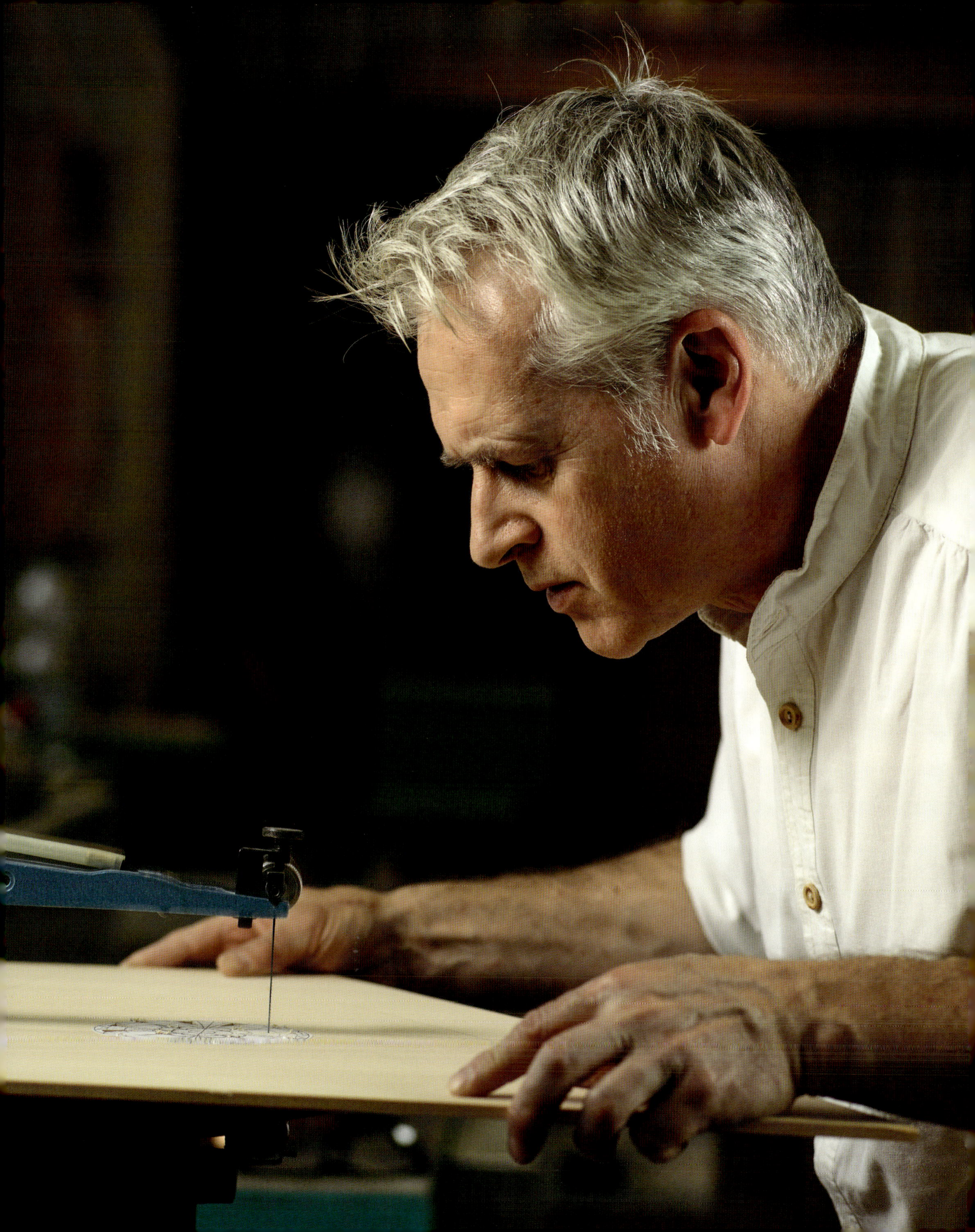

Das Hackbrett ist ein typisches Appenzeller Instrument aus Holz, auf dem die alleweil lustigen Einheimischen ihre fröhlichen Melodien spielen.« Das ist in etwa das Bild, das man als Nicht-Appenzeller im Laufe von vielen TV-Sendungen und Illustrierten-Reportagen bekommt. Das Blöde ist nur: Nichts daran stimmt. »Das Hackbrett stammt aus Persien und ist erst im späten Mittelalter in die heutige Schweiz gekommen«, erzählt Werner Alder. Wenn einer das weiss, dann dieser Spross der berühmten Alder-Streichmusik-Dynastie und Hackbrett-Bauer von Beruf und aus Berufung.

STIMMUNGSLAGEN IN TÖNE GEFASST

Während er in seinem Atelier in Herisau eine Basssaite mit Kupferdraht umwickelt, räumt der 56-Jährige mit weiteren Irrtümern auf: »Die Appenzeller Musik ist nicht einfach – und auch nicht einfach nur lustig. Wenn man gut hinhört, dann sind insbesondere die Zäuerli wie Gebete und sehr moll-lastig. Sie widerspiegeln unsere hüglige Landschaft und unsere Gemütslage, die oft zwischen himmelhoch jauchzend und zu Tode betrübt oszilliert.«

TÜFTLER DER ERSTEN STUNDE

Alder ist ein Kind dieser Landschaft, in seinen Augen hockt Schalk – aber auch etwas kaum Beschreibbares, Schweres. Vor allem aber ist er ein Suchender. »Ich bin gelernter Antik-Schreiner. Seit ich 1979 mein erstes Hackbrett für meinen Vater baute, habe ich immer weiter getüftelt, neue Formen, Bauarten und Materialien ausprobiert. Im Moment bin ich bei einer Kombination aus Carbon und Holz angelangt.« Doch eben – das ist nur eine Momentaufnahme. Die Entwicklung geht immer weiter. »Und wenn ich einmal nicht mehr bin, übernehmen andere diese Aufgabe, die nie vollendet sein wird.«

MIT RUTEN SAITEN ZUM KLINGEN BRINGEN

Das trapezförmige Hackbrett ist mit Chören bespannt – ein Chor hat fünf Saiten aus Bronzedraht. »Früher hatten die Bretter 23 oder noch weniger Chöre – heute baue ich solche mit 40 und mehr«, erzählt Alder. Wenn er nicht gerade mit Carbon oder anderen

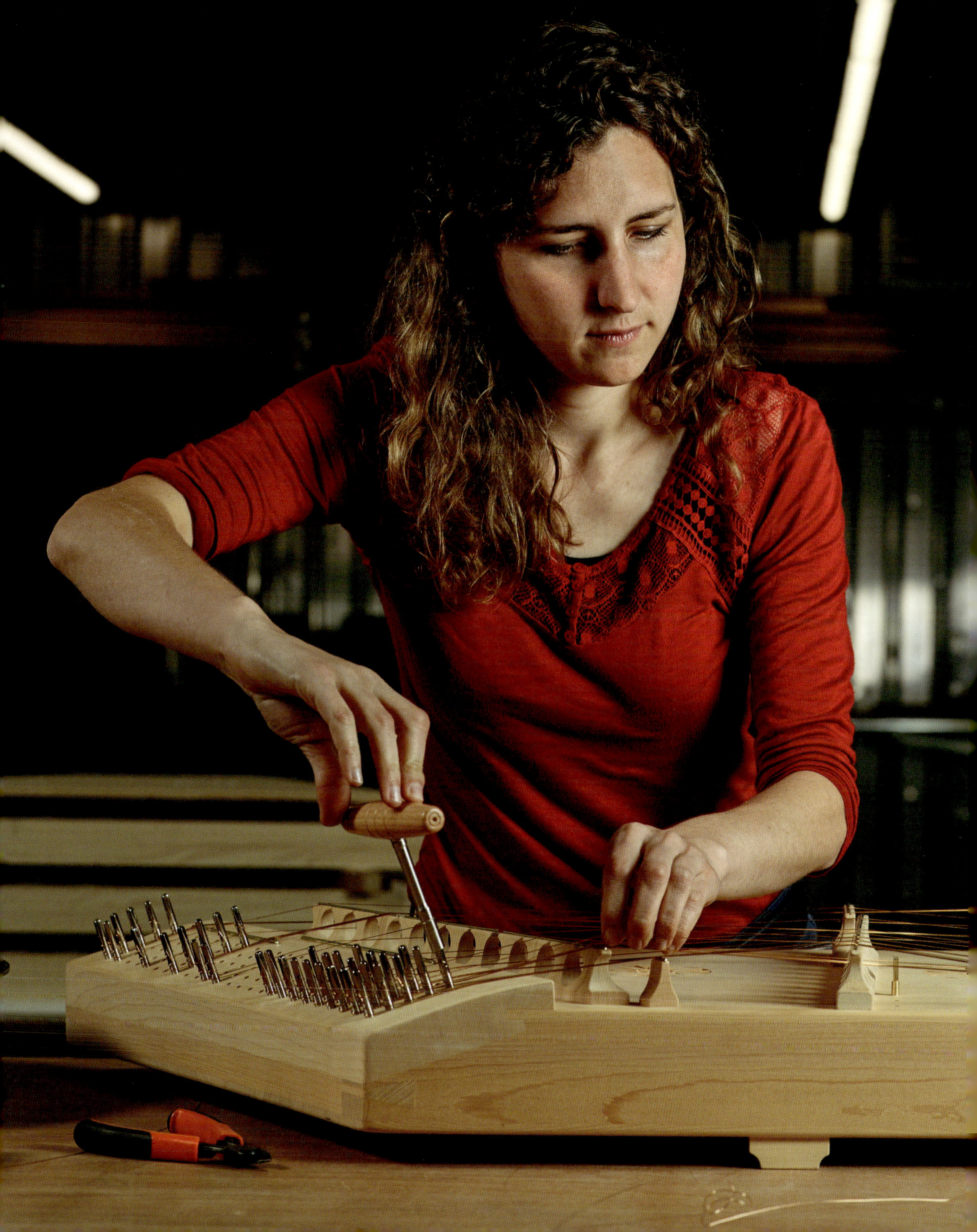

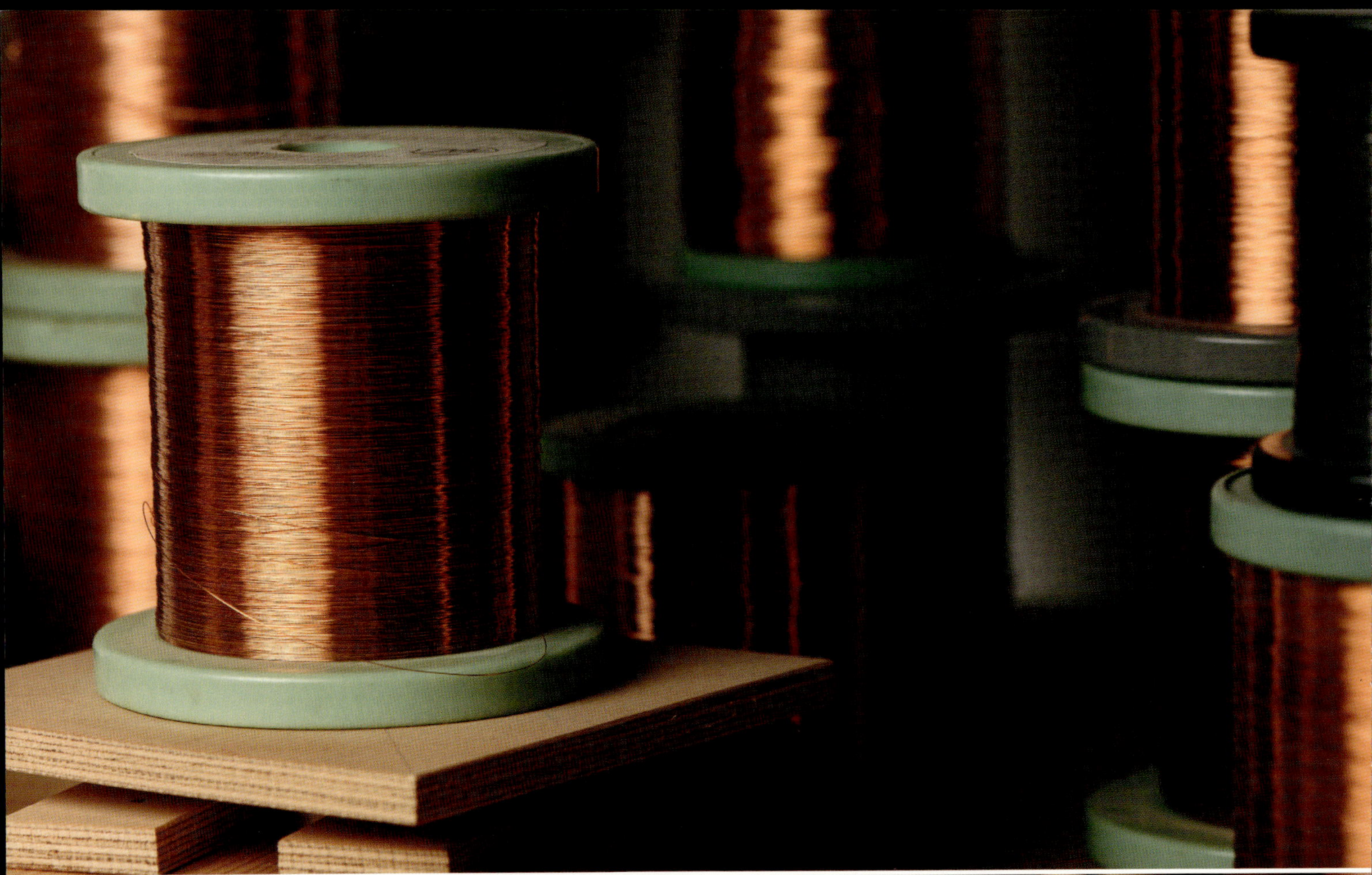

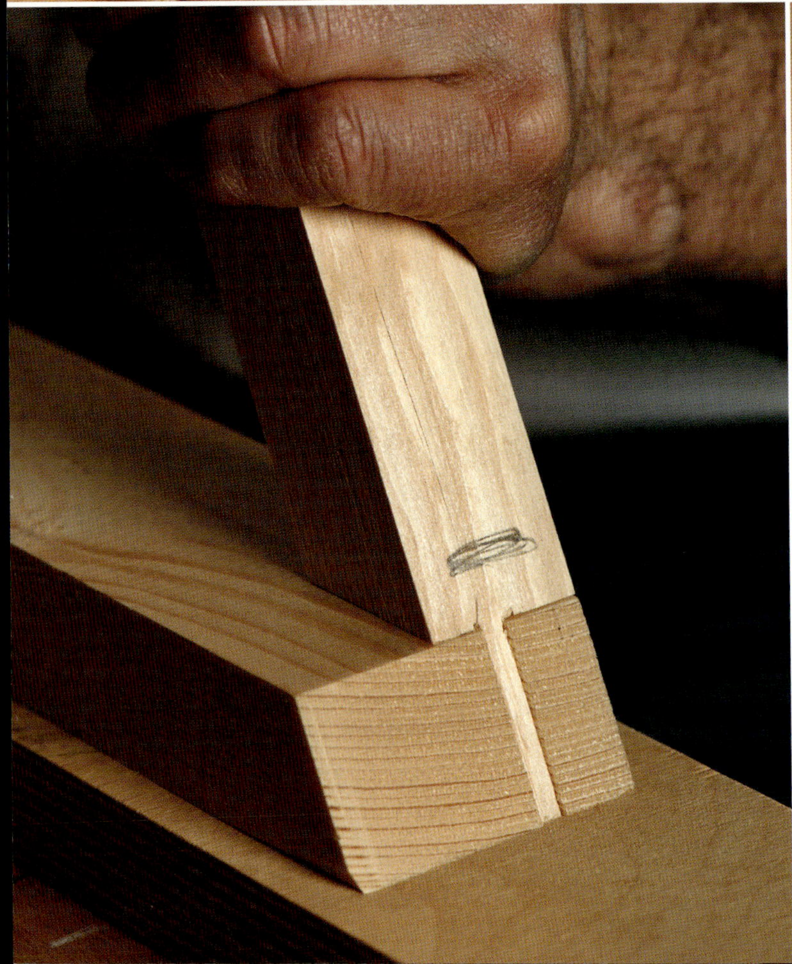

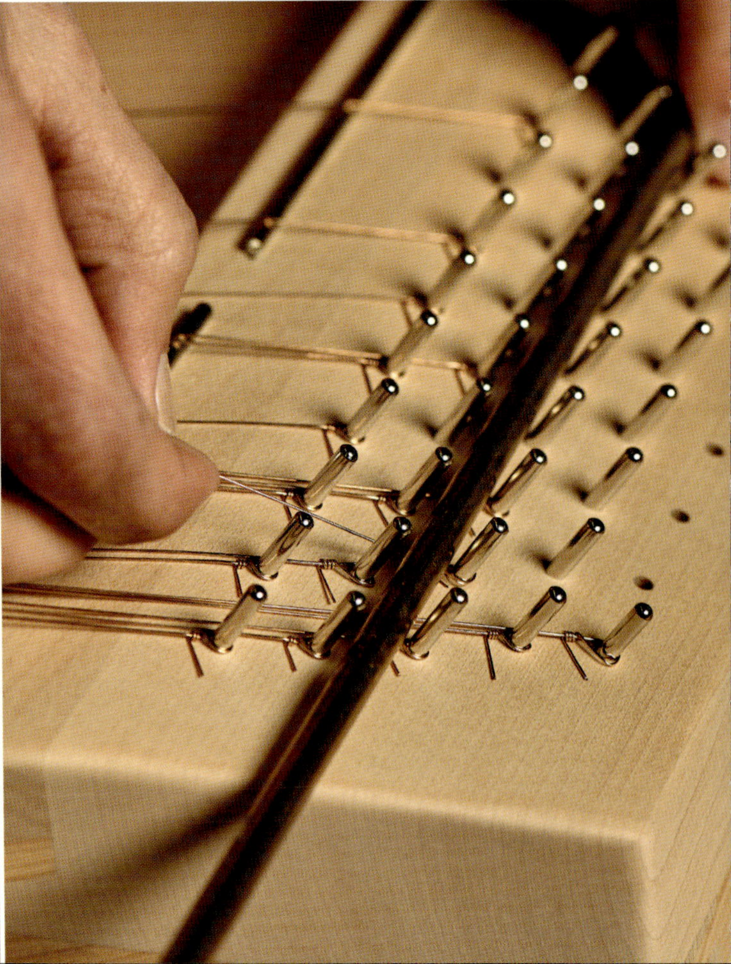

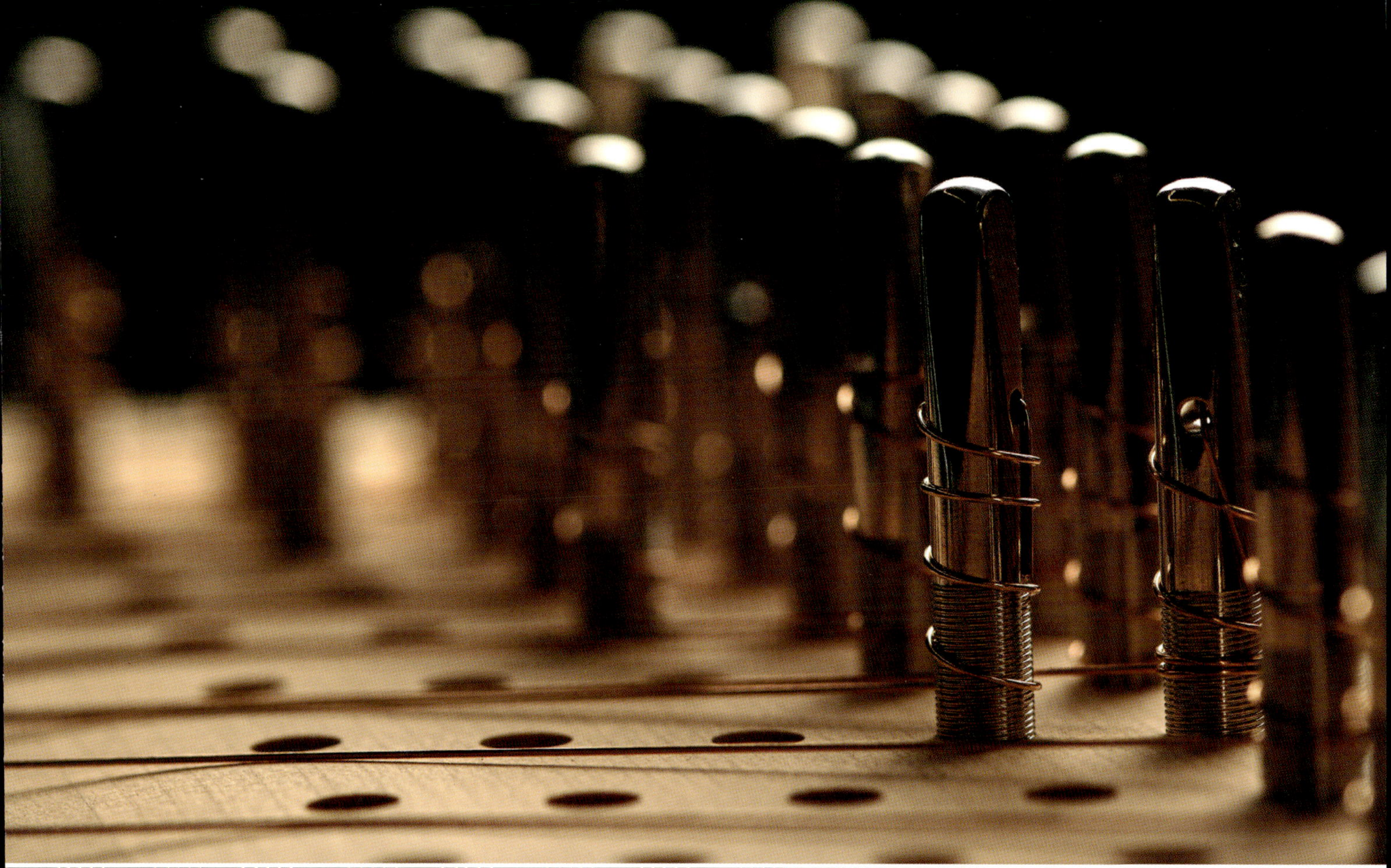
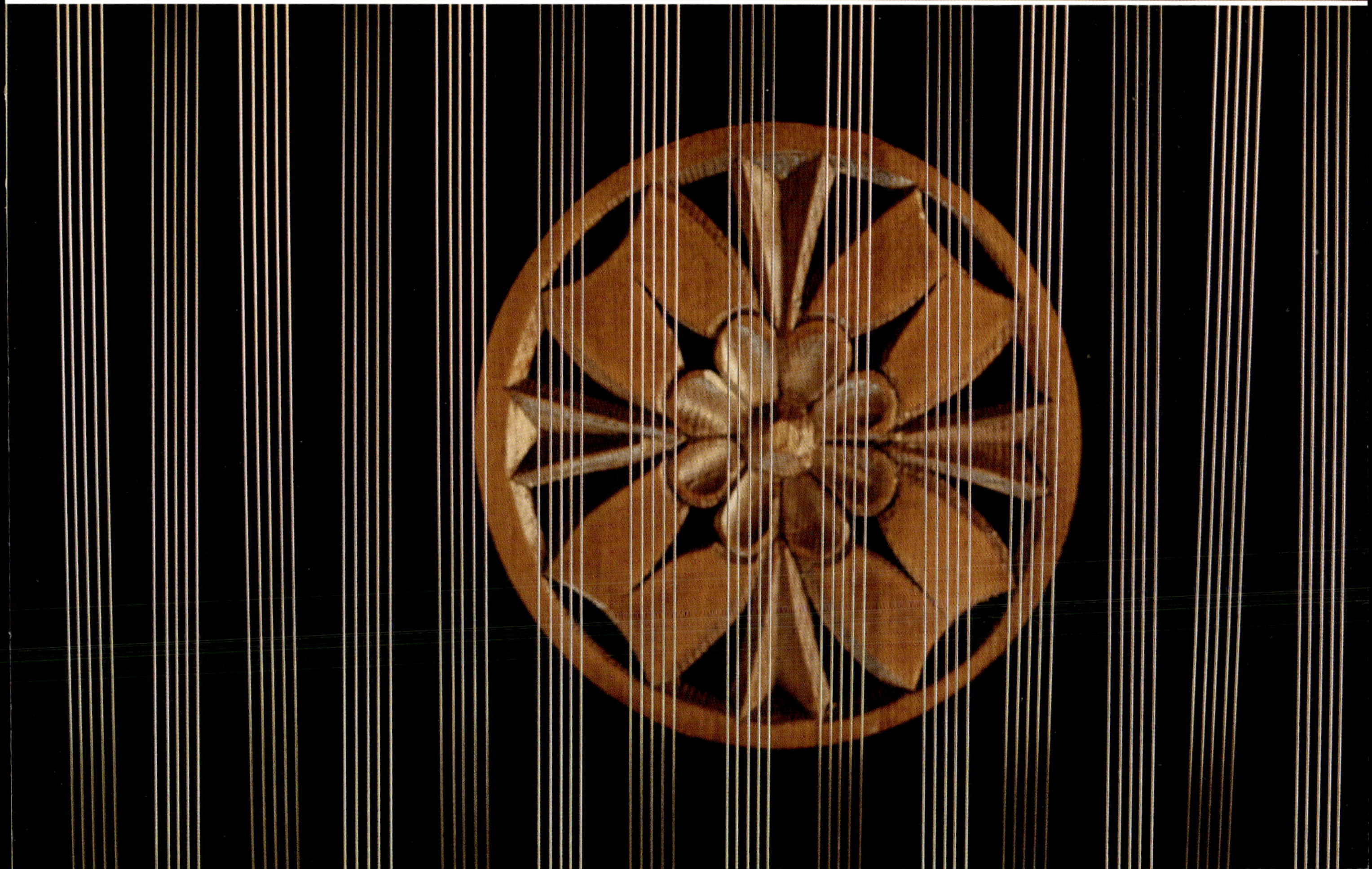

Materialien experimentiert, baut er seine Hackbretter aus einheimischem, gut getrocknetem Tannen- und Ahornholz. Gespielt – respektive mit Holzruten geschlagen – wird es in den typischen Appenzeller-Formationen zusammen mit Geige, Bass und Cello. »Aber es passt auch bestens zu anderen Instrumenten und wird heute von der Zigeunermusik bis zum Free Jazz überall eingesetzt«, weiss Alder. Sogar die Rolling Stones haben das Instrument schon in ihrem Song »Lady Jane« verwendet.

VERBANNUNG EINES »LUMPEN-INSTRUMENTS«

Im 14. Jahrhundert wurde das Hackbrett noch an Königshöfen gespielt, doch geriet es in den Folgejahren schnell in den Ruf eines »Lumpen-Instruments«, geschlagen von allerhand fahrendem Gesindel. 1576 zahlte die Innerrhoder Regierung einem Büttel gar drei Schillinge, damit er einen Hackbrettspieler aus dem Land vertreibe. Auch später waren das Hackbrett und überhaupt die »niedere« Musik nicht gerne gesehen und streng geregelt, wie Alder berichtet. »Um der Verfolgung durch die Obrigkeit zu entgehen, trafen sich Musiker und Musikfreunde an sogenannten ›Winkelstobete‹, also heimlich und an versteckten Orten. Wer sich an verbotenen Tagen erwischen liess, wurde etwa in Urnäsch in der zweiten Hälfte des 18. Jahrhunderts gebüsst.« Dass sich das Hackbrett trotzdem gerade auch im Appenzellischen gehalten hat, führt Alder auf die Renitenz und die Eigenständigkeit der Bergler zurück.

»Ohne Gesang, Tanz und Musik, wäre die Welt leer.«

FESTER GLAUBE AN DIE ZUKUNFT DES HACKBRETTS

Heute redet niemand mehr von Verbot – im Gegenteil. »Das Hackbrett ist ein Teil unserer Kultur. Es gibt zahlreiche junge und hervorragende Spieler, die man gar nicht kennt – leider«, sagt Alder, der hinter seiner Arbeit nicht nur den kommerziellen Sinn sieht: »Ich bin ein gläubiger Mensch. Als solcher ist es vielleicht meine Aufgabe, mit meinen Hackbrettern und ihrem Klang Freude zu bereiten.« Nach einer Weile fügt er hinzu: »Ohne Musik wäre die Welt leer.«

WERNER ALDER | HACKBRETTBAUER

FAMILIE MURITH | KÄSER

Käser kennen keinen Schmerz

Selbst für die Vögel ist es noch zu früh, als Jacques Murith, 67, um halb fünf seinen Hof verlässt. Durch die stockfinstere Nacht schleicht sein Wagen die kurvige Rue du Moléson den Hang hinauf, vorbei an Feld, Wald und Bergmatten bis zur Alp Provêta d'Avau auf 1050 Meter über Meer.

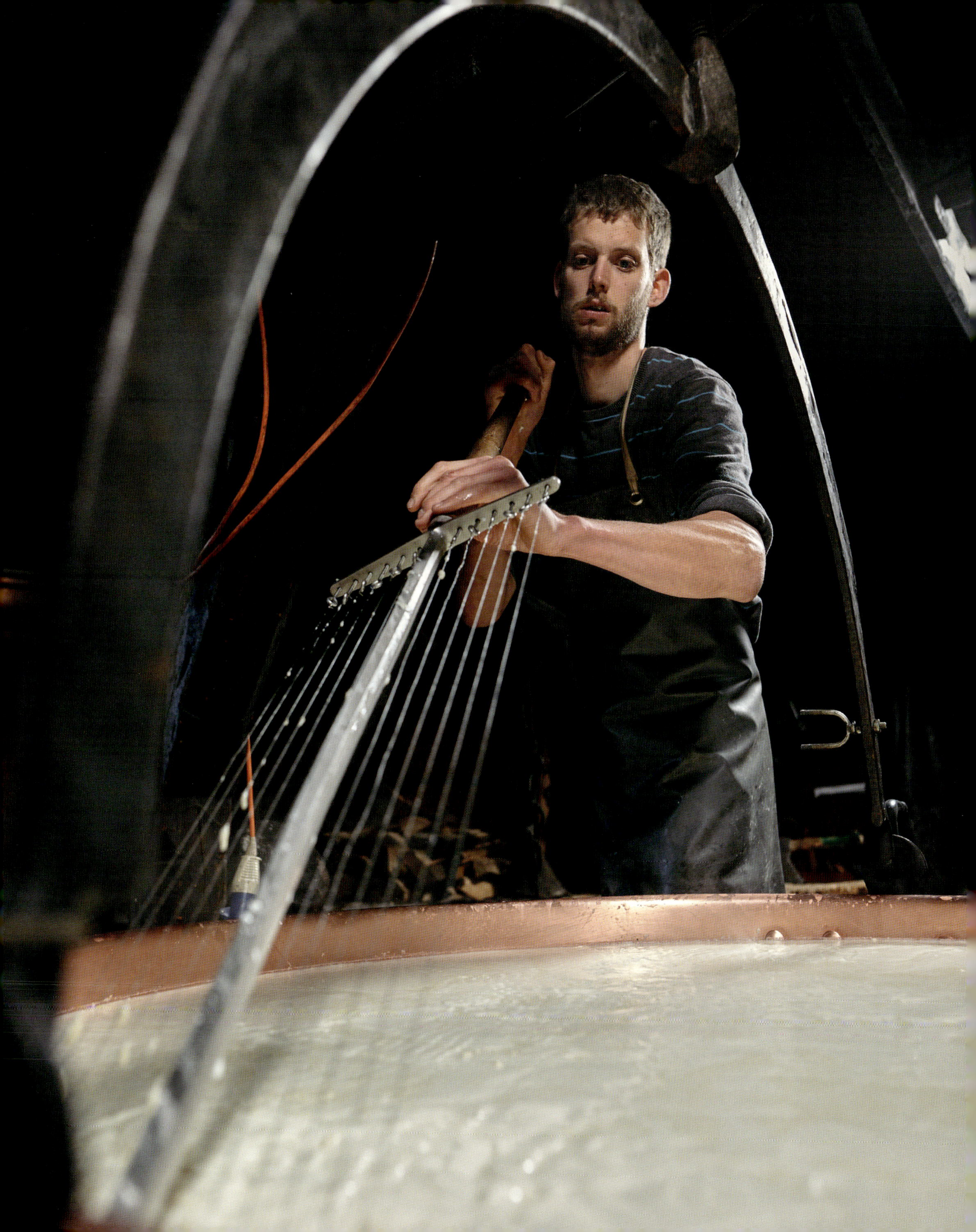

Wie bestellt zündet der Himmel seinen Scheinwerfer. Der Vollmond tritt hinter einer Wolke hervor und beleuchtet die nächtliche Szenerie: den schneebedeckten Moléson, zu seinen Füssen das mittelalterliche Freiburger Städtchen Gruyères und Provêta d'Avau, eine von drei Alphütten, in der die Familie Murith seit fünf Generationen eigenhändig und fast ohne maschinelle Hilfe einen der beliebtesten Käse der Schweiz produziert – Gruyère.

REZEPTUR VARIIERT TAG FÜR TAG

Der schimmernde Kupferkessel, die groben Leinentücher, die Holzkellen, das offene Feuer unter dem von Russ schwarzen Kamin, die schweren Kuhglocken, die an einem Balken über einem Holztisch hängen – wie eine Zeitmaschine katapultiert einen die Einfachheit der Alphütte in die Vergangenheit. Mobiltelefon? Computer? Internetanschluss? Wer braucht das schon, wenn man diese Ruhe, die Abgeschiedenheit, diese Aussicht haben kann! Alexandre Murith lacht, er kennt das. »So geht's den meisten die ersten paar Tage. Doch dann wird plötzlich alles zu anstrengend, zu schmutzig, zu wenig komfortabel.« Vor drei Jahren hat der ausgebildete Käser die Verantwortung für den Familienbetrieb übernommen. Das Herstellen von Gruyère d'Alpage, wie nur der auf der Alp von Hand gemachte Käse genannt werden darf, hat der junge Bauer jedoch nicht im Tal gelernt, sondern aus erster Hand von seinem Vater. Beim Käse sei es wie beim Wein. Temperatur und Wetter hätten einen wesentlichen Einfluss auf die Qualität des Produktes. »Windet es viel, gibt es beispielsweise weniger Rahm. Wir müssen das Rezept jeden Tag den Umständen anpassen.« Jacques Muriths 54-jährige Erfahrung als Käser ist da unbezahlbar.

> »So gehts den meisten die ersten paar Tage. Doch dann wird plötzlich alles zu anstrengend, zu schmutzig, zu wenig komfortabel.«

SIEBEN TONNEN KÄSE PRO JAHR

Während Alexandre zusammen mit einem rumänischen Saisonier die 43 Kühe in den Stall treibt, um sie zu melken, schöpft sein Vater dicke Schichten Rahm ab, die sich in flachen Schüsseln über Nacht auf der Milch gebildet haben. »Den gibt's aber erst zum Frühstück«, sagt er lächelnd. Die teilentrahmte Milch schüttet er in den blank geputzten Kupferkessel, der an einem schwenkbaren Balken im Hauptraum der Alphütte hängt. Dann kontrolliert der Käser das offene Feuer, legt Holz nach, packt die drei 30 Kilogramm schweren Laibe, die am Vortag produziert wurden, aus ihrer Leinenverpackung und schleppt sie in den Keller. Dort schwimmen sie 24 Stunden in einem Salzbad, bevor sie in einem Lagerraum im Tal nach sechs Monaten ihre endgültige Reife erlangen. Sieben Tonnen, rund 250 Käselaibe, produziert Familie Murith jährlich. Im Frühsommer Gruyère d'Alpage AOC, im Herbst Vacherin Fribourgeois d'Alpage AOC und die ganze Saison über Frischkäse, Butter, Rahm für den Hausgebrauch.

DIREKTE LEITUNG VOM EUTER INS CHESSI

In der Zwischenzeit schwappt kontinuierlich Milch aus einem Schlauch, der an Schnüren an der Decke der Hütte befestigt ist; vom Kuheuter direkt in den 800 Liter fassenden Kupferkessel. Jacques Murith befestigt ein Rührwerk, das die Milch ständig in Bewegung hält, fügt Bakterienkulturen hinzu, die dem Gruyère den typischen Geschmack verleihen. Der Kessel wird übers offene Feuer geschwenkt, und sobald die Milch 35 Grad erreicht hat, kommt Lab für die Gerinnung dazu. Erst jetzt ist Zeit für den ersten Kaffee.

Es ist halb acht Uhr. Eliane Murith ist vom Hof heraufgekommen, um mit ihrer Familie zu frühstücken. Während Mann und Sohn Käse produzieren, kümmert sie sich um das Bed & Breakfast, das die Bauernfamilie in Gruyères betreibt. »Auch wenn ich den Austausch mit unseren Gästen schätze, so vermisse ich trotzdem die Zeiten, als ich mit Jacques und den Kindern den Sommer auf der Alp verbrachte.« Nach ein paar Broten, belegt mit einer dicken Schicht frischem Rahm und selbstgemachter Konfitüre, machen sich die beiden Sennen erneut ans Werk. Mit der sogenannten Harfe wird die eingedickte Milch nun systematisch in kirschkerngrosse Flocken geteilt und erneut erhitzt.

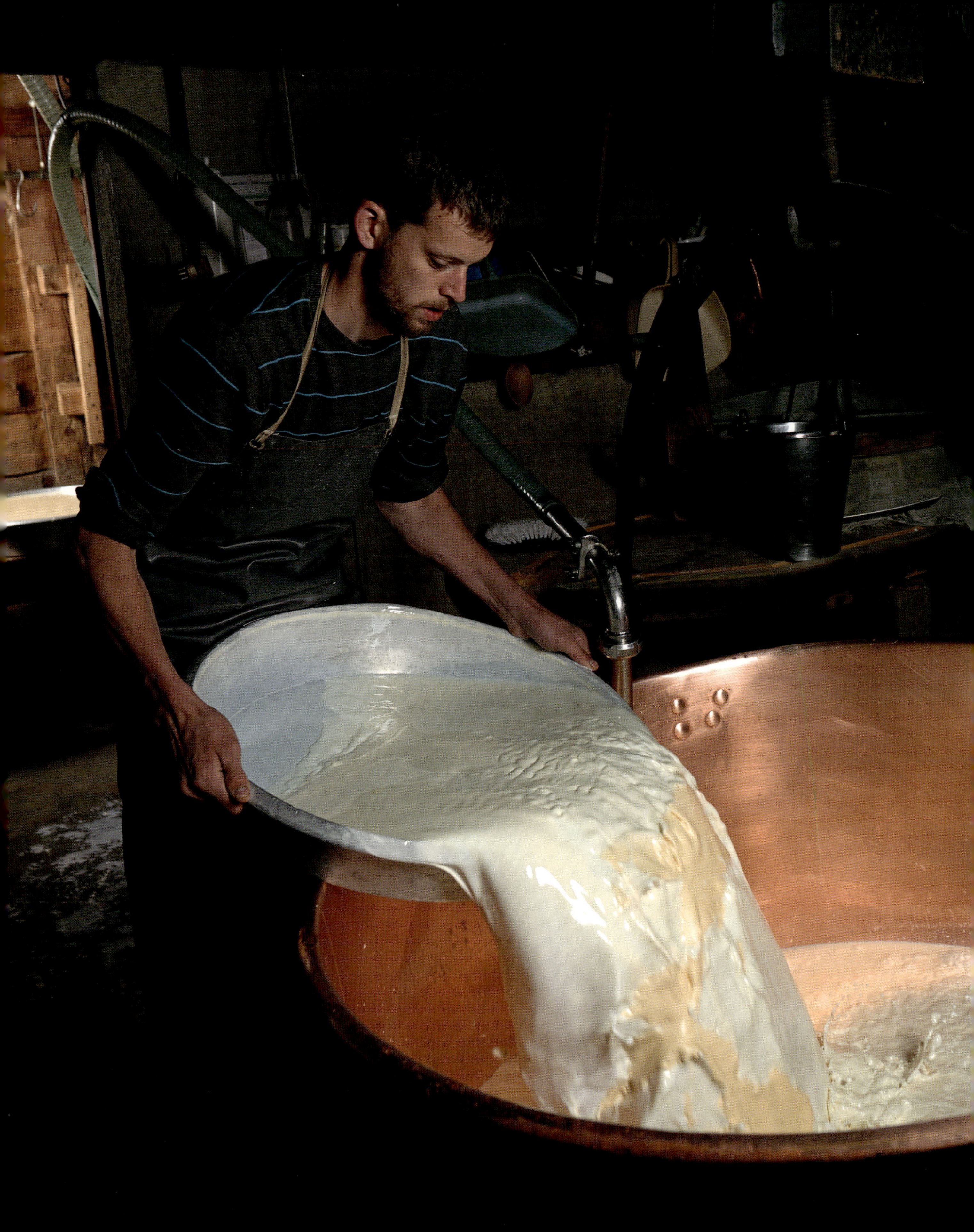

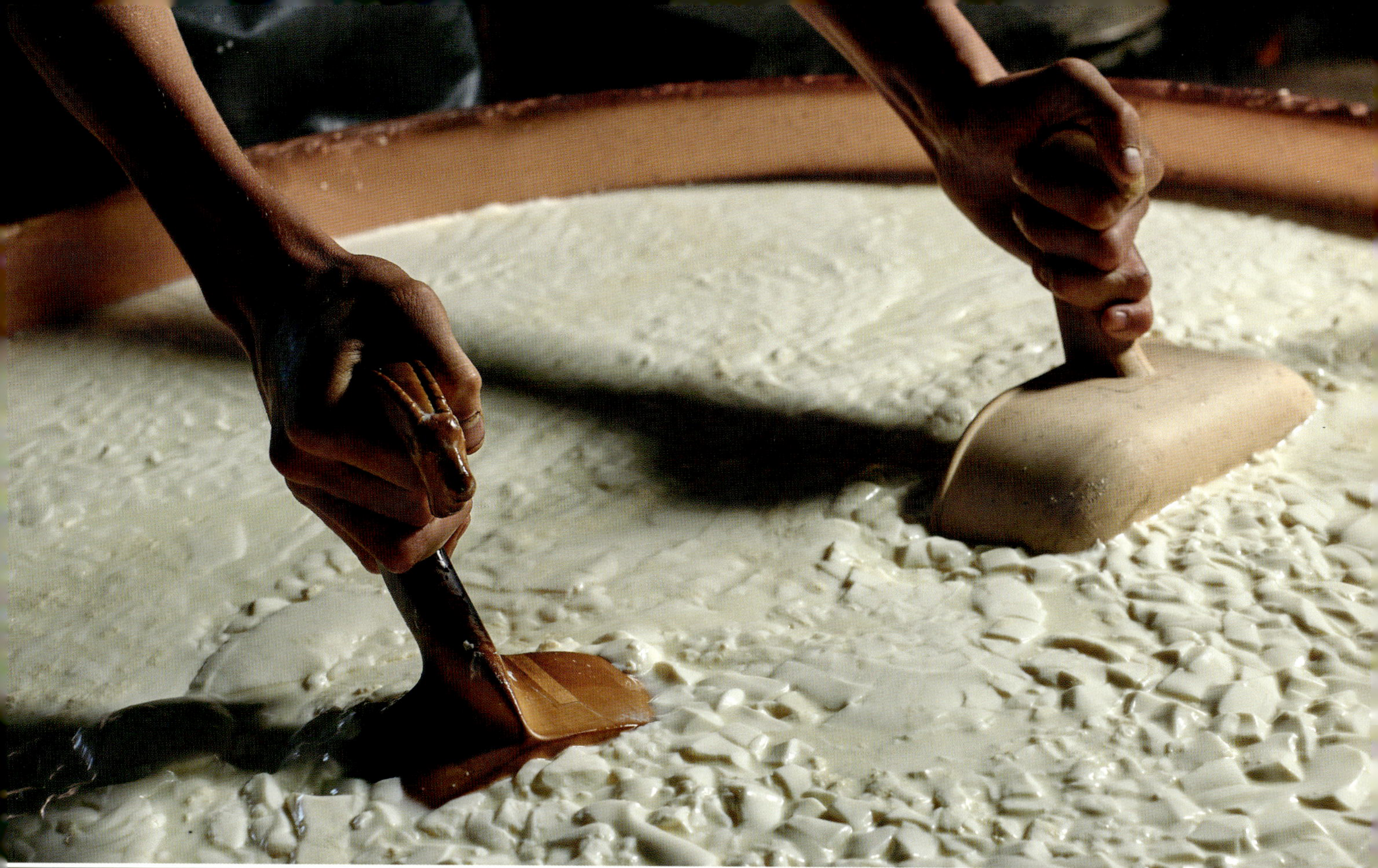
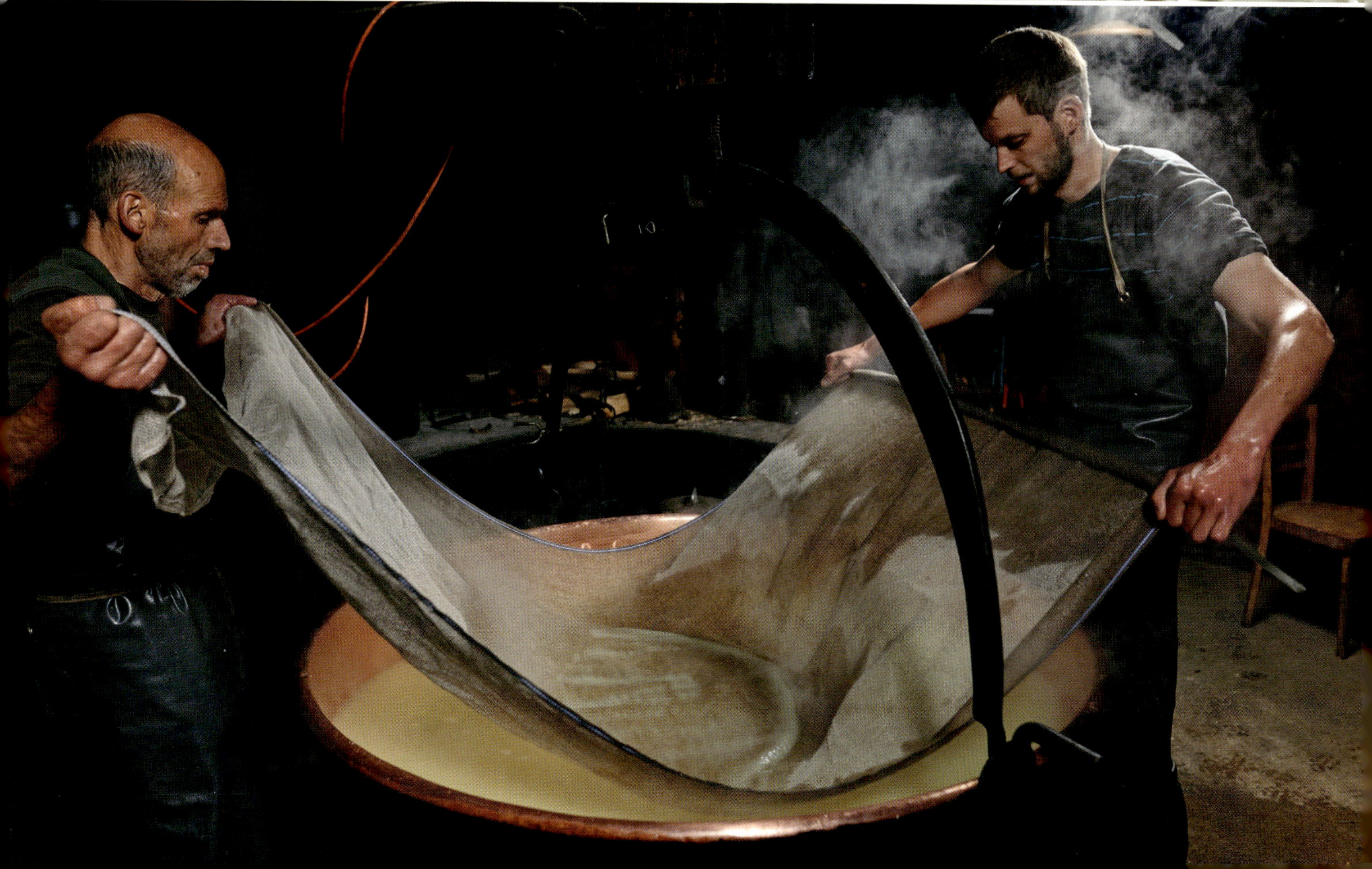

Bis sich das Bruchkorn ganz von der Schotte getrennt hat, zu Boden sinkt und sich zu einem dicklichen Brei vermengt, den der junge Käser mit der Harfe in drei Teile schneidet.

150 TAGE HARTE ARBEIT

Nicht nur Indianer, auch Käser kennen keinen Schmerz. Mit blossen Armen, die er zuvor mehrmals in kaltes Wasser getaucht hat, schöpft Alexandre mit einem Leinentuch die Masse aus der dampfenden Schotte und verteilt sie in drei Springformen. Darin wird der Käse, von einem Schraubstock beschwert und immer wieder gedreht, bis er zum nächsten Morgen aushärtet. Voilà, le Gruyère!

Die Sonne steht schon hoch am Himmel, es ist nach elf Uhr. Bevor die Sennen gegen halb neun Uhr abends erschöpft ins Bett sinken, werden die Kühe erneut gemolken, der Stall wird geputzt, die Abendmilch wird zum Aufrahmen in die Schüsseln gefüllt. Von wegen Bergromantik! Alpkäse zu produzieren heisst 150 Tage durcharbeiten, ohne Ablenkung, ohne Freitage. Trotzdem möchte Alexandre die Monate zwischen Mai und Oktober um keinen Preis missen. »Ich bin jedes Mal glücklich, wenn die Saison endlich beginnt. Genauso freue ich mich aber auch, wenn sie im Oktober wieder zu Ende geht.« Nein, ein Fitnessabo brauchen Alexandre und Jacques Murith wahrhaft keines. Gegen ein Wellnessweekend am Ende der Saison hätten die beiden Käser aus Gruyères jedoch bestimmt nichts einzuwenden.

> »Ich bin jedes Mal glücklich, wenn die Saison endlich beginnt. Genauso freue ich mich aber auch, wenn sie im Oktober wieder zu Ende geht.«

FAMILIE MURITH | KÄSER

CHRISTINE BAUMGARTNER | KERAMIKERIN

Die Geiss ist heiss

Diese altehrwürdigen vier Wände am Eingang des Dörfchens Saanen haben es in sich – in Sachen Handfertigkeit. Einst betrieb hier ein Sattler sein Metier. In den 1960er-Jahren gründeten initiative Frauen vom Heimatwerk eine Töpferei. Und seit 1999 legt die Keramikerin Christine Baumgartner mit ihrem Drei-Frauen-Betrieb Hand an den Ton. Seither hausen im schmucken Chalet Geissen, Hühner und allerlei andere tierische Genossen.

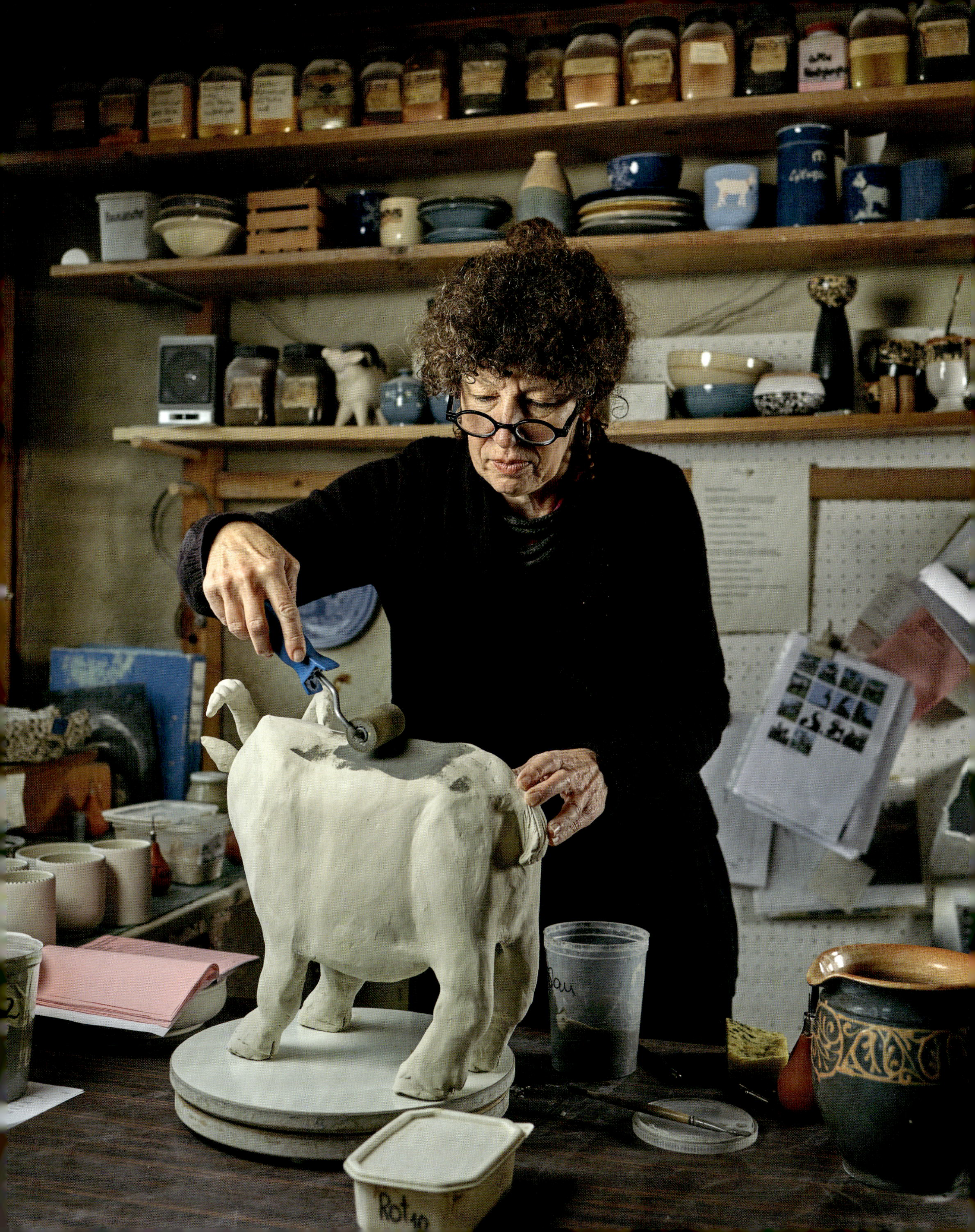
Rot 10

Am Anfang stand eine tierische Idee: Da waren diese Terracotta-Hühnerfiguren, die unzählige Schweizer Gärten unsicher machten. Nur ist Terracotta ganz und gar nicht für das hiesige Klima gemacht. Sie zerspringen nämlich bei der ersten Kälteattacke in tausend Stücke. Nicht so die Keramikhühner aus Saanen. Denn Christine Baumgartner hat ihre Tiere im Griff und hält so ihre Kunden bei der Stange. »Die Idee wurde zum Selbstläufer. Aus einem Huhn wurde viele, sie flogen aus, in die ganze Welt. Und unterdessen habe ich einen ganzen Zoo beieinander«, schmunzelt die Keramikerin. Mit ihren flinken Händen hat sie schon Moschusochsen, Zebras, Elefanten und Steinböcke gefertigt.

EINE GEISS VON WELT

Die Hühner sind zu einem Klassiker geworden, aber in Saanen muss man natürlich eine Geiss haben. Und zwar nicht irgendeine, sondern die Saanegeiss. Diese kennt man – in echt natürlich – rund um die Welt ihres feinen Haars wegen. Und entsprechend gefragt sind auch die tönernen Pendants aus der Manufaktur von Christine Baumgartner. Den Ton für die heiklen Tierchen bezieht sie aus Deutschland. »Er hat keinen Kalk drin. Das ist das Geheimnis, damit es die Geissen nicht zerreisst, wenn sie Wind und Wetter ausgesetzt sind.« Ein weiteres Markenzeichen sind die Hörner, welche die lebendigen Vorbilder explizit nicht tragen. »Das habe ich absichtlich gemacht, um Verwechslungen vorzubeugen – zum Beispiel mit einem Schaf. Aber sonst halte ich mich an die Vorlage von Mutter Natur.«

»Ton hat ein Gedächtnis. Eine Delle beim Töpfern kommt nach dem Brennen plötzlich wieder zum Vorschein. Das ist das Faszinierende an der Arbeit mit diesem lebendigen Material.«

AUS EINEM GUSS

Aber der Reihe nach. Zuerst mischt die Keramikerin den Giesston an – dieser setzt sich auch aus Resten vom Drehton, also vom Ton, der beim Töpfern an der Drehscheibe übrig bleibt, zusammen. Beigemischt wird ausserdem Wasser und Schamotte. Dann werden die zwei schweren Formen zusammengebunden und auf einen Metallgestänge eingespannt. Nun füllt Christine Baumgartner den flüssigen Ton ein – alles in allem rund fünf bis zehn Kilogramm – und lässt das Ganze 40 Minuten ruhen. Dann wird die Gipsform umgekehrt, das überflüssige Material fliesst ab und steht für weitere Projekte zur Verfügung. Schliesslich muss die rohe Tongeiss nochmals einen Tag lang trocknen, bevor sie aus der Form befreit wird. Nun kommt die Keramikkünstlerin in Fahrt, denn jetzt geht's ans Modellieren. Da werden Konturen angepasst, der Gesichtsausdruck verfeinert, die Hörner gerippt. Die Kür folgt bei der Bemalung – mit eigenhändig gemischten Farben, versteht sich.

Aber wie war das genau mit der Natürlichkeit? Ganz grüne Hörner hat sie, die arme Geiss. »Keine Sorge, das ist eine natürliche Keramik-Farbe. Die leuchtet nach dem Brennen von gelblich über schwarz bis metallisiert«, beruhigt die Fachfrau. Jede Geiss wird zuerst einmal mit Tonfarbe (Engobe) bemalt, dann vorgebrannt,

CHRISTINE BAUMGARTNER | KERAMIKERIN

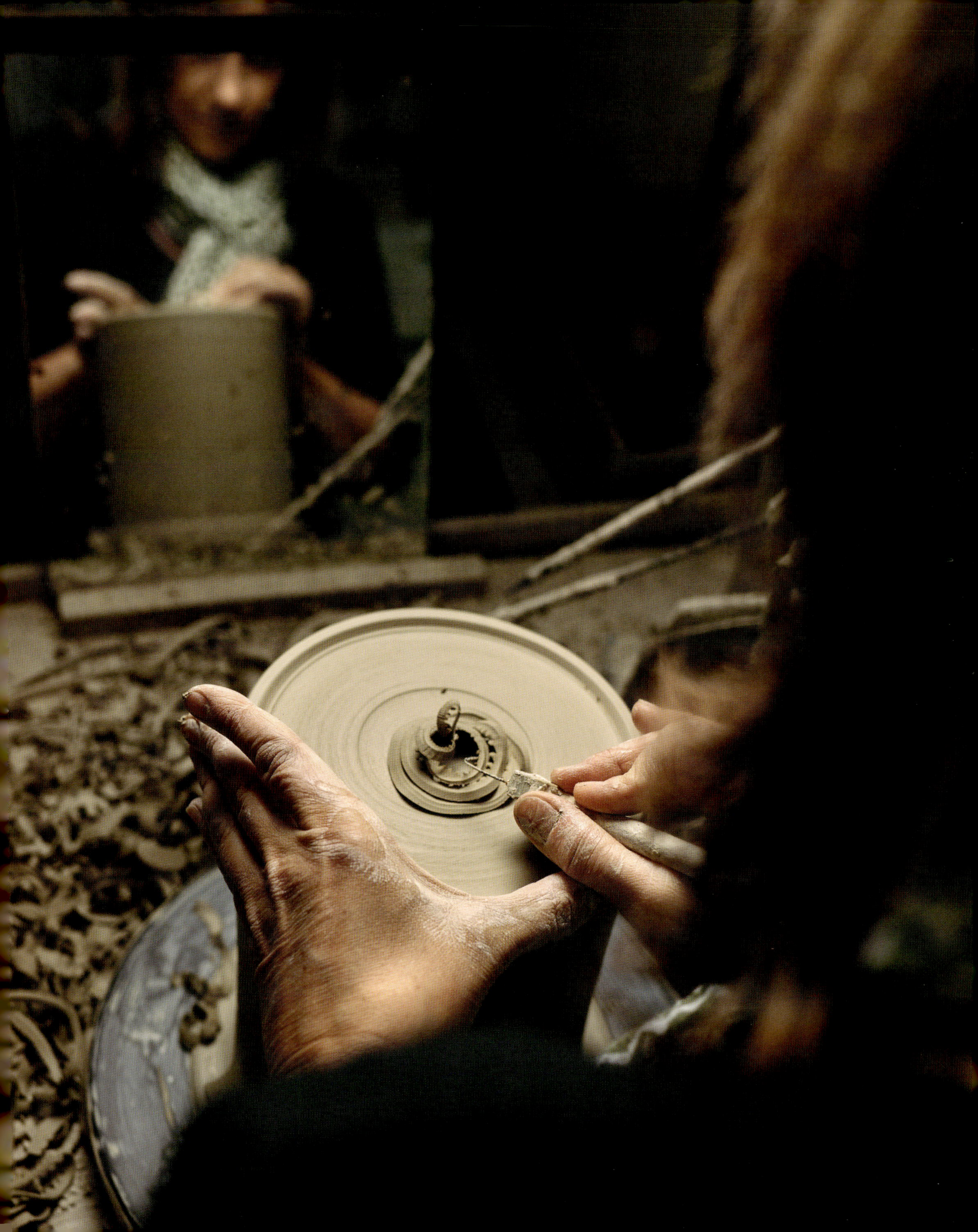

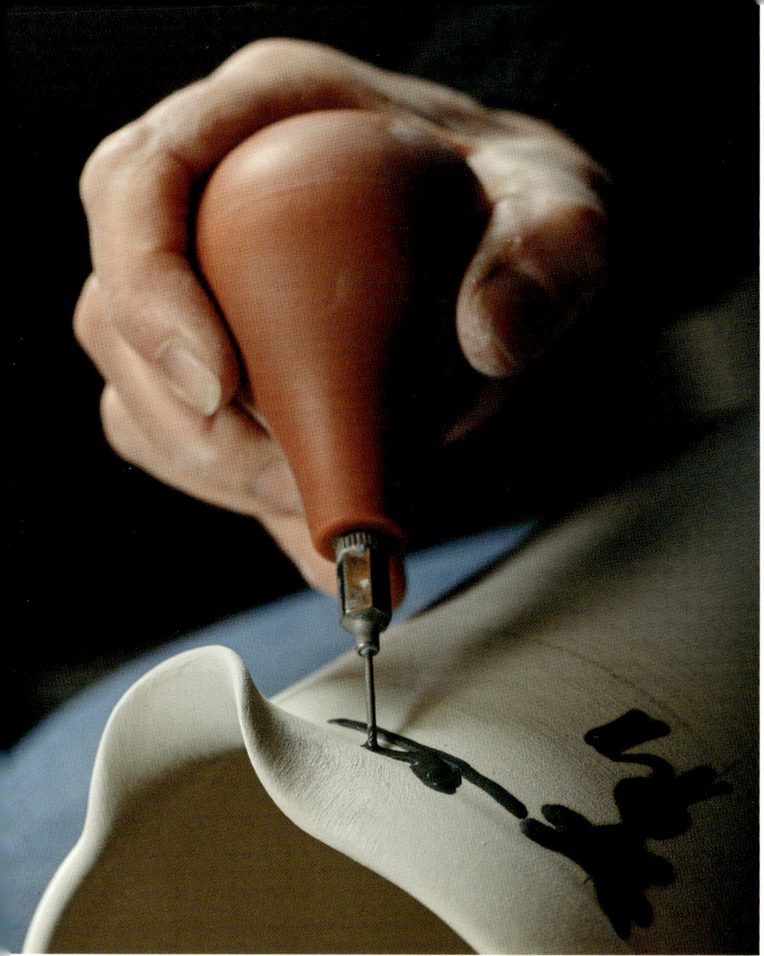
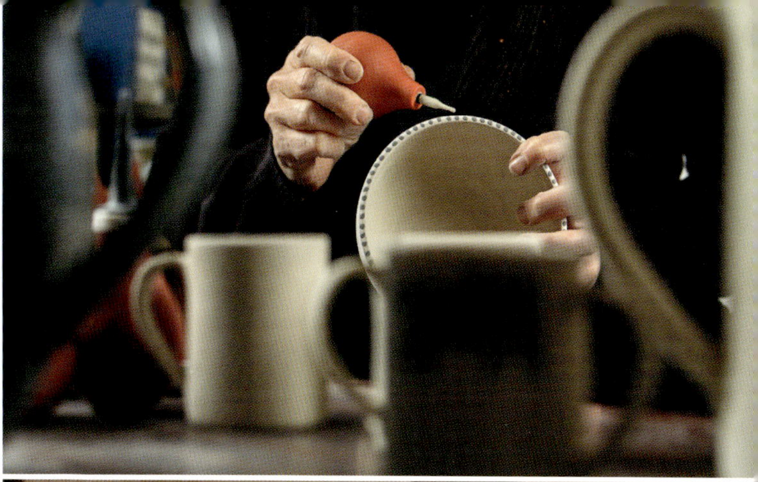
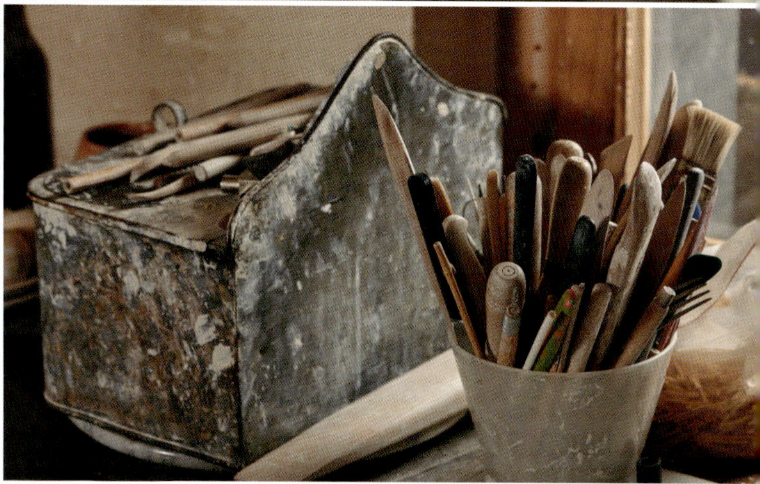
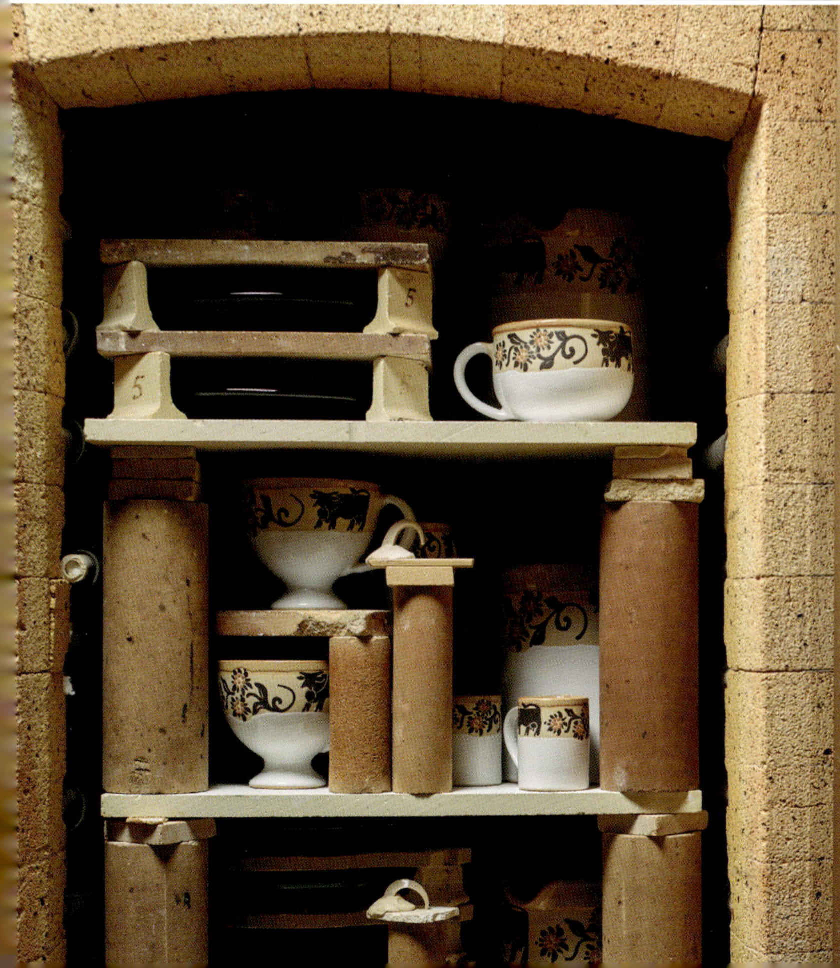
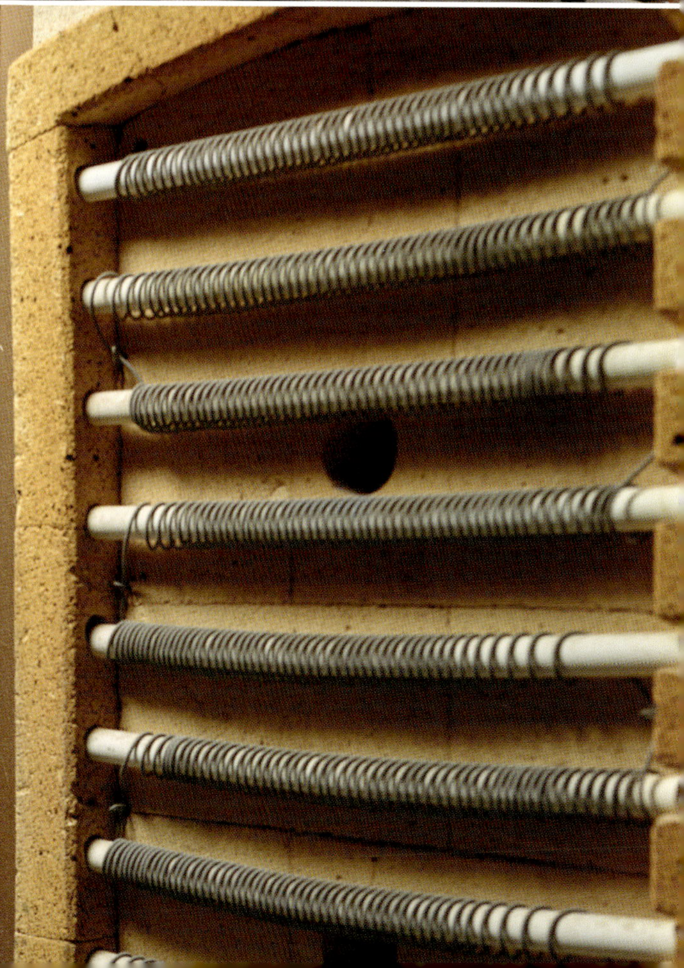

bevor sie mit Glasur und Oxid nochmals verschönert und ein zweites Mal gebrannt wird. Der Brand dauert normalerweise vom späten Abend bis am nächsten Morgen früh. Einen Tag lang muss man die zarten Wesen abkühlen lassen, sonst erntet man einen Scherbenhaufen. Zum Schluss sind die Geissen noch rund zwei Kilogramm schwer, das Restgewicht hat sich in heisser Luft aufgelöst. Wenn alles rund läuft, arbeitet Christine Baumgartner im Durchschnitt vier bis fünf Stunden an einem Tier. Verkauft wird es zu einem Preis von 490 Franken.

DIE KONKURRENZ SCHLÄFT NICHT

Natürlich führt die Keramikerin auch kleinere Objekte im Sortiment. Die neueste Idee sind bunt bemalte Relief-Plaketten mit dem Geissen-Sujet, die sich an eine Wand oder Tür nageln lassen. Selbstverständlich entsteht im Atelier auch Geschirr aus Ton – übrigens noch immer auf einer uralten Drehscheibe, die von einem umgebauten Velorad angetrieben wird. Nur lässt sich damit schon längst nicht mehr das grosse Geld machen. Die Konkurrenz reicht von Villeroy-Boch bis Ikea. »Es ist nicht einfach, dass ein Betrieb dieser Grösse überleben kann. Aber seit neuestem kann ich sogar wieder eine Lehrtochter beschäftigen«, berichtet Baumgartner. Das Business mit den Geissen & Co. läuft – und wenn sich diese Aufträge einmal nicht so türmen, dann helfen die Mitarbeitenden in der Töpferei etwas nach. Und wohl die besten Botschafter für Tierisches aus Ton sind die Bremer Stadtmusikanten, stilvoll in einer Pyramide arrangiert, die uns auf dem Parkplatz verabschieden.

> »Das Bemalen ist der aufwändigste Teil im ganzen Prozess. Darauf verwende ich gut und gerne einen Drittel meiner Zeit beim Herstellen einer Geiss.«

CHRISTINE BAUMGARTNER | KERAMIKERIN

JEAN-PIERRE DAMERAU | HOLZMÖBELBAUER

Der Mann fürs Grobe

Das ist die Geschichte von einem, der es satt hatte, in 08/15-Möbeln zu wohnen. Nun kreiert er Schränke, Sideboards oder Tische selber. Mit der Kettensäge.

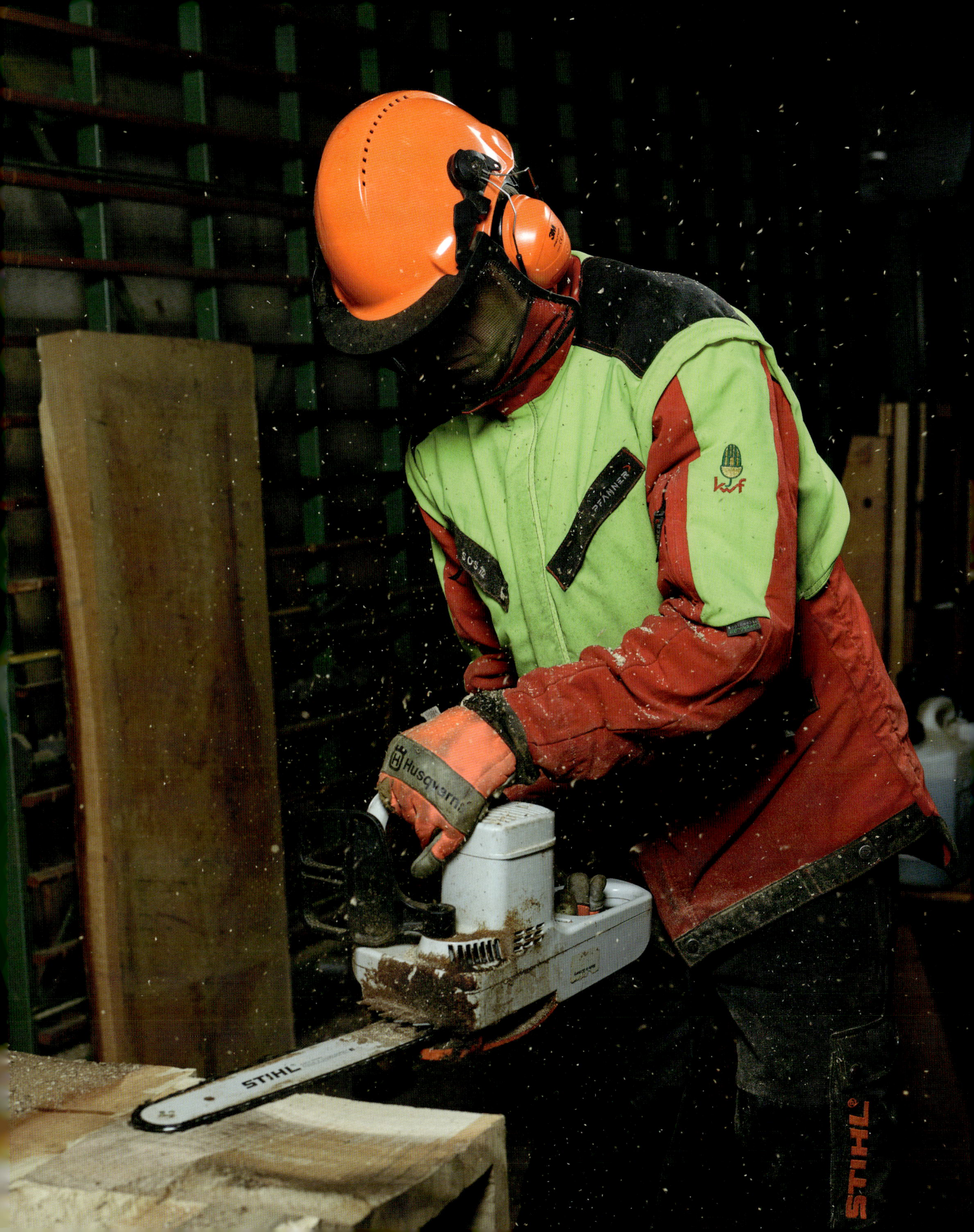
STIHL
STIHL

Fast ehrfürchtig fährt Jean-Pierre Dameraus Hand über einen uralten Nussbaumstamm. Dann wirft er die tüchtig schwere Kettensäge mit dem 150-Zentimeter-Schwert an. Sie brüllt auf wie ein wildes Tier, frisst sich durch den Baumstamm und spuckt Sägemehl. Als Damerau nach 10 Minuten ein erstes Mal die Säge absetzt und das Schutzvisier aufklappt, gleicht sein Gesicht für einen Moment einer Gebirgslandschaft: Schweisstropfen fliessen wie Bäche über sein sägemehlstaubbedecktes Gesicht und dem Betrachter schwant: Möbel auf diese Art zu kreieren ist – neben allem Können – auch ein Knochenjob. Doch Dameraus Augen schauen zufrieden. Der erste Schnitt ist gelungen, der Nussbaumstamm gibt sein in etwa einem Jahrhundert gewachsenes Innenleben preis. »Es kommt gut...«, sagt der Bergführer. Den Rest des Satzes verschluckt der erneute Lärm der Säge.

»Freunde empfehlen mich Bekannten, diese wiederum ihren Bekannten. So mache ich heute vor allem Möbel auf Bestellung.«

KEINE LUST AUF STANDARDMÖBEL

Wann es genau war, weiss Damerau nicht mehr. Warum schon? Als Bergführer verbringt er mehr Zeit in Gletschern und Felsen, zwischen Matterhorn und Himalaya, als daheim. »Doch wenn ich dann schon einmal heimkomme, dann sollte es dort nicht wie im Katalog eines Einrichtungshauses aussehen. Dann will ich mich dort wohl fühlen.« Es ist ja nun nicht so, dass der Bergführer völlig unbedarft an die Sache heranging. »Ich wusste schon immer, dass man mit der Motorsäge mehr als nur Holzrugeli machen kann.« Doch der erste Versuch endete mit Brennholz. Ein paar weitere auch.

NACH MASS UND AUF BESTELLUNG

Doch heute, sieben Jahre und viele Kirsch-, Ahorn-, Eichen- oder Nussbäume später, wohnt nicht nur Damerau in Möbeln, die aus einem einzigen Stamm gesägt sind. Denen geht aber jeder »Holz-ist-heimelig-Groove« ab und sie harmonieren bestens mit einer Corbusier-Liege. Der Bergführer hängt zwar immer noch in Felswänden und erklärt seinen Gästen die Schönheit und Gefahren der

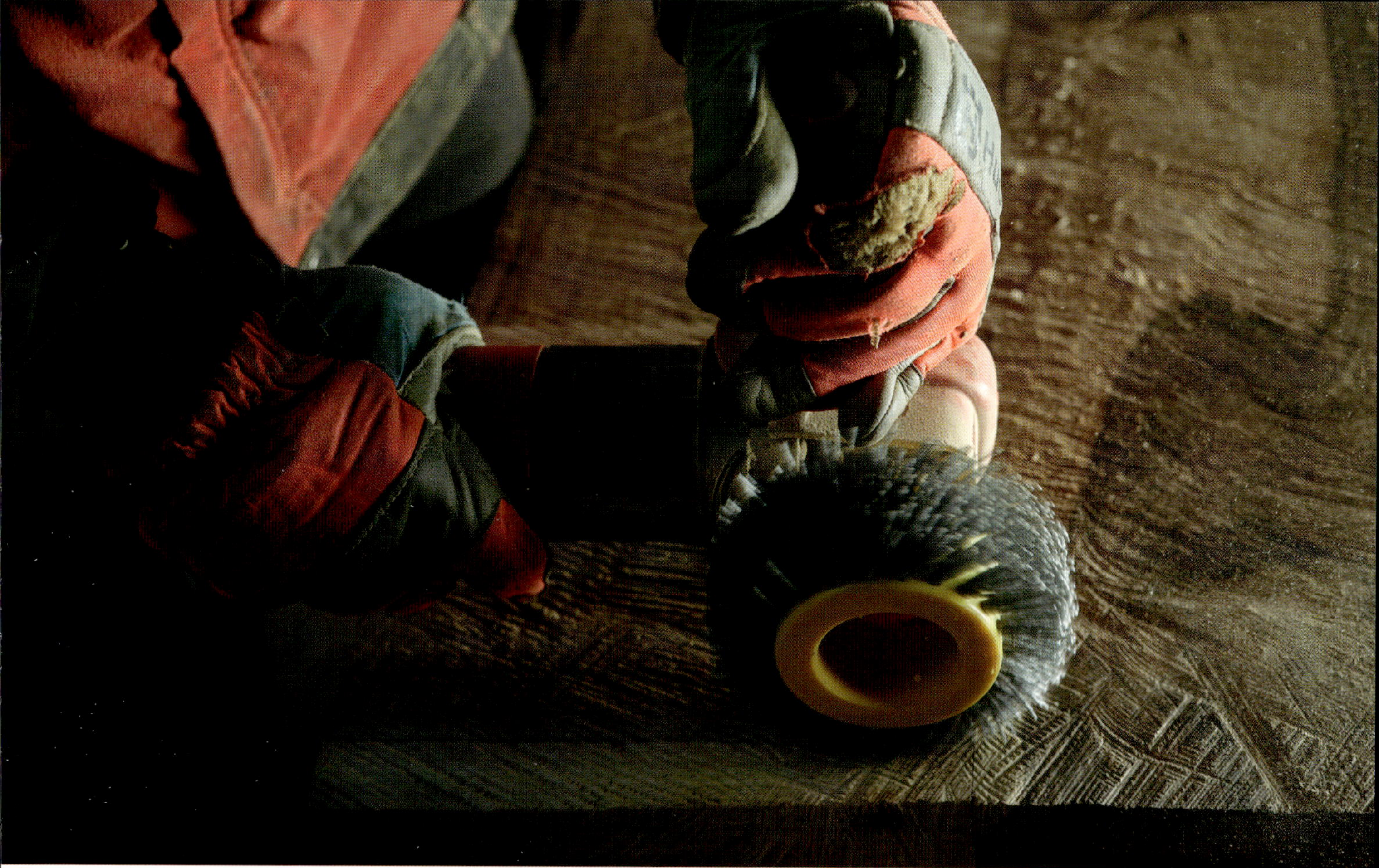
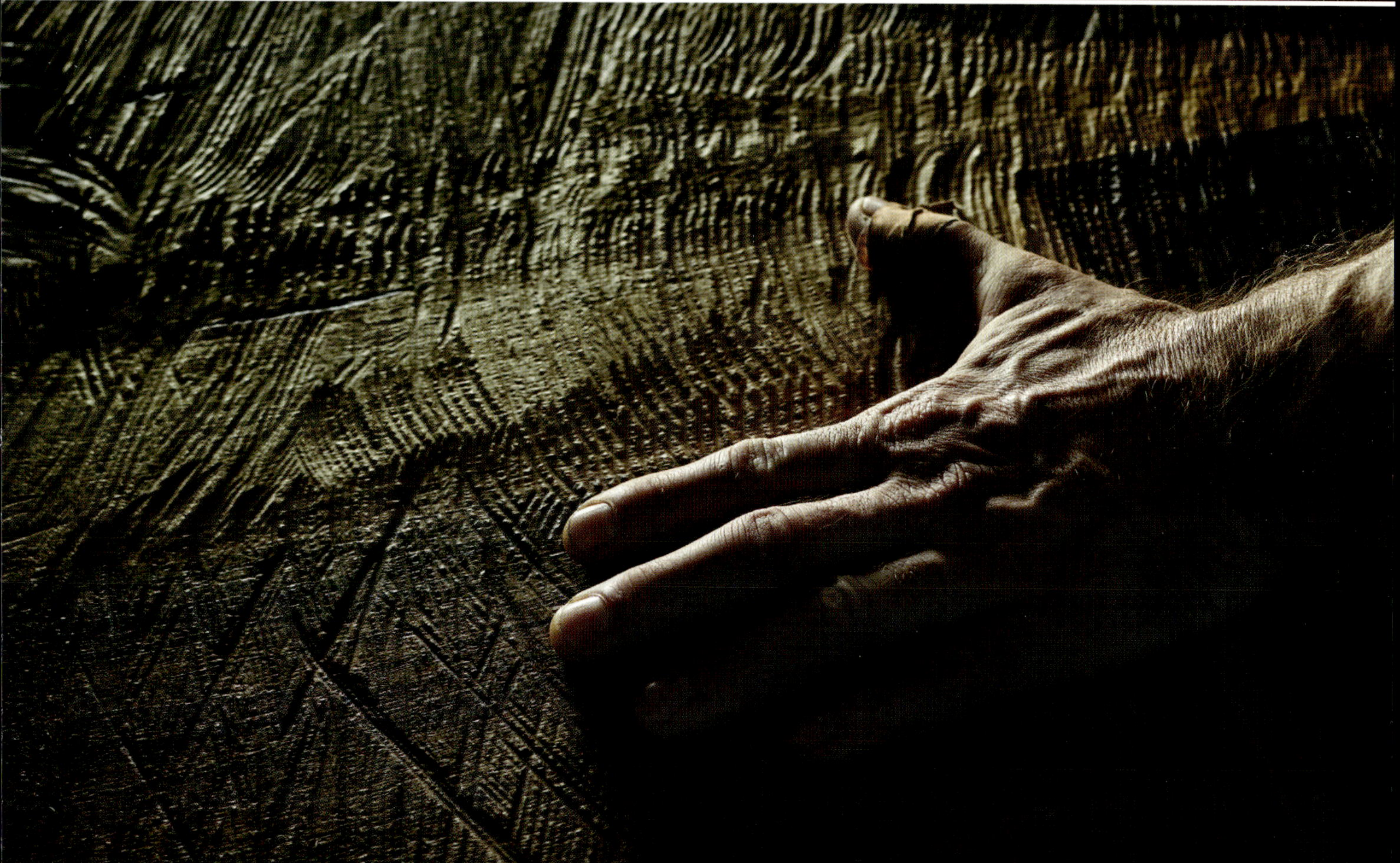

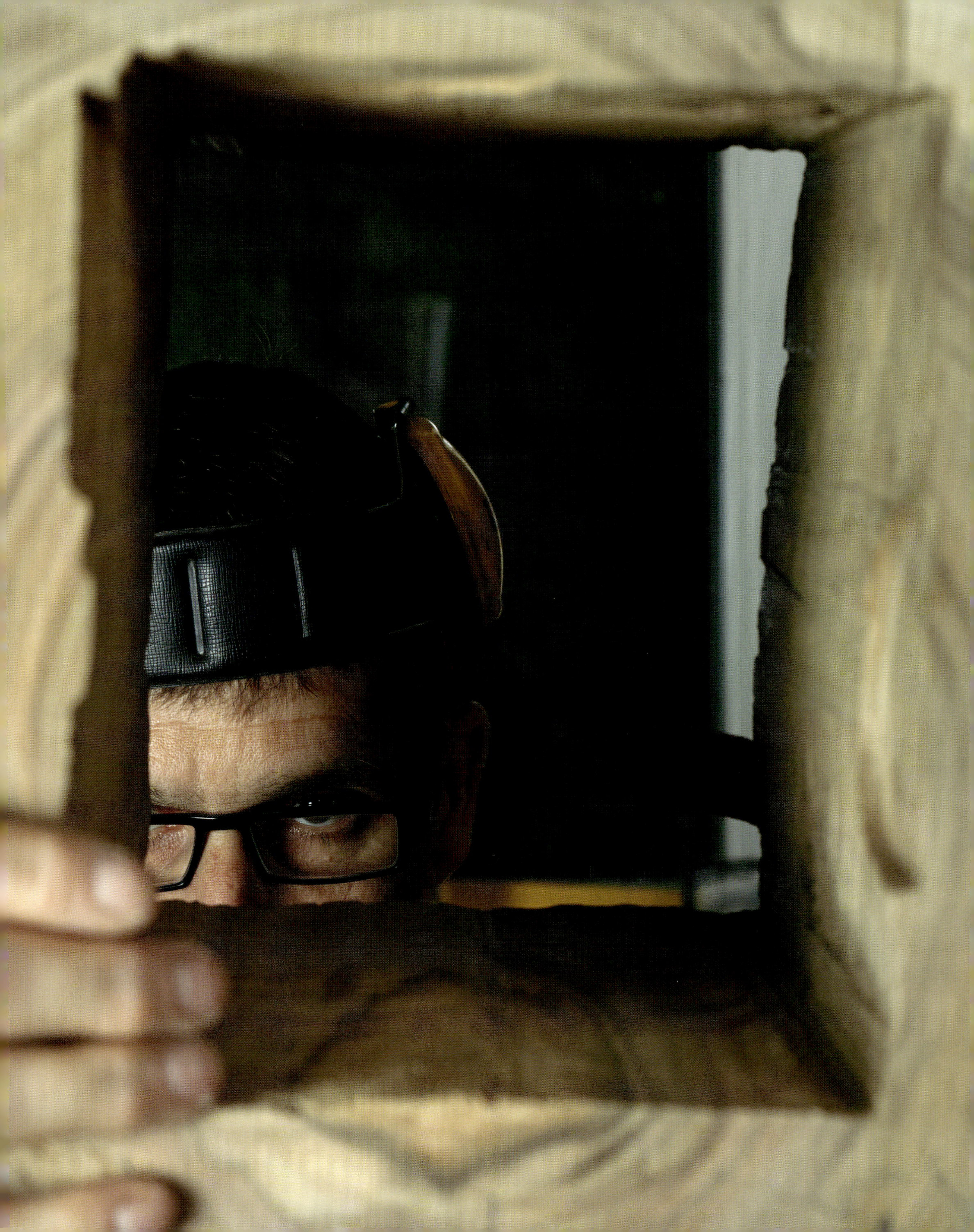

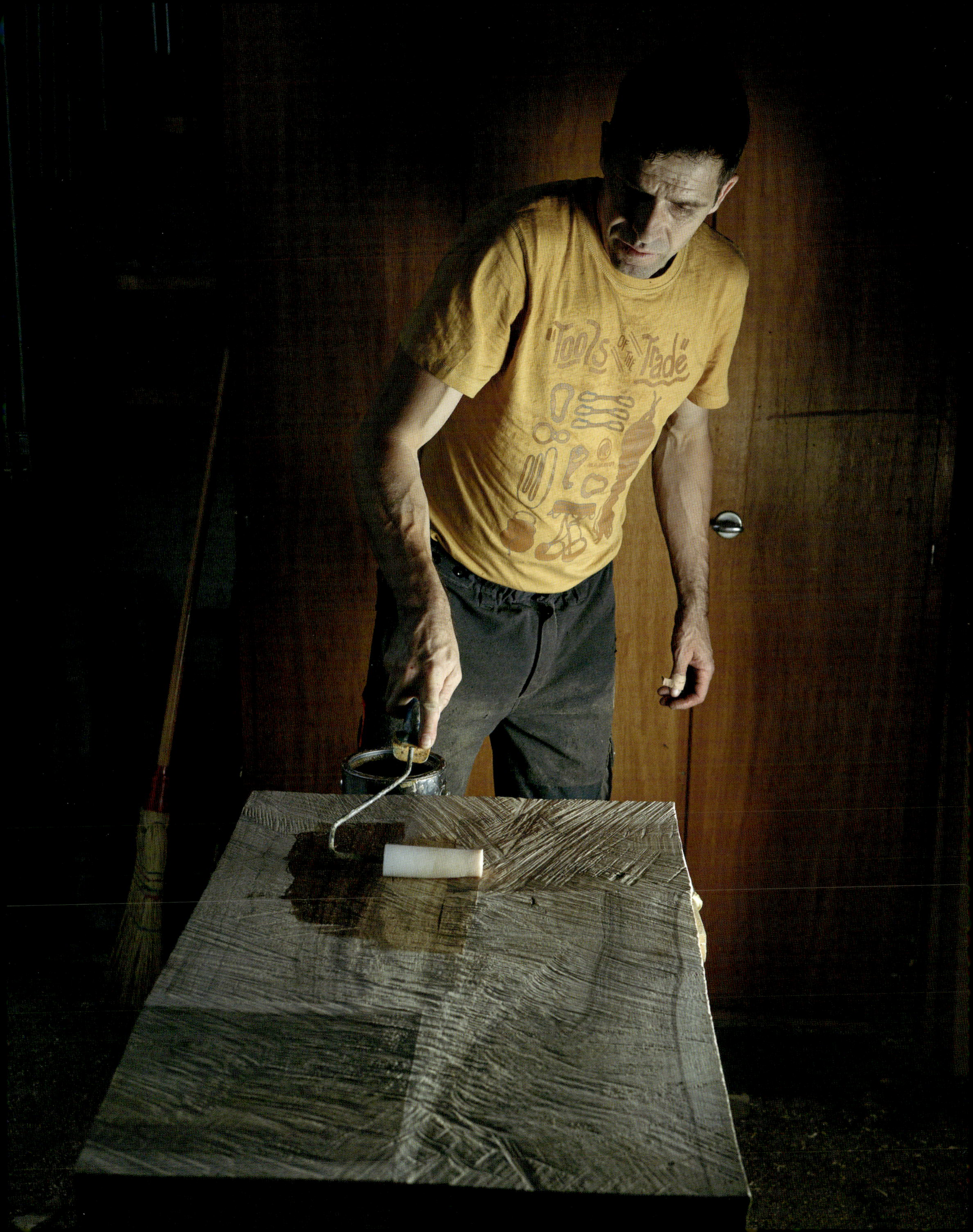
"Tools of the Trade"

Berge. Doch immer häufiger steht er in seiner Ein-Mann-Werkstatt, hantiert mit Motorsäge, Drahtbürste und Hobel. »Es war ja nicht so gedacht, aber meinen Freunden gefielen die Möbel, die hatten wiederum Freunde, die auch wieder Bekannte haben. Und jetzt mache ich Tische und Sideboards, Stühle und Schränke auf Bestellung.«

Häufig verarbeitet er Bäume, die von seinen Kunden selber ausgesucht wurden: »Die haben dann vielleicht schon als Kind auf einem alten Birnbaum herumgeturnt. Und weil dieser nun aus irgendeinem Grund weichen muss, lassen sie ein Möbelstück daraus machen. Das sind dann ganz emotionale Geschichten. Da darf nichts schief gehen.« Geht's auch nicht. Damerau setzt erneut die Kettensäge ab und zeigt auf Maserungen, Farbnuancierungen, Verknotungen. »Jeder Baum hat seinen eigenen Charakter«, sagt er. »Wenn es mir gelingt, dem fertigen Möbelstück diesen Charakter mitzugeben, dann habe ich meinen Job gut gemacht.«

> *»Jeder Baum hat seinen Charakter. Diesen will ich jedem Möbelstück mitgeben.«*

JEAN-PIERRE DAMERAU | HOLZMÖBELBAUER

FRANÇOIS JUNOD | AUTOMATENBAUER

Poesie der Mechanik

Hätte François Junod mit fünf Jahren altgriechisch gesprochen, wären ihm spätere Zukunftssorgen erspart geblieben. Er hätte, als er 1964 mit seinen Eltern an der Expo in Lausanne fasziniert vor Tinguelys »Heureka« stand, nicht nur die Verbindung von Mechanik und Poesie bewundert, sondern auch den Werktitel sofort verstanden: »Ich habe es gefunden!« Nicht im Traum ahnte er damals, dass er in dem Moment seiner Bestimmung begegnet war.

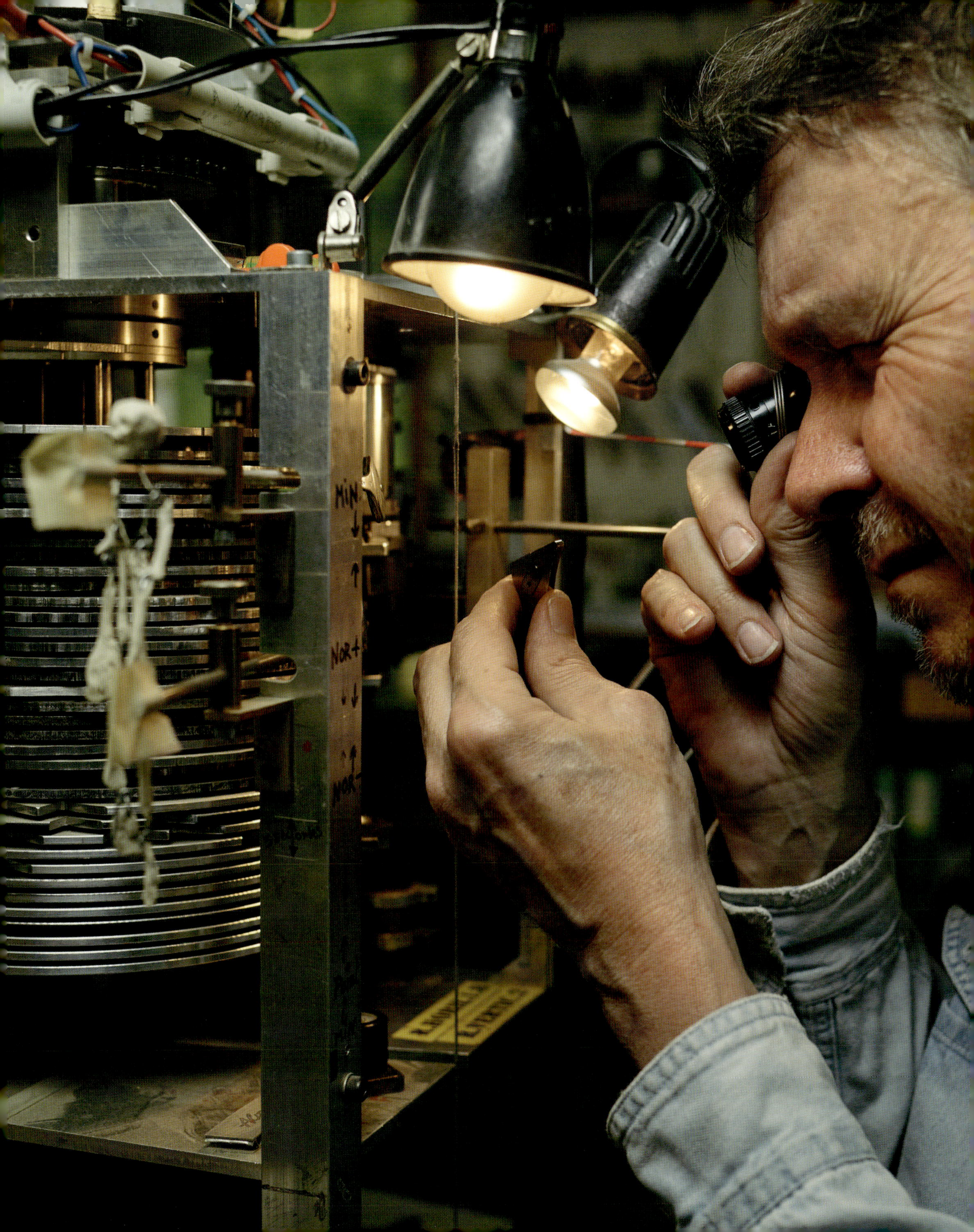
MIN
NOR
NOR

Was folgt, greift wie ein Zahnrad ins andere. Weder Kameras, Schreib- und Rechenmaschinen noch Staubsauger, Nähmaschinen oder Plattenspieler sind vor ihm sicher. Alles zerlegt Junod in Einzelteile, nicht immer zur Freude seiner Eltern. Nach und nach kommt er der Mechanik auf die Spur, lernt, die Dinge wieder zum Funktionieren zu bringen. Nur bei einem kaputten Spielzeug eines Schulfreundes will es einfach nicht klappen. Kurzerhand nimmt ihn dieser ins Atelier seines Vaters ins Nachbardorf mit. Der berühmte französische Automatenbauer Michel Bertrand werde es schon richten. Und so steht der junge François Junod unverhofft inmitten einer Wunderwelt. »Es war eine Offenbarung, der Spielzeugladen meiner Träume: Alles bewegte sich.«

FESTEN PLATZ IN DER UHRENINDUSTRIE EROBERT

Heute ist François Junod 57 und längst selbst ein international gefragter Automatier. Die Androiden des ausgebildeten Feinmechanikers und Bildhauers wurden mehrfach ausgezeichnet und sind bei Sammlern aus Europa über die USA bis nach Japan gefragt. Auch der Sultan von Brunei gehört zu den Mäzenen, wie Junod seine Kunden gern bezeichnet. Zudem ist er in der Uhrenindustrie mittlerweile fest verankert. Zur Zeit produziert er den kleinsten Singvogel der Welt für eine Schweizer Uhrenmarke.

»Manchmal bedaure ich es, die Mechanik einer Figur zu verstecken – die Offenlegung hätte eine ganz eigene Schönheit.«

WERKSTATT IN DER METROPOLE DER MUSIKAUTOMATEN

Im 400 Quadratmeter grossen, bis auf die letzte Ecke vollgestellten Atelier in Sainte Croix hängen unzählige Puppenbeine an Seilen von der Decke, kleine Hände greifen ins Leere, in den Regalen stehen modellierte Köpfe, Metallscheiben stapeln sich zu Türmen, Werkzeug aller Art hängt an der Wand, es wird geschweisst, gefräst, geschliffen, geschraubt, gehämmert und modelliert. Hier, in einer alten Fabrik mit grosszügigen Glasfenstern tüftelt Junod zusammen mit fünf Mitarbeitern seit 1984 seine fantasievollen Kreationen

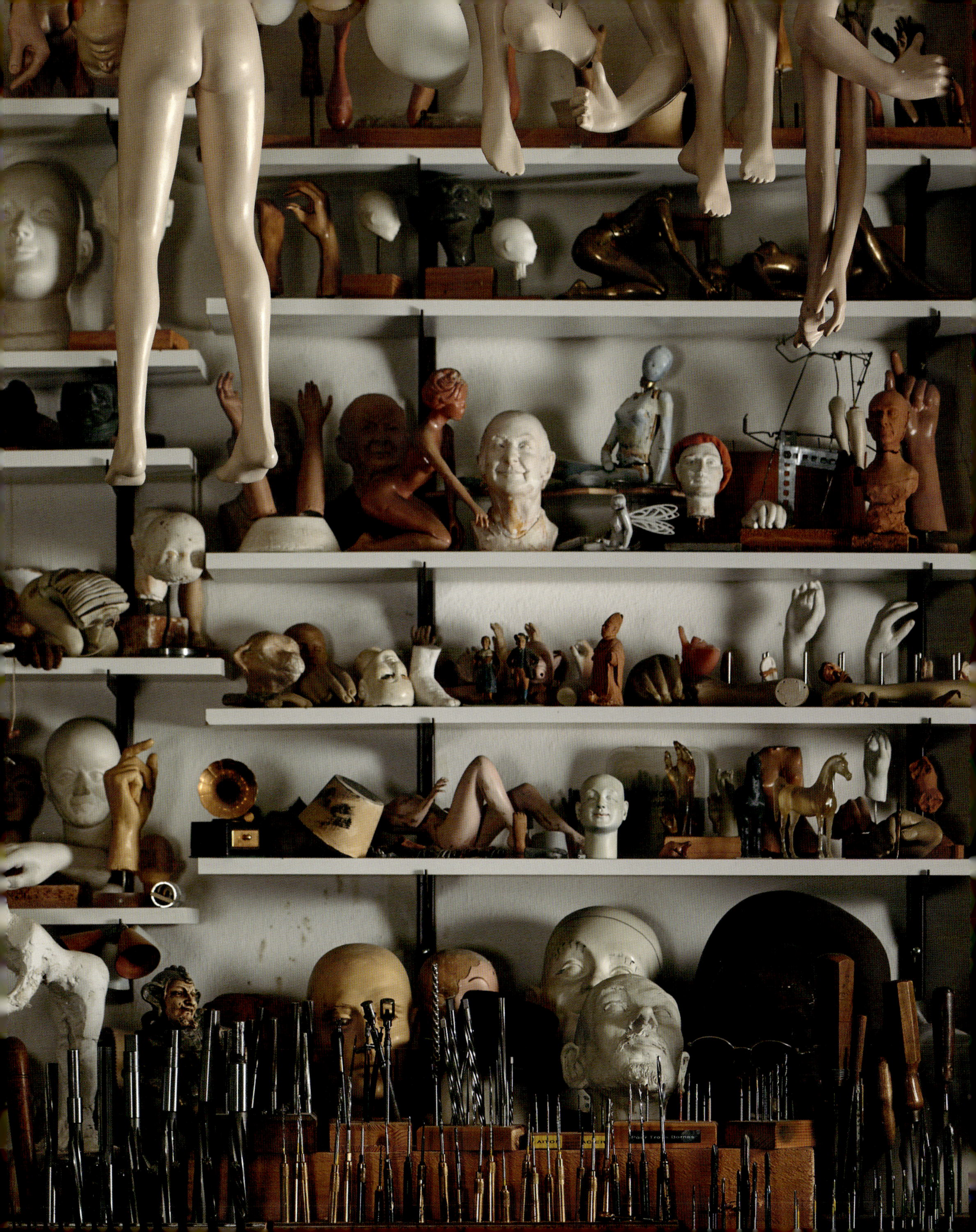

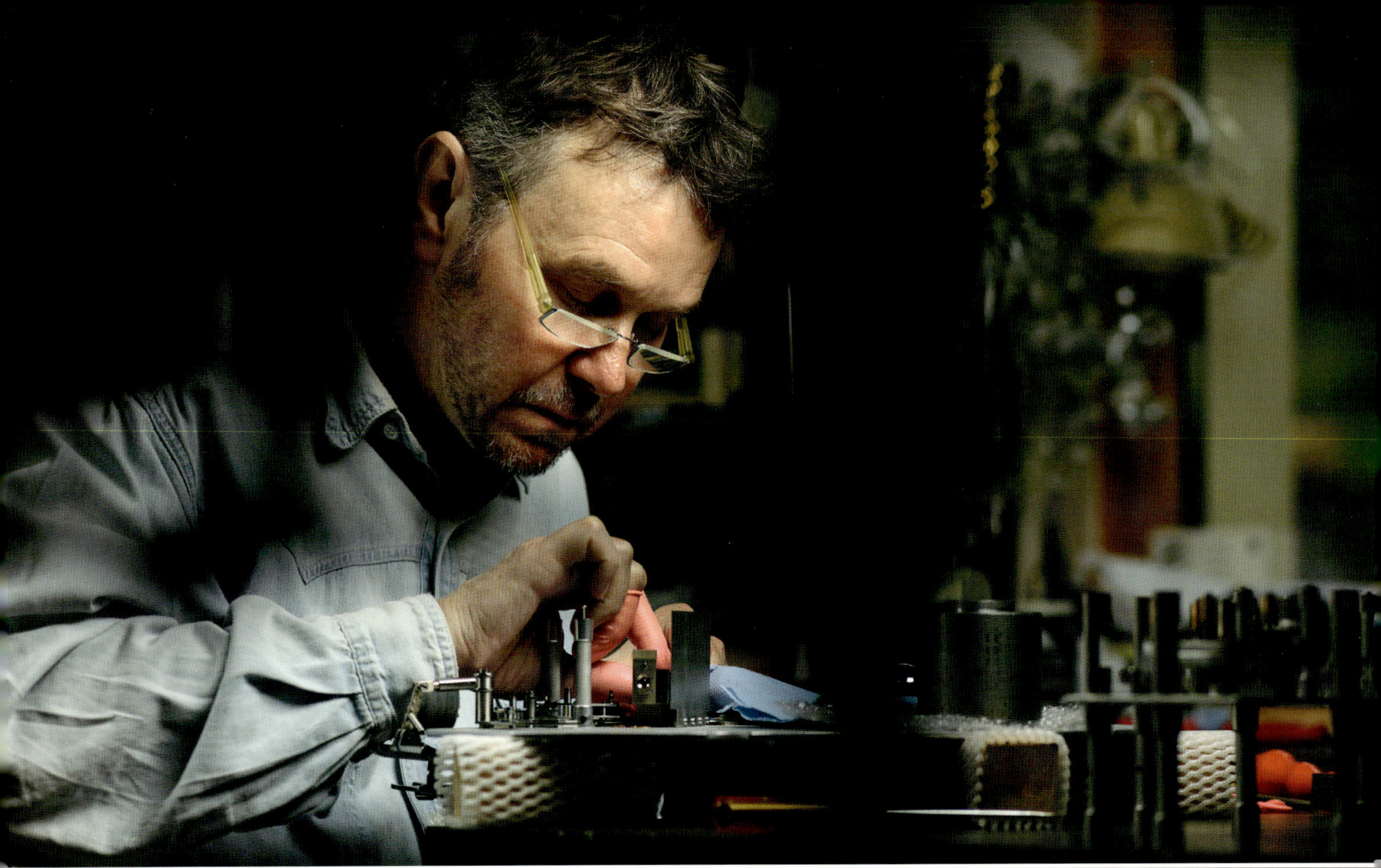

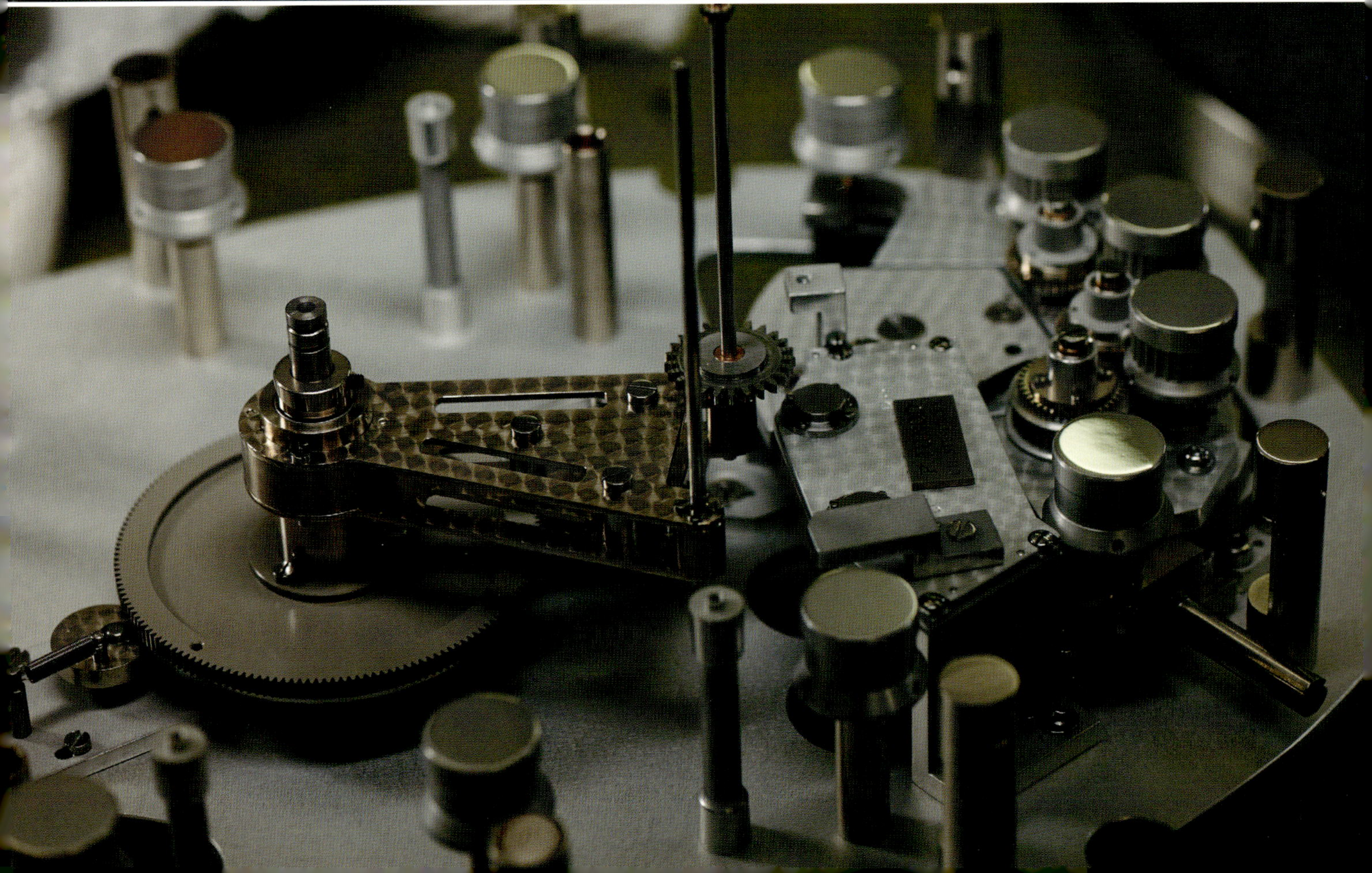

aus. Einen passenderen Ort hätte er sich nicht aussuchen können. Ende des 19. Jahrhunderts war das waadtländische Dorf Welthauptstadt der Musikautomaten. Ideale Geburtsstätte also für seine Androiden. Den Magier, der einen zwitschernden Vogel unter einem Becher verschwinden lässt, um ihn, begleitet von einem sanften Lächeln, unter einem anderen wieder hervorzuzaubern. Den turbangekrönten Türken, der mit Augenrollen und anerkennendem Nicken auf einem wogenden, fliegenden Teppich genüsslich seinen Kaffee trinkt. Auch der abstrakte Torso aus Ziegelsteinen, der – unverkennbar von Dali und Magritte inspiriert – auf Knopfdruck einen Ziegel nach dem anderen wie Schubladen aus dem Körper schiebt, ist hier entstanden. Wie auch die humorvolle Hommage an Edward Munchs berühmtestes Bild. Ein Gesicht aus Draht, rollenden Glasaugen und mit einem Mund aus Gummiband öffnet die Lippen zu einem stummen Schrei.

TIEF BESEELT VON DEN EIGENEN KREATIONEN

In der Endphase der Geburt eines neuen Androiden fühlt sich Junod oft selbst wie einer seiner Automaten – als hätte jemand den Aufziehschlüssel bis zum Anschlag gedreht und sein inneres Getriebe in Gang gesetzt. Ein Rädchen greift ins andere, die Mechanik läuft reibungslos und ohne Unterlass. Selbst im Traum springt er dann wild herum, ist noch im Schlaf unaufhörlich in Bewegung. So erging es ihm auch bei Puschkin, seinem Chef d'Oeuvre. Der Android misst nur knappe 93 Zentimeter, doch diese haben es in sich: Sieben Jahre dauerte es, um die knapp 56 Kilogramm Messing, Bronze und Stahl, verteilt auf 3548 mikrometergenau gefertigte Teile, zusammenzubauen. Drei Federmotoren steuern alle Operationen über 88 Kurvenscheiben. Der weltweit raffinierteste Androide mit dem Namen des grossen russischen Schriftstellers wird ganz ohne Elektronik und Elektrizität nur durch eine Feder von Hand in Gang gesetzt. Puschkin kann nicht nur schreiben und zeichnen. Dank einem Zufallsgenerator kann er bis zu 1458 verschiedene Gedichte komponieren. Er alleine weiss, was er schreiben will.

EINE ART VON EWIGEM LEBEN KREIERT

Durch die exakte Mechanik wird der Poet auch noch in hundert Jahren Gedichte schreiben. Das ist Junod nicht nur der Wertschätzung seiner Arbeit wegen wichtig. Für ihn haben seine Figuren eine Seele. Verlassen sie sein Atelier, verabschiedet er sich von ihnen. Manchmal erlaubt er sich gar die Vorstellung, wie sie miteinander sprechen. »Mit meinen Automaten lebe ich meinen Spieltrieb aus. Doch in gewisser Weise verwirkliche ich mir damit auch den Traum des ewigen Lebens.«

»Instinkt ist wichtiger als Erfahrung. Instinkt kann man schon ganz jung haben, Erfahrung kommt erst mit der Zeit.«

FRANÇOIS JUNOD | AUTOMATENBAUER

WILLY LÄNG | POYAMALER

Alpine Poesie mit Pinsel und Farbe

Willy Läng wohnt weder im Kanton Fribourg, wo die Poyas herkommen, noch hat er ein besonderes Faible für Kühe. Und dennoch sind seine gemalten Alpaufzüge überaus beliebt. Wie er das macht? Cherchez la femme.

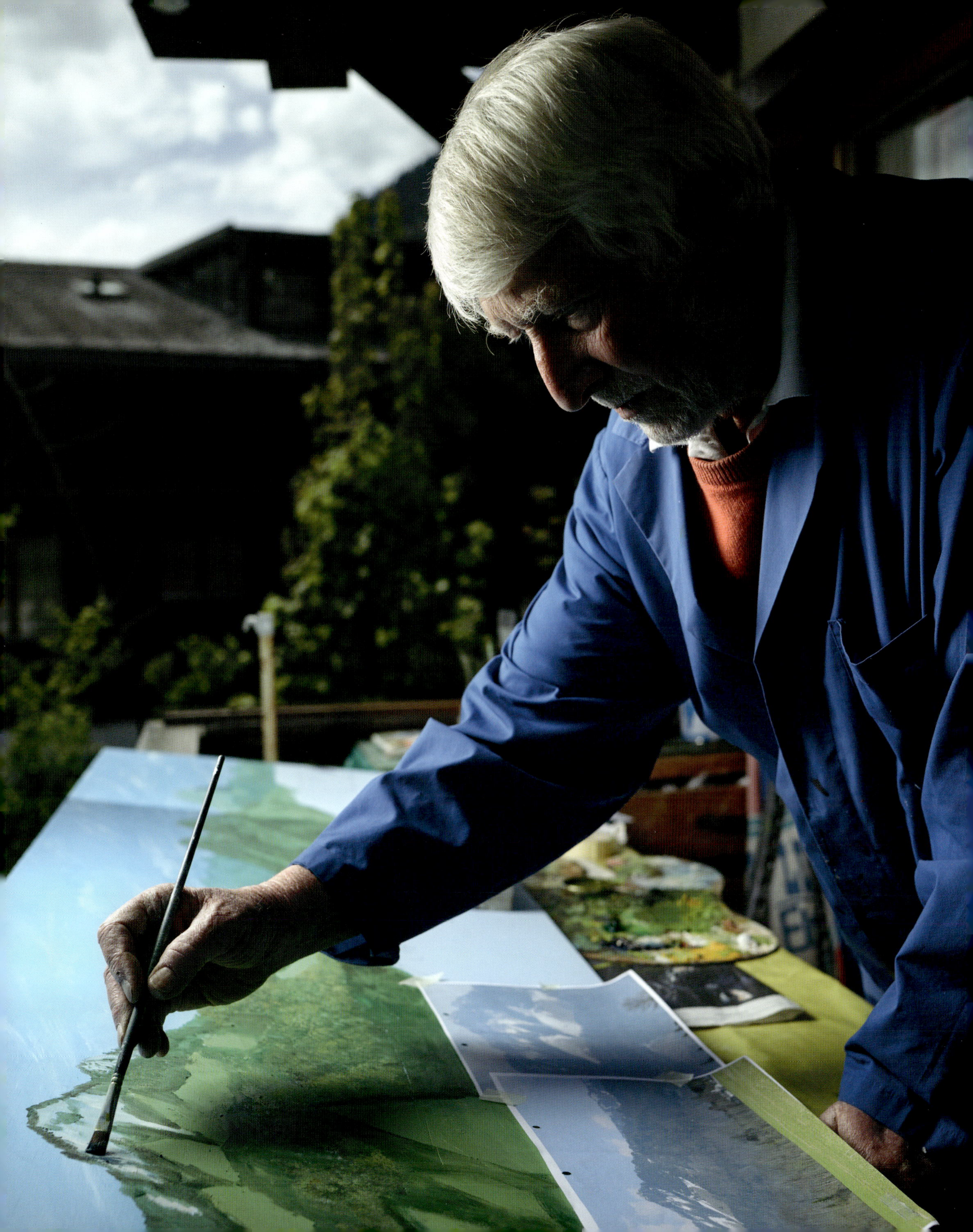

Die einen suchen sich einen Traumjob und hoffen, der Arbeitsplatz sei ebenso. Die anderen machen es wie Willy Läng. Als junger Mann war ihm die Schweiz nicht genug. Er wollte fort aus Genf, möglichst weit weg und schaffte es bis nach Tahiti. Sieben Jahre lang war er als Mitarbeiter von Club Med und später als Chef eines Hotels umgeben von Palmen, Sandstrand, Strohhütten und Fischerbooten in kristallklarem Wasser. Blickt er heute von seiner Arbeit auf, ist die Aussicht nicht weniger idyllisch: Im lauschigen Garten putzen sich Elstern in einem Teich ihr Gefieder, die Holzchalets der Nachbarschaft schaffen eine heimelige Atmosphäre, und dahinter ragt die Gummfluh aus der Bergkette der Waadtländer Voralpen hervor. »Ob im Nebel, schneebedeckt, bei Sonnenuntergang, mit oder ohne Kühe – unseren Hausberg habe ich schon in jeder erdenklichen Situation gemalt«, sagt Willy Läng.

GROSSE MOMENTE – AUF HOLZBRETT GEBANNT

Hier, auf der Terrasse seines Hauses in Château d'Oex entstehen seit rund 25 Jahren jene Bilder, für die der 72-jährige Autodidakt bekannt ist: die Poyas. Diese ursprünglich aus dem Gebiet rund um Gruyères im Kanton Fribourg stammende Malerei thematisiert einen der Höhepunkte im Bauernalltag: den Alpaufzug (im Patois-Dialekt: la Poya). Seit Jahrhunderten ziehen die Sennen im Mai mit ihren Kuhherden hinauf zu den saftigen Bergmatten und verbringen den Sommer auf der Alp. Vor bald 200 Jahren entsteht der Brauch, diesen Moment, meist auf einem einfachen Holzbrett, bildlich festzuhalten. In Tracht gewandet zeigen sich die Sennen mit ihren festlich geschmückten Tieren beim Aufstieg zur Alp im besten Licht und hängen das Bild danach stolz – und für alle andern gut sichtbar – über die Stalltür.

»20 Kühe malen bedeuten 80 Beine und 40 Hörner – dafür habe ich keine Geduld.«

DER MALER, DER BERGE VERSETZT

Himmel, Berge, Hügel, Gras, Chalets – das ist die Reihenfolge, in der Willy Läng seine Poyas malt. Als Vorlage dienen ihm eine Reihe

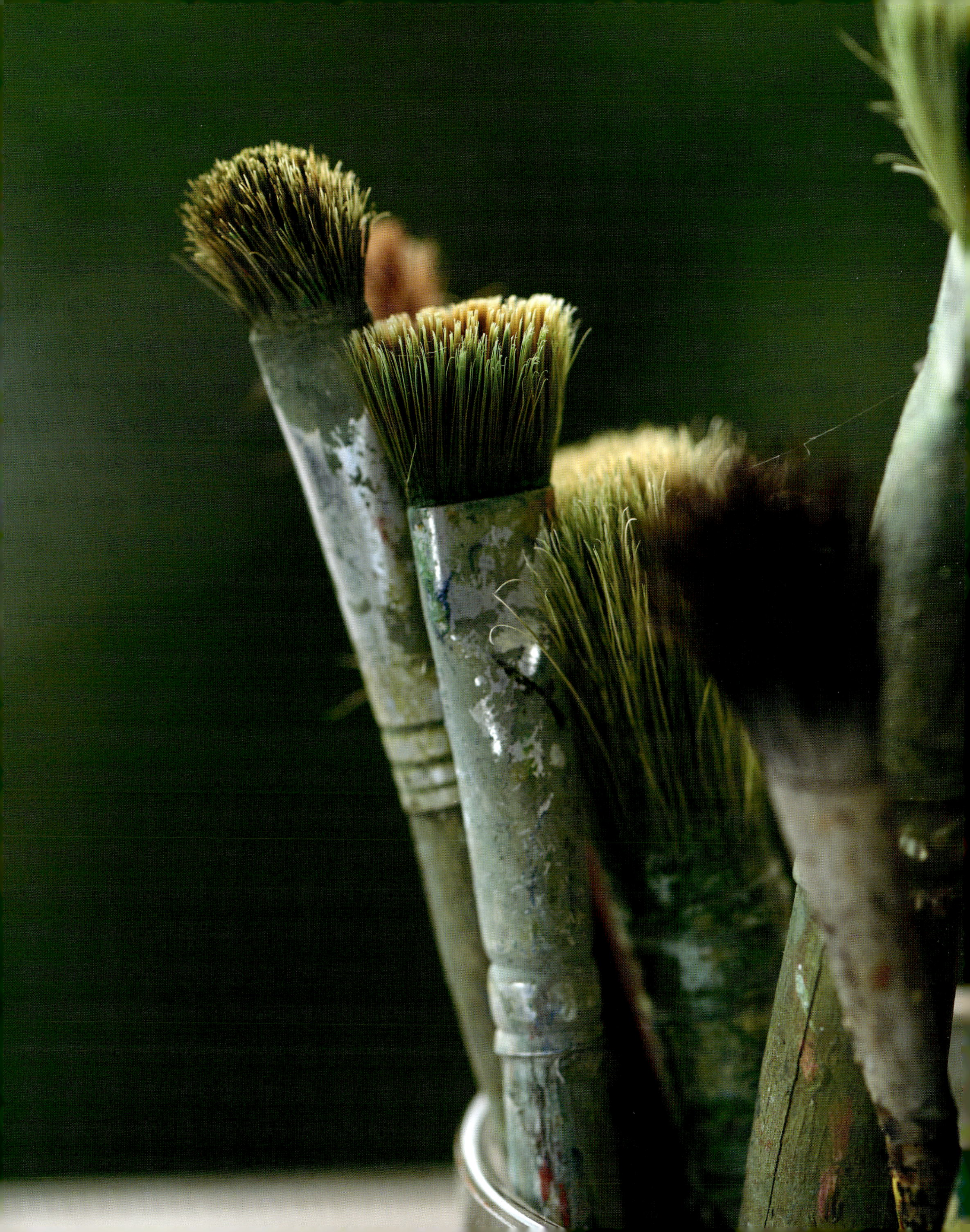

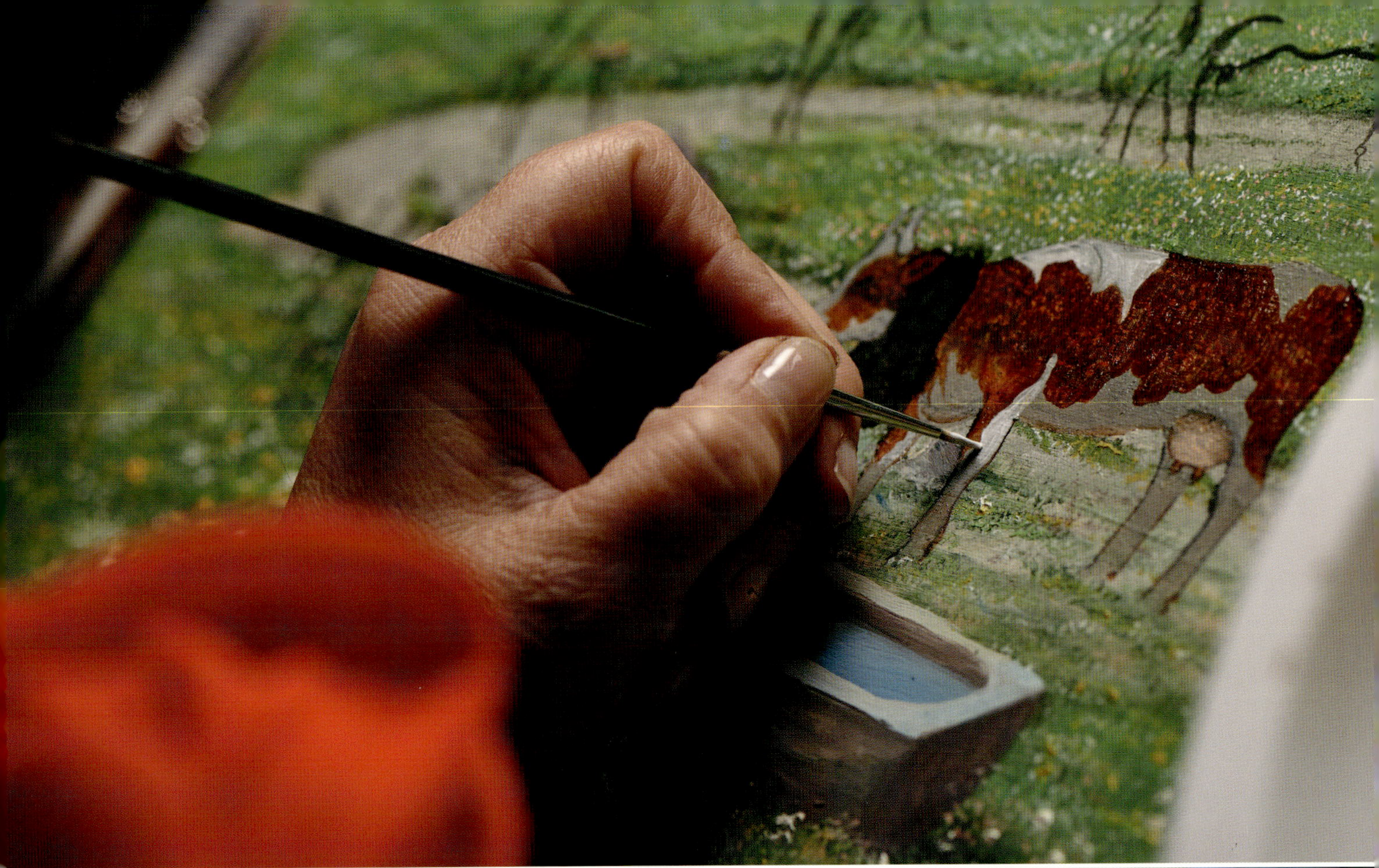

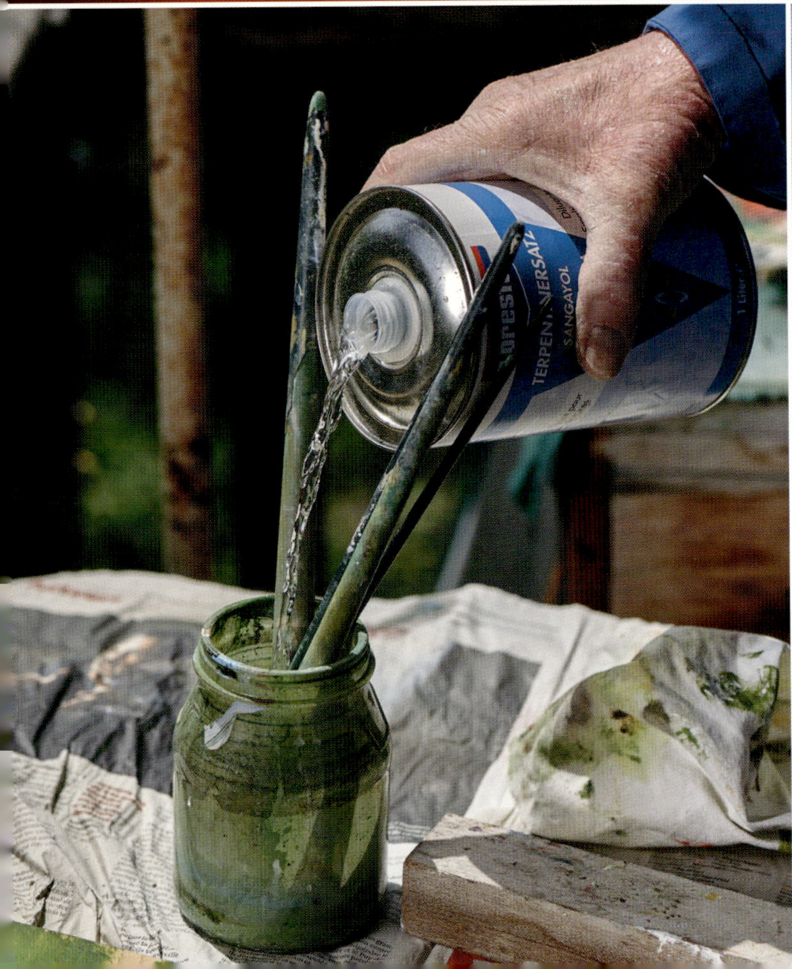
SANGAYOL

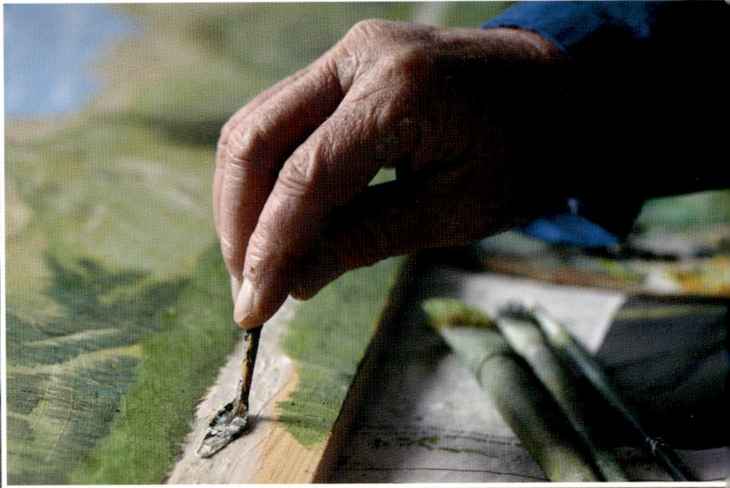

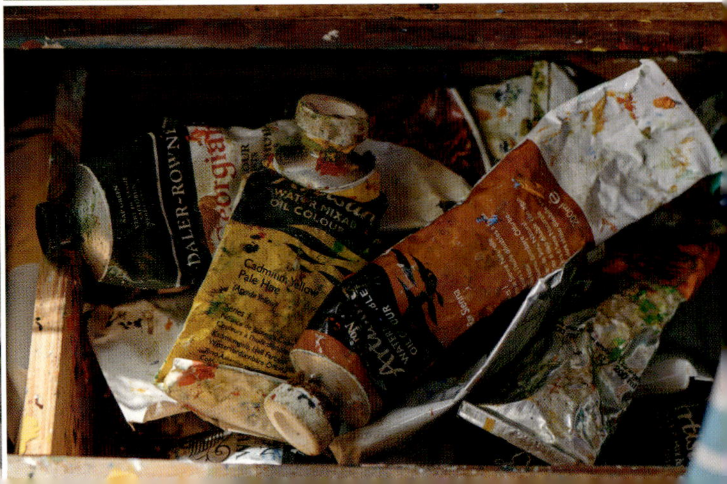
DALER-ROWNEY
OIL COLOUR
Cadmium Yellow
Pale Hue

privater Fotos, die er von seinen Auftraggebern erhält, damit das Ergebnis so realistisch wie möglich wird. Nicht immer hat dies jedoch oberste Priorität. Es komme schon mal vor, dass er gebeten werde, im Hintergrund des Chalets eine Bergkette aus einer anderen Region zu malen, getreu dem Motto: Mal mir die Welt, wie sie mir gefällt. Ein Problem damit hat der Künstler nicht. Im Gegenteil. Humor ist ihm wichtig, schliesslich fügt er selbst gern ab und zu ein lustiges Detail hinzu – wie eine halbversteckte Schweizerfahne oder eine Kuh, die aus dem Bild läuft.

Je nach Grösse des Holzbretts ist Willy Läng mit der Landschaft – quasi dem Bühnenbild einer Poya – nach ein, zwei Tagen fertig: »Mit dem Pinsel bin ich Speedy Gonzales.« Deshalb benutze er neben Öl- auch Acrylfarben; die trocknen schneller. Noch fehlen die Kühe, die Sennen im Sonntagsstaat, der Hund, der Wagen und die Geissen, die eine Poya erst ausmachen. »20 Kühe malen bedeutet 80 Beine und

40 Hörner – dafür habe ich definitiv keine Geduld«, sagt er lächelnd. Das »Personal« übernimmt dann auch Arianne Freudiger, eine ehemalige Nachbarin, die heute im Kanton Fribourg wohnt. Die leidenschaftliche Hobbymalerin setzt sich konsequent jeden Tag an den Maltisch, denn sonst, sagt sie, würde ihr was fehlen. »Wenn ich an einer Poya arbeite, tauche ich gedanklich ganz in die Geschichte des Bildes ein.« Seit sich die beiden Hobbymaler in den 1990er-Jahren in Château d'Oex kennengelernt haben, teilen sie Arbeit und Einkünfte der jährlich zehn bis zwölf Poyas. Die Aufträge kommen hauptsächlich aus den Bergregionen des nahen Frankreichs und der Schweiz. Obwohl die Zahl der Bauern und Alpbesitzer stetig zurückgeht, nimmt das Interesse für Poyas in den letzten Jahren stetig zu. Sie finden neue Abnehmer und dienen als dekoratives, traditionelles Element zur Ausschmückung des Ferienhauses.

»Meist ist einem nicht bewusst, welchen Einfluss gewisse Begegnungen im Leben haben.«

TAHITI, UMRAHMT VOM HEIMISCHEM IDYLL

Rund 10 000 Bilder habe er im Laufe seines Lebens gemalt, erzählt Willy Läng. Die meisten davon sind Landschaften, sein Lieblingssujet. Einige davon hängen, dicht an dicht, an den Wänden seines Hauses: der Hausberg von Château d'Oex, Chalets in allen Varianten, majestätische Bergketten, aber auch sanft blickende Kühe – und da und dort hängt auch ein Bild aus den fernen Tagen auf Tahiti: mit Palmenhainen, Sandstrand, Fischerbooten und Strohhütten.

WILLY LÄNG | POYAMALER

MARKUS FLÜCK | HOLZBILDHAUER

Die feine Kunst des Schnitzens

Er ist dort daheim, wo er geboren wurde. Und dort ist er ganz in seinem Element. Als Schulleiter und »Schnitzler« führt Markus Flück weiter, was ihm sein Urgrossvater in die Wiege gelegt und in die Hand gedrückt hat.

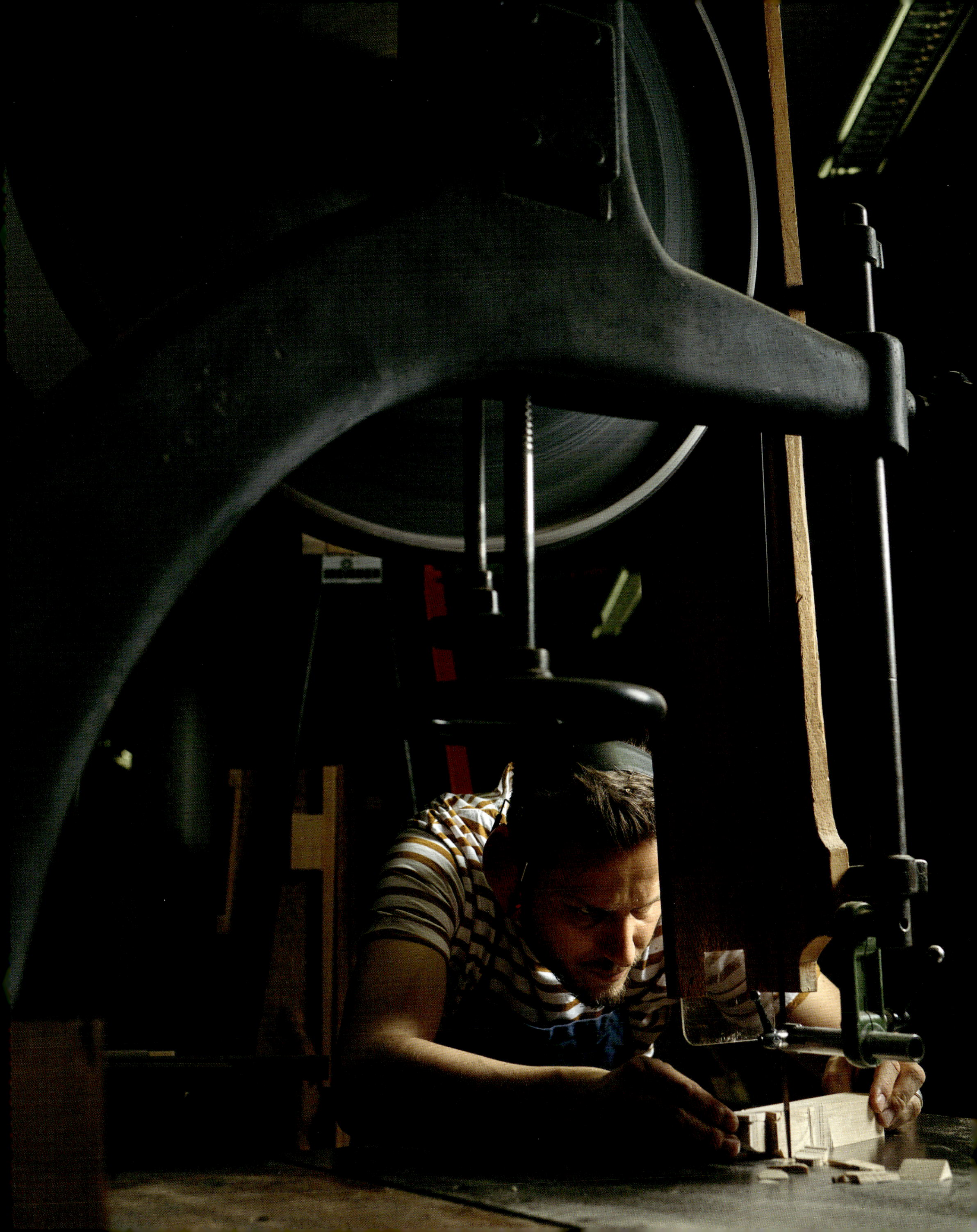

Gut 200 nennt er sein Eigen: Meissel in allen Formen, flach, spitz, gewölbt. Fein säuberlich geschliffen sind sie, denn wie beim Metier des Kochs die Messer sind die Meissel das Heiligtum eines »Schnitzlers«. Darunter hat es auch einige wertvolle Stücke von Urgrossvater Stähli. Dabei war dieser gar nicht begeistert, als sein Urenkel das Handwerk eines Holzbildhauers erlernen wollte. »Damit wirst du keine grossen Sprünge machen«, prophezeite ihm der alte Mann. Er sollte unrecht behalten. Denn Klein-Markus wollte diese Tradition unbedingt weiterführen, obwohl der Familienzweig der Flücks eher »Blächige« waren – sprich im Normalfall Spengler oder Sanitärmeister wurden.

GROSSE LINIEN UND WESENTLICHE PUNKTE ERKENNEN

Markus konnte aber nichts mit Blech anfangen. Den Linkshänder zog es schon immer magisch zum Holz hin. Bereits in der Primarschule lernte er mit Mal- und Bleistiften skizzieren. Er hatte ein feines Händchen – sein Gespür fürs Künstlerische war offensichtlich. Dann kam die Sekundarschule, und stets war da dieser Wunsch, eine vierjährige Lehre zum Holzbildhauer anzutreten. Nicht irgendwo, sondern im weltberühmten Betrieb der Familie Huggler im Schnitzlerdorf Brienz, der seit über 100 Jahren die halbe Welt mit Krippenfiguren der feinsten Art beliefert. Wie wild arbeitete der lernbegierige Flück, anfangs zu 18 Franken Stundenlohn, dann im Akkord. Bisweilen 30-mal dieselbe Josef-Figur am Stück. Kaum hatte er ein wenig Geld gespart, ging's auf die Wanderjahre über den grossen Teich nach San Diego und später für zwei Jahre an die Universität Philadelphia. Dort erfüllte sich der junge Mann seinen zweiten Traum: ein vertieftes Studium der Kunst. Wiederum lernte er zeichnen, nun aber systematisch. Freiwillig belegte er Aktzeichnen, stundenlang. »Wir studierten anhand der ›Old Masters‹ wie Da Vinci oder Picasso, was die versteckten grossen Linien und feinen Punkte in einem Werk sind. Das war eine Schule fürs Auge.«

»Mit der Holzbildhauerei wird man sicherlich nicht reich. Aber man kann gut davon leben.«

IM BÜROSTUHL STATT IN DER WERKSTATT

Vor gut einem Jahr nahm Markus Flück eine neue Herausforderung an: Er bewarb sich als Leiter der einzigen Schule für Holzbildhauerei der Schweiz. 1884 als »Schnitzlerschule Brienz« gegründet, bietet die Lehrwerkstatt heute 24 Ausbildungsplätze für Holzbildhauerinnen und Holzbildhauer mit eidgenössischem Fähigkeitszeugnis an. Ausserdem besuchen Lernende aus der ganzen Schweiz die Berufsfachschule für die kunsthandwerklichen Berufe in Holzbildhauerei, Holzhandwerk (für die Fachrichtungen Drechslerei und Weissküferei), Korb- und Flechtwerkgestaltung sowie Küferei. »Wenn ihr einen wollt, der nur verwaltet, dann komme ich nicht. Ich brauche meinen Freiraum. Ich will weiterhin meine Gedanken ins Holz bringen«, betonte Markus Flück bei seiner Bewerbung. Aber genau das wurde für die Institution des Kantons Bern gesucht: ein Künstler, der auch das betriebswirtschaftliche und didaktische Wissen mitbringt. Und so

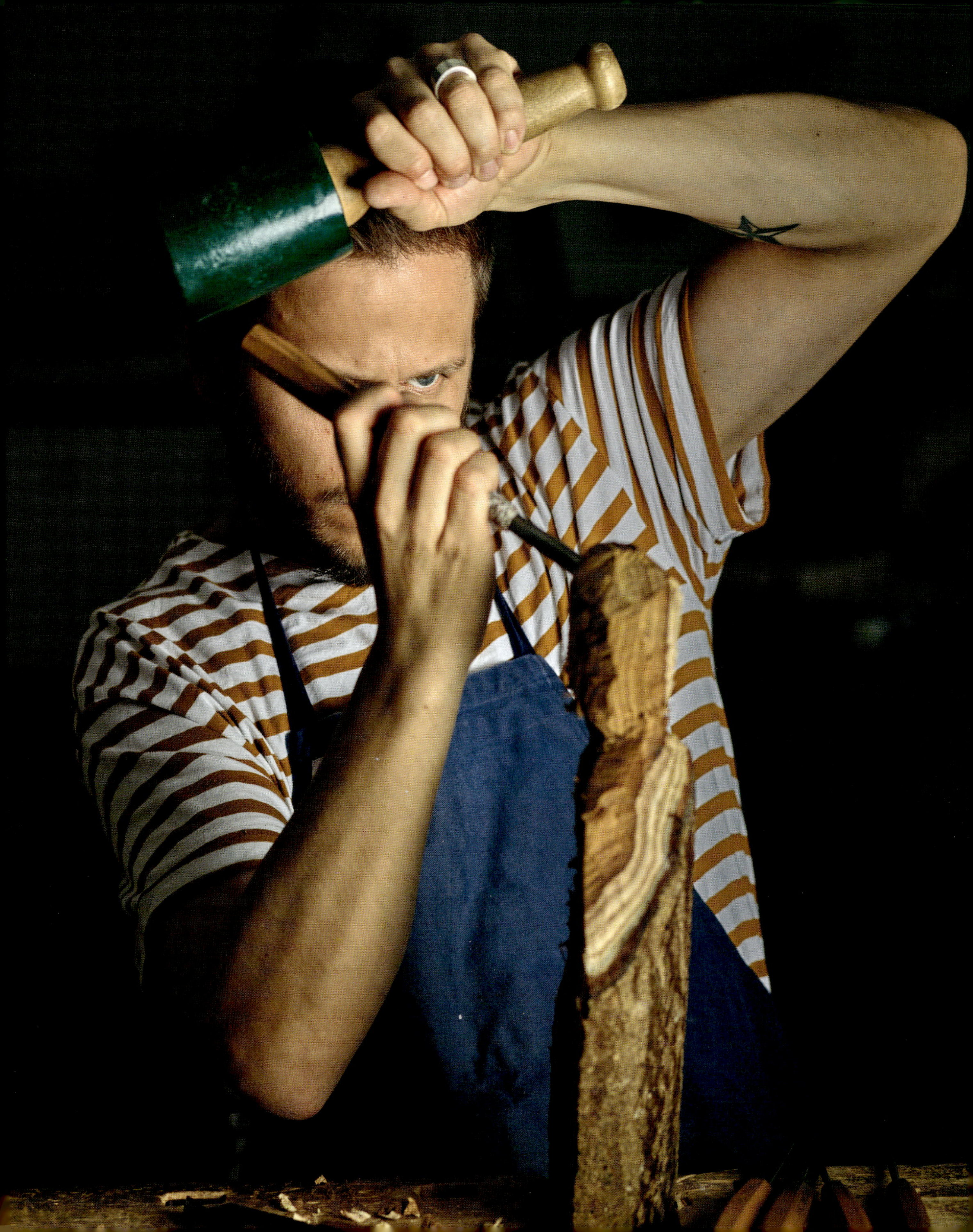

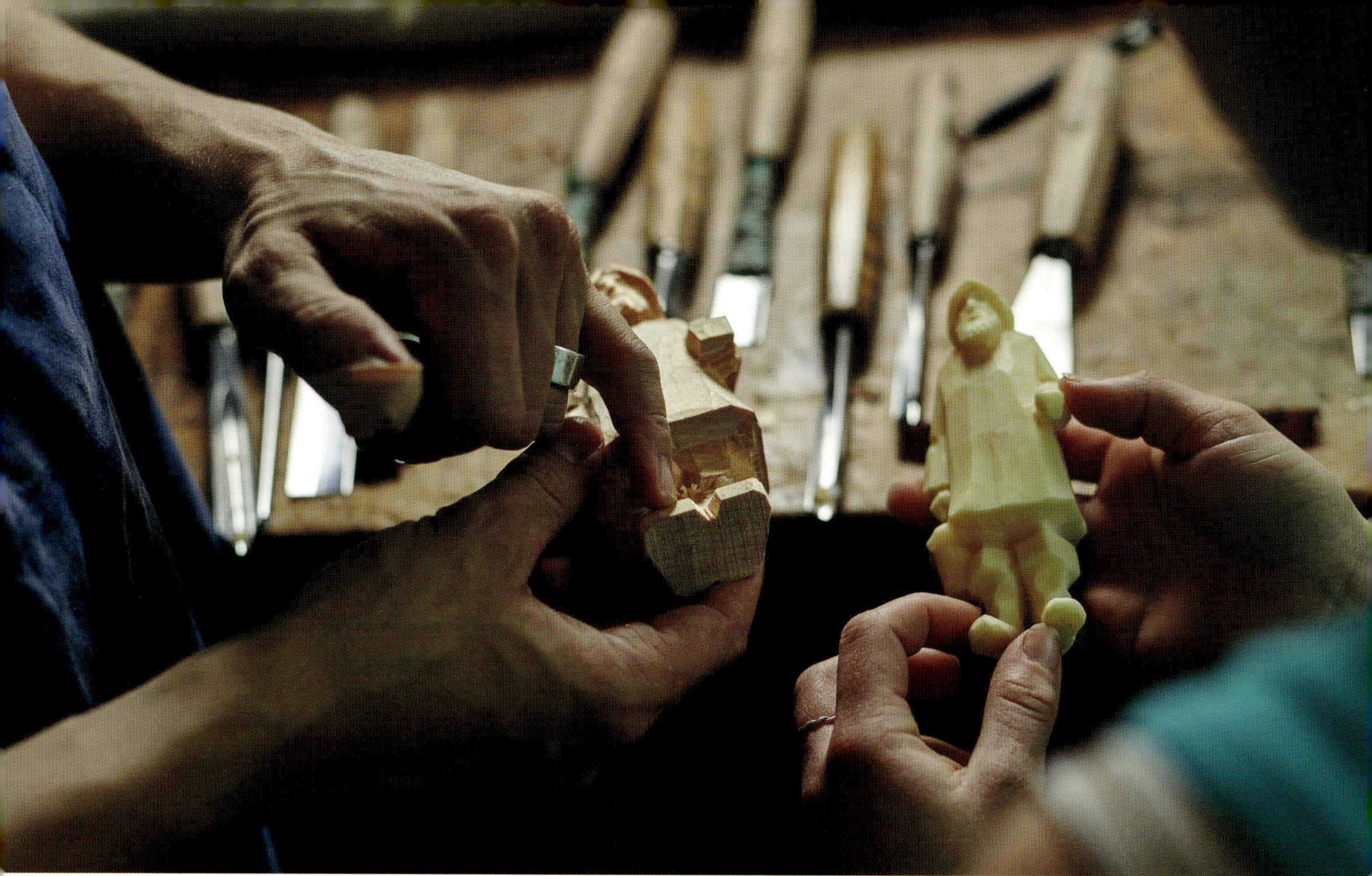

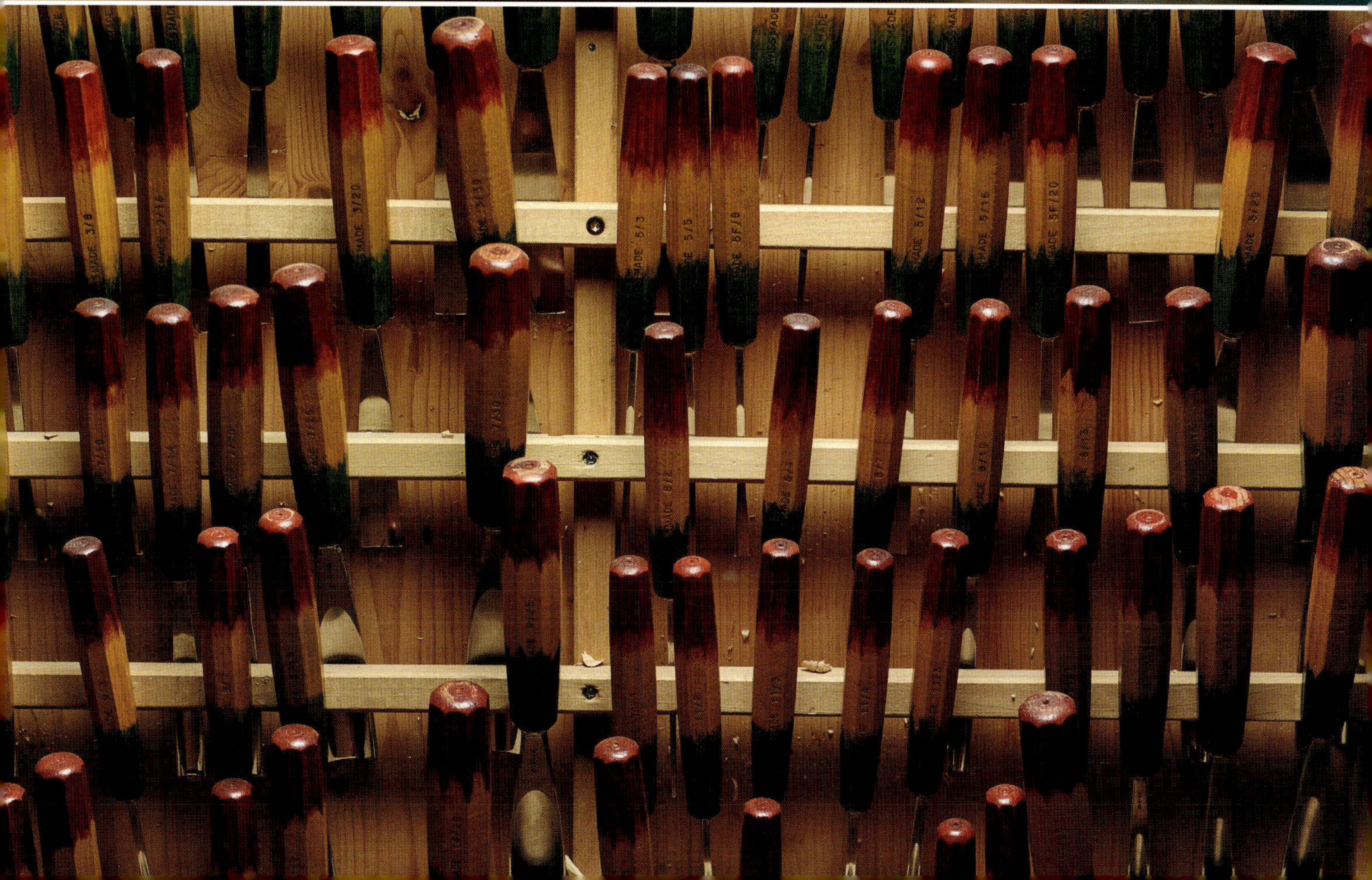

koordiniert Markus Flück nun die Berufsfachschule der kunsthandwerklichen Berufe mit den kreativen Einsätzen seiner Mitarbeitenden der Lehrwerkstatt und den Lernenden. 80 Prozent wirkt er als Schulleiter, dazu kommt ein Unterrichtspensum von 10 Prozent. Daneben bleibt freie Zeit – Zeit für seine Kunst.

MIT KETTENSÄGE DEM HOLZ ZU LEIBE RÜCKEN

Markus Flück hat seinen ganz eigenen Stil entwickelt. Am liebsten spaltet er mit Keil und Beil Hartholzstämme und sucht dann mit der Kettensäge nach den verborgenen Linien und lebendigen Momenten im Stück. Verfeinert wird das Ganze mit den scharfen Messern. Was ist denn sein Markenzeichen? »Das kann man so nicht sagen. Natürlich ist es der Schnitt – aber genauso wichtig ist mir der Dialog, der Austausch mit den Auftraggebenden. Der Prozess zum Ergebnis ist vermutlich meine Stärke.«

EIN FEST FÜRS HOLZ

Das Holz stammt mehrheitlich aus der Region. Am besten eignet sich zum Schnitzen Lindenholz. Es ist nicht zu hart, aber auch nicht zu weich. Anspruchsvoll wird es mit Nussbaumholz. Dieses schnitzt Markus zum Beispiel für Menschenfiguren – eine weitere Spezialität von Flück. Seine Ornament-Porträts sind auch beliebt. Meistens paust er als erstes das Bild des zu Porträtierenden aufs Holzstück. Dann legt er los. Einen konstanten Schnitt braucht's in erster Linie, ein feines Händchen überdies. Nuancen nur sind entscheidend. Ein Stückchen zu viel weggeschnitten – und schon ist die Nase zu lang oder zu spitz. Diese und viele andere Raffinessen bringt er auch den Lernenden aus allen Regionen und Kantonen der Schweiz bei. Die Nachfrage ist klar steigend. Die junge Generation glaubt an Tradition und Innovation in Brienz. Ganz wie Markus Flück: Er glaubt auch ganz fest ans Holz und dessen Zukunft.

»Ob man Talent braucht für diesen Beruf? Es wäre vermessen zu sagen, ich trüge dieses in mir. Aber ich denke, es braucht beides, das Handwerkliche und das Künstlerische. Am besten kombiniert.«

MARKUS FLÜCK | HOLZBILDHAUER

LUDWIG HATECKE | METZGERMEISTER

Bühne frei für Salsiz und Co.

Der Metzgerberuf – eine Handwerkskunst? Ohne Zweifel. Zumindest dann, wenn man seinen Beruf mit so viel Leidenschaft und Detailtreue ausübt wie Ludwig Hatecke, Metzgermeister im Unterengadin. In seinen puristisch eingerichteten Geschäften steht einzig und allein das Produkt im Rampenlicht: das Fleisch.

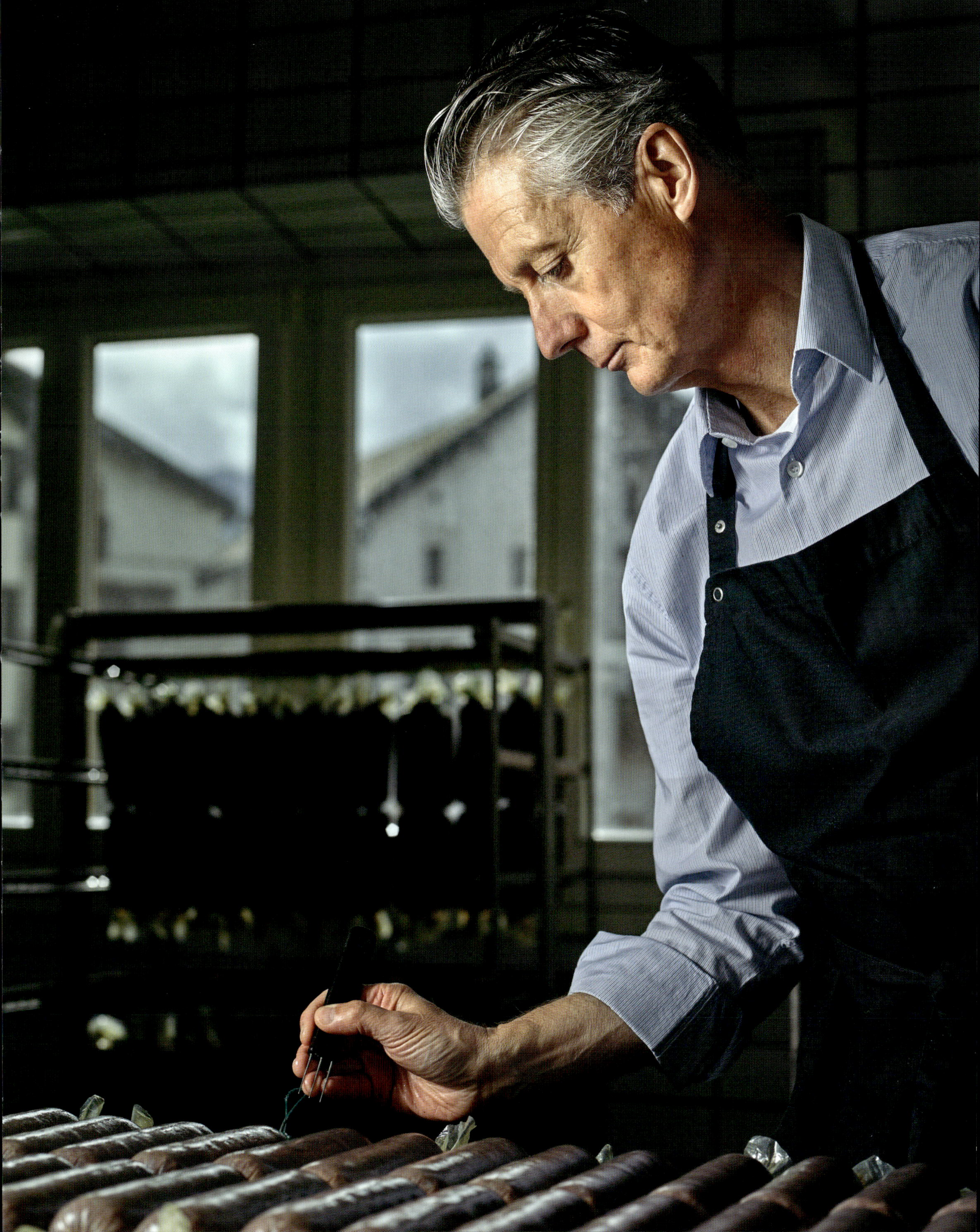

Auch andere tierische Produkte wie Lederschuhe oder -taschen werden in Schaufenstern in Szene gesetzt. Warum soll nicht auch hochwertiges Fleisch die Aufmerksamkeit erhalten, die ihm gebührt?« Ludwig Hateckes Geschäfte in Scuol, Zernez und St. Moritz sind nicht einfach Metzgereien. Bei ihm werden Salsiz, Bündnerfleisch und Wurstwaren wie auf einer Bühne präsentiert, wortwörtlich ins perfekte Licht gerückt. Und dafür hat Metzger Hatecke auch allen guten Grund.

DIE FINGER SCHMUTZIG MACHEN

Aufgewachsen in der Zernezer Bacharia – dem Betrieb seines Vaters –, stammt er aus einer Metzgerfamilie: Schon sein Grossvater übte diesen Beruf aus. »Ich selbst wusste nicht recht, was ich werden wollte – schliesslich habe ich mich doch auch dafür entschieden.« Heute ist er ein Meister seines Fachs und liebt sein Metier. Vor allem die handwerkliche Arbeit mit dem Fleisch, dessen Verarbeitung: das Kneten des frischen Rindfleischs, das vorsichtige Abschmecken, das Abfüllen der Fleischmasse in die Därme. Und das kunstvolle Präsentieren seiner mit höchster Sorgfalt hergestellten Produkte in der Auslage. Das Schlachten hingegen, bekennt er ganz ehrlich, sei eher ein notwendiges Übel.

»Das Wichtigste ist natürlich gutes Fleisch. Und das bedeutet: gesunde Erde, gesundes Gras und somit gesunde Tiere.«

DREI ECKEN UND KANTEN

Aushängeschild von Hatecke ist sein dreieckiger Salsiz. Die aussergewöhnliche Form ist nicht nur Werbegag, sondern vor allem auch bestes Mittel zum guten Zweck: »Wir machen seit gut 30 Jahren reinen Salsiz – das heisst, dem Rind- oder Hirsch- wird kein Schweinefleisch hinzugefügt. Das würde den Geschmack stören. Allerdings wird der Salsiz ohne Schwein magerer, und insbesondere kleine Salsize trocknen dadurch schneller aus. Grosse quadratische Blöcke hingegen sind schwierig zu schneiden – also machen wir einen Kompromiss.« Verpackt wird Hateckes Klassiker in elegant schwarzem Papier – auch dies nicht einfach nur aus ästhetischen Gründen, nein,

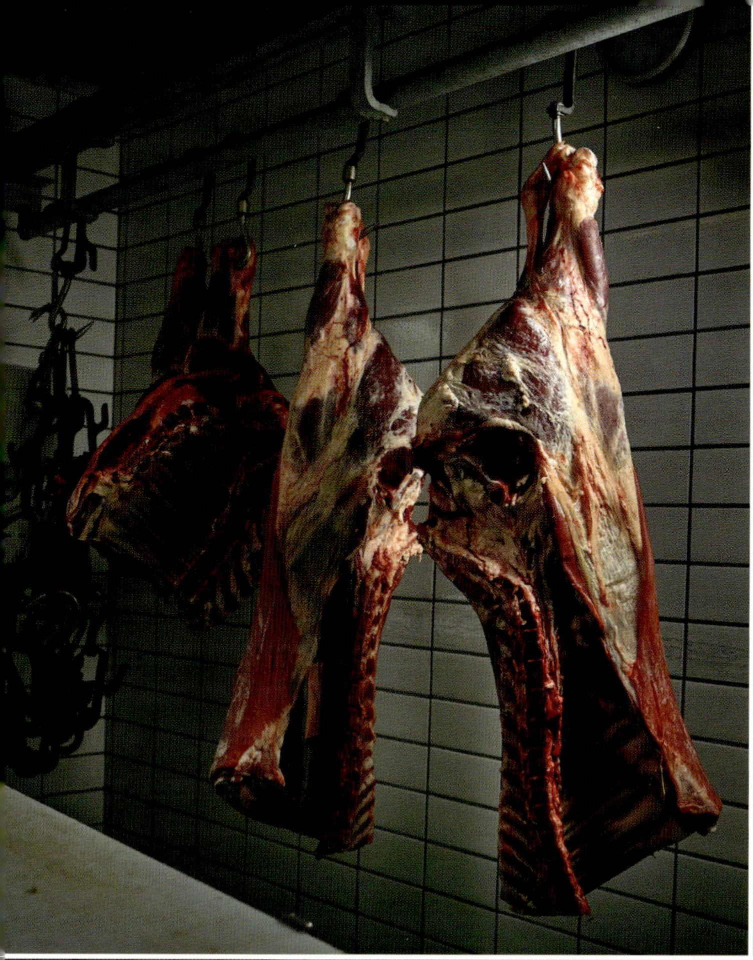
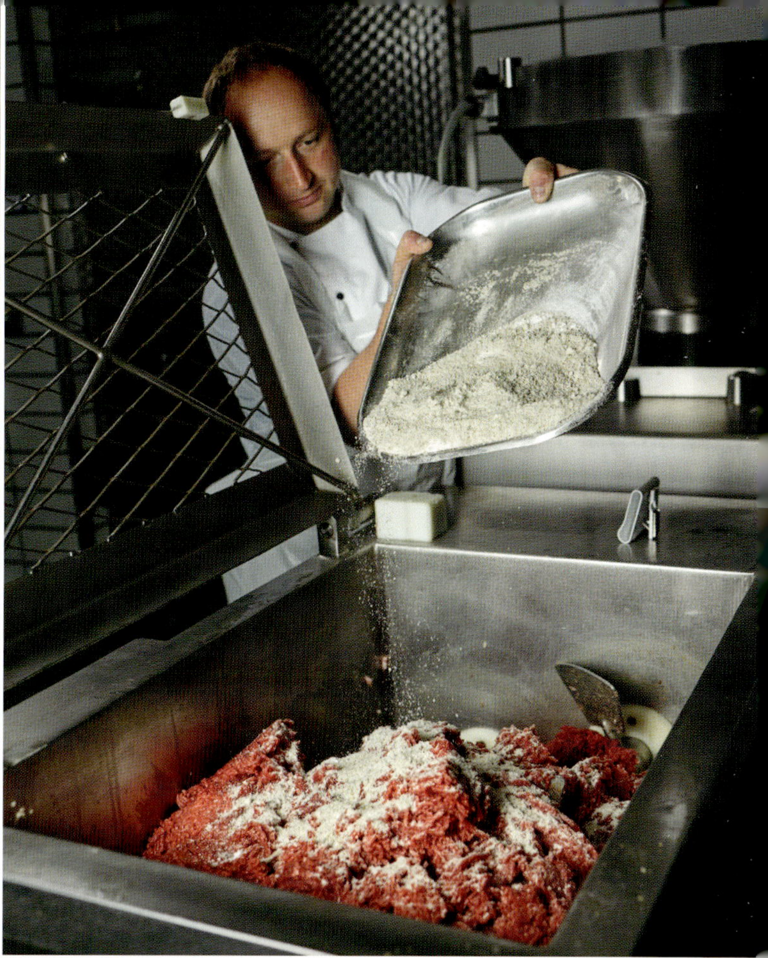
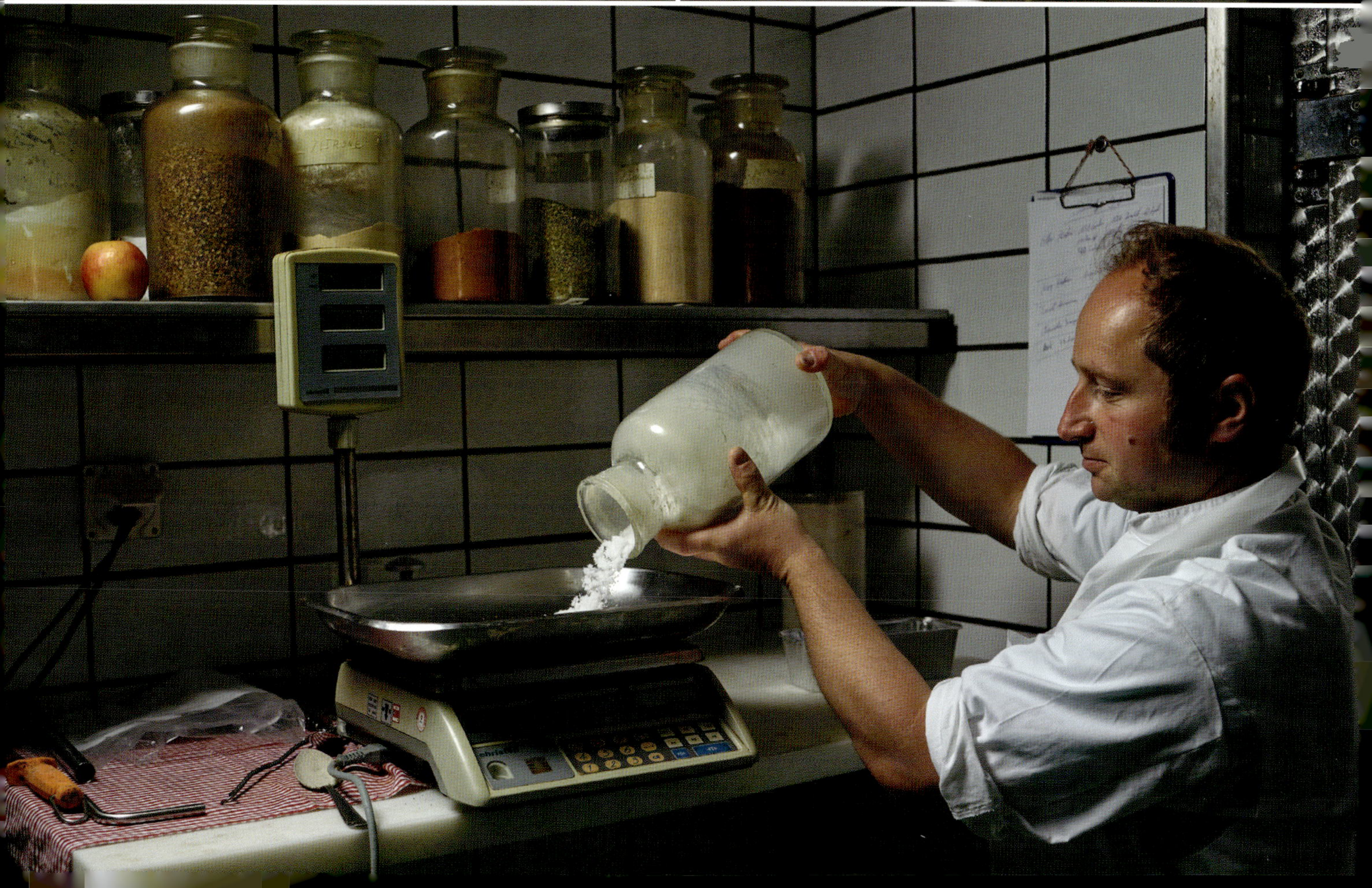

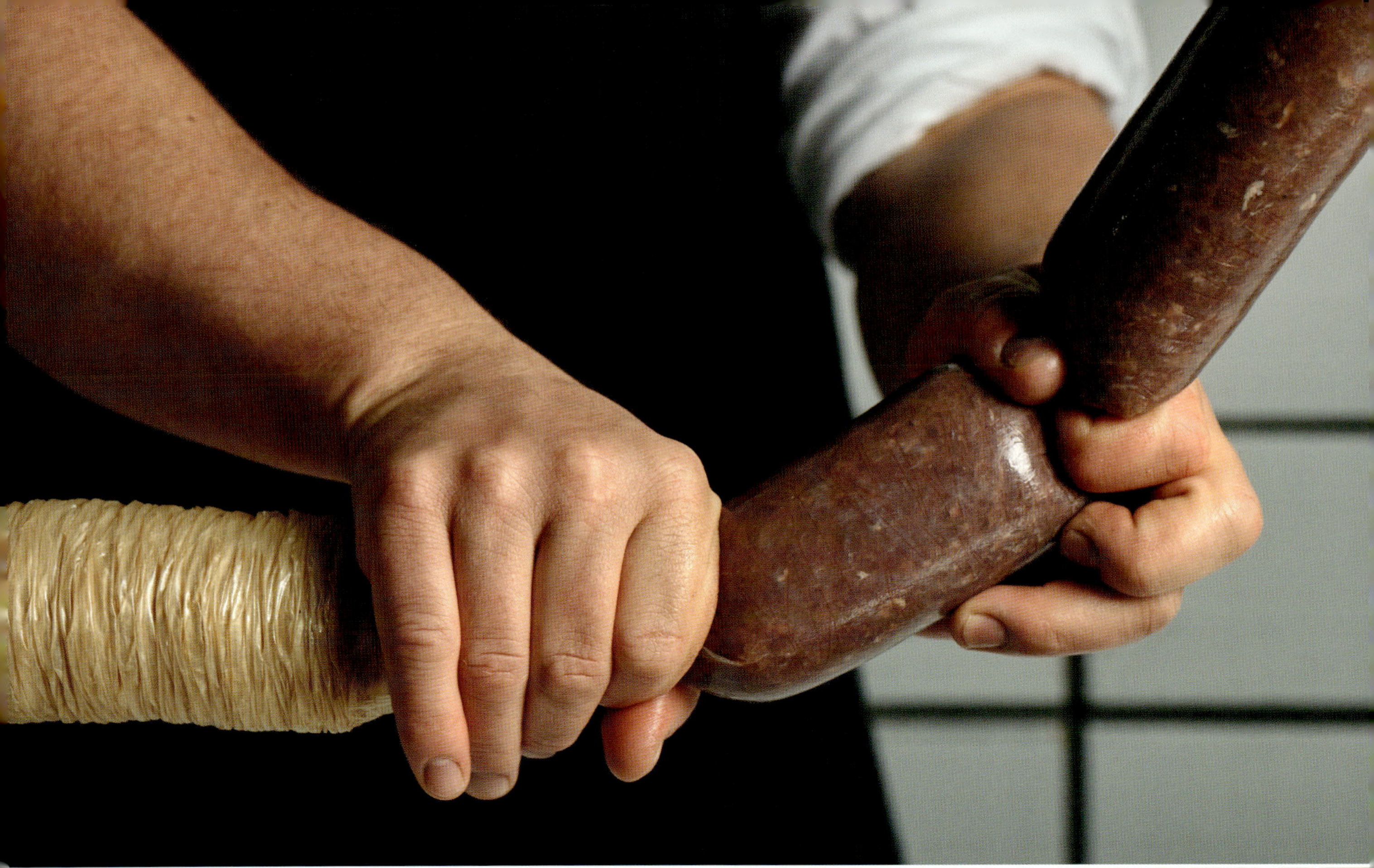

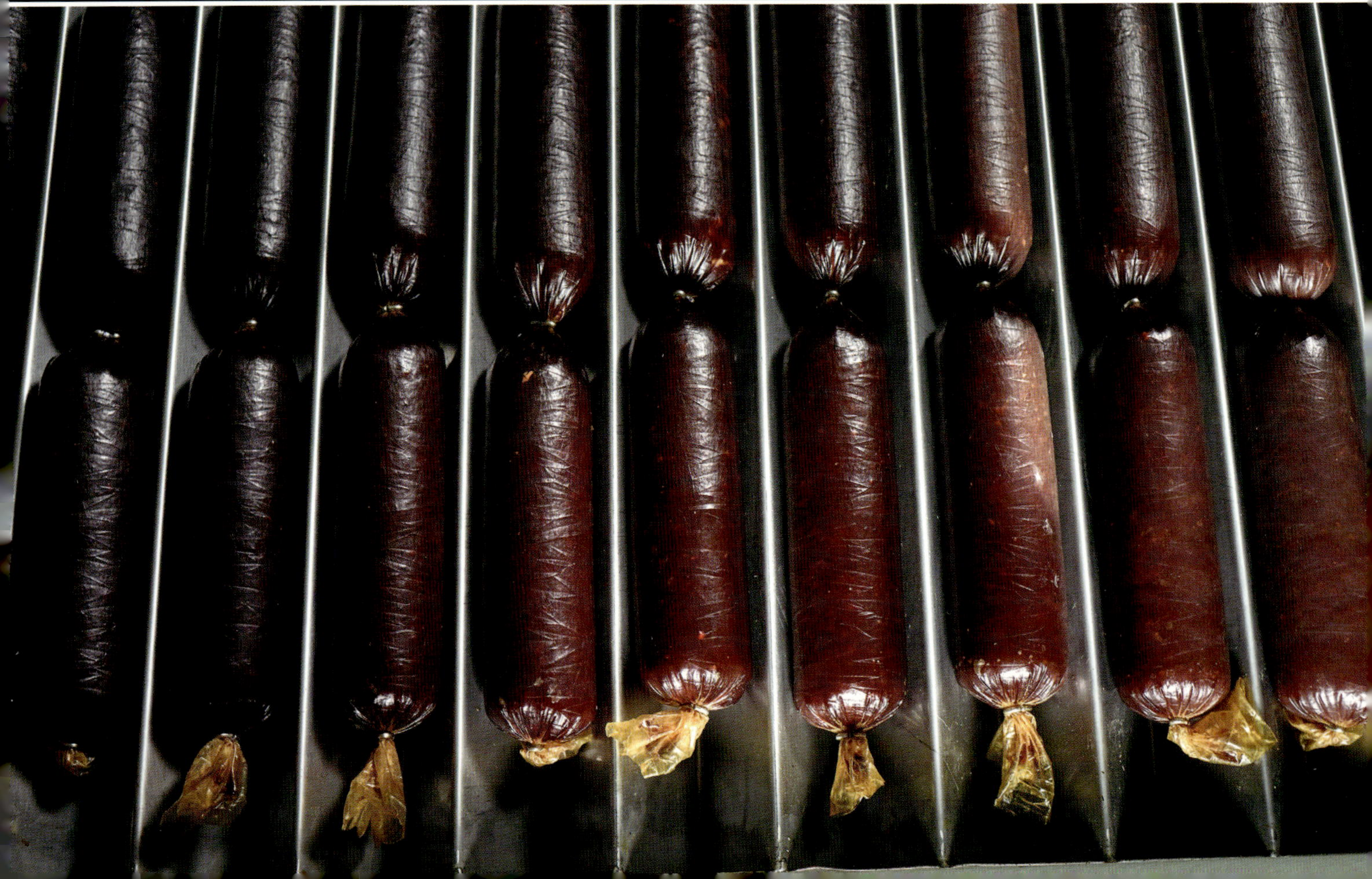

das schwarze Papier schützt das Fleisch besonders gut vor Sonneneinstrahlung. Auf Wunsch – und zu einem Extrapreis – wird die Trockenwurst auch mit einer Haube aus Terrakotta geliefert: »Die Cloche aus Tonware ist zur Aufbewahrung gedacht. Sie kann bei Bedarf angefeuchtet werden, damit der Salsiz schön feucht bleibt«, erklärt Hatecke.

PURES FLEISCH AN DER FRISCHEN LUFT

Selbstverständlich kommt das gute Fleisch nicht von der Verpackung allein. Die bewusste Produktion, die Hatecke anstrebt, beginnt schon viel, viel früher, oben auf dem Berg, wo die Tiere grasen. »Das Wichtigste ist natürlich gutes Fleisch. Und das bedeutet: gesunde Erde, gesundes Gras und somit gesunde Tiere.« Seine Produkte sind Bio- und Berg-zertifiziert, die Tiere hauptsächlich aus dem Engadin. Fleisch von Kühen, die nur Gras fressen statt Futtermittel, sei reich an Mineralstoffen, Vitaminen und ungesättigten Fettsäuren – ergo: gesund. Auch in der Verarbeitung soll das Fleisch möglichst unverfälscht bleiben: »Zusatzstoffe gibt es bei mir nicht, sie verändern den Geschmack. Was wir wollen, ist ein möglichst reiner Fleischgeschmack. Sogar geräuchert wird bei uns nur selten und sparsam«, so der Metzger. Gewürzt wird nur mit Meersalz, etwas Rohrzucker, Pfeffer, Wacholderbeeren und Lorbeerblättern sowie ein wenig Fenchelpulver. Getrocknet werden Salsiz und Bündnerfleisch nicht etwa in einem Klimagerät, sondern an der Luft: »Wir brauchen eine Feuchtigkeit von rund 65 Prozent. Das regulieren wir mit dem Öffnen der Fenster und einem Entfeuchter.« Je nach Fleischprodukt dauert die Herstellung anderthalb bis sechs Monate, danach werden sie alle mit einem hübschen Etikett aus Holz versehen – hergestellt von einem Schreiner aus Scuol. Es sind unter anderem diese Details, die aus der Bacharia Hatecke eben mehr machen als eine Metzgerei. Und trotzdem sagt Hatecke, es gehe ihm eigentlich überhaupt nicht ums Design, sondern um die gebührende Präsentation des Fleisches:

»Wir haben den Anspruch, unseren Respekt gegenüber dem Tier und die Wertigkeit unserer Produkte auch nach aussen zu den Kundinnen und Kunden zu tragen. Das hat zur Folge, dass wir sauber, hygienisch und frisch präsentieren – und dies wiederum verlangt nach einer schönen Verpackung und einer puristischen Einrichtung, die den Fleischprodukten ihren Raum lässt.« Es ist genau diese bodenständige Philosophie und dieser Gedanke vom ewigen Kreislauf, in dem das eine ganz natürlich das andere bedingt, die Hateckes Können – und damit auch seinen Erfolg – ausmachen.

»Wir haben den Anspruch, unseren Respekt gegenüber dem Tier und die Wertigkeit unserer Produkte nach aussen zu tragen.«

LUDWIG HATECKE | METZGERMEISTER

SIMON JACOMET | SKIMACHER

Der Getriebene

In Disentis will Simon Jacomet seit 2003 den perfekten Ski bauen. Er arbeitet mit immer neuen Formen und Materialien und wie es scheint, ist primär der Weg das Ziel.

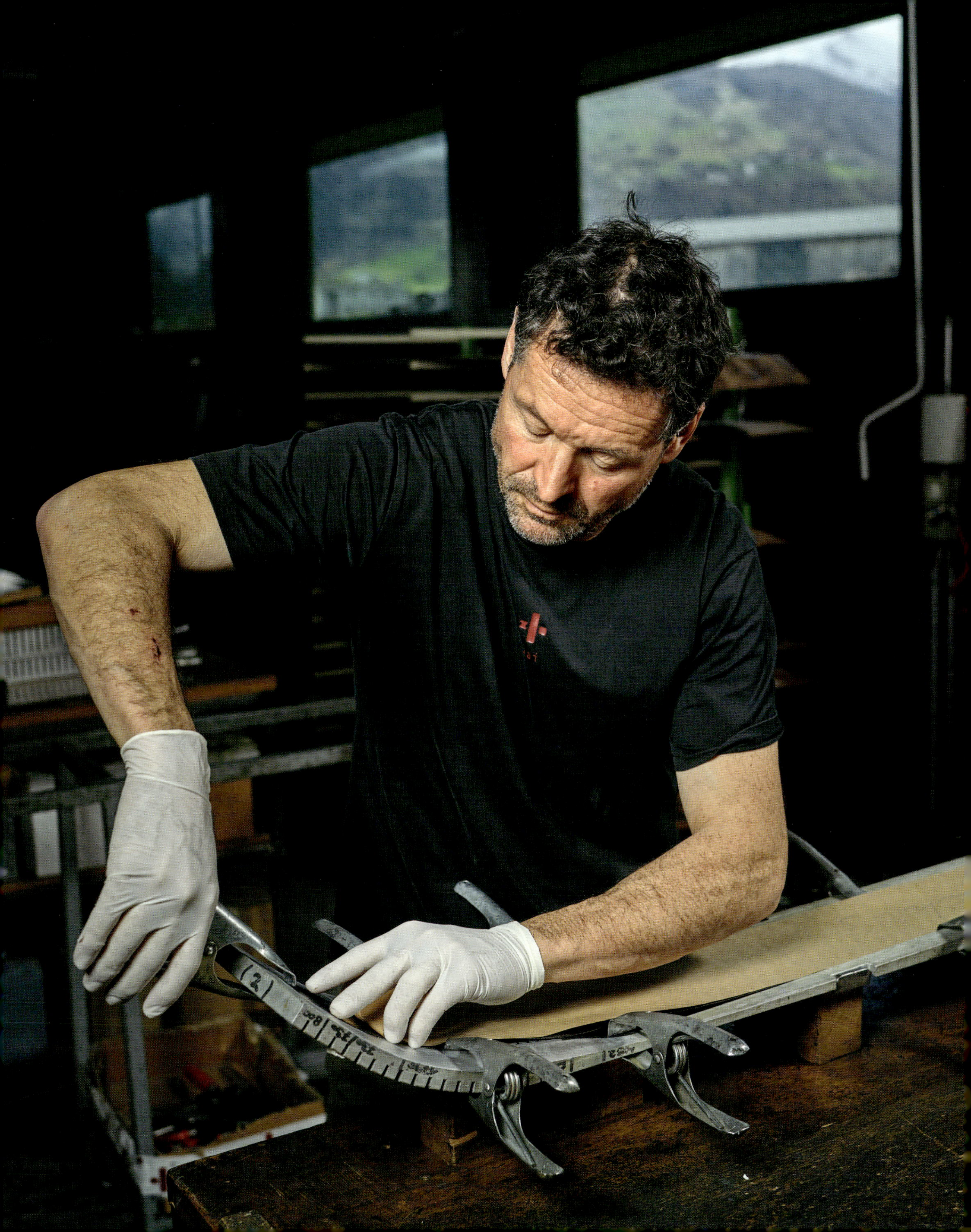

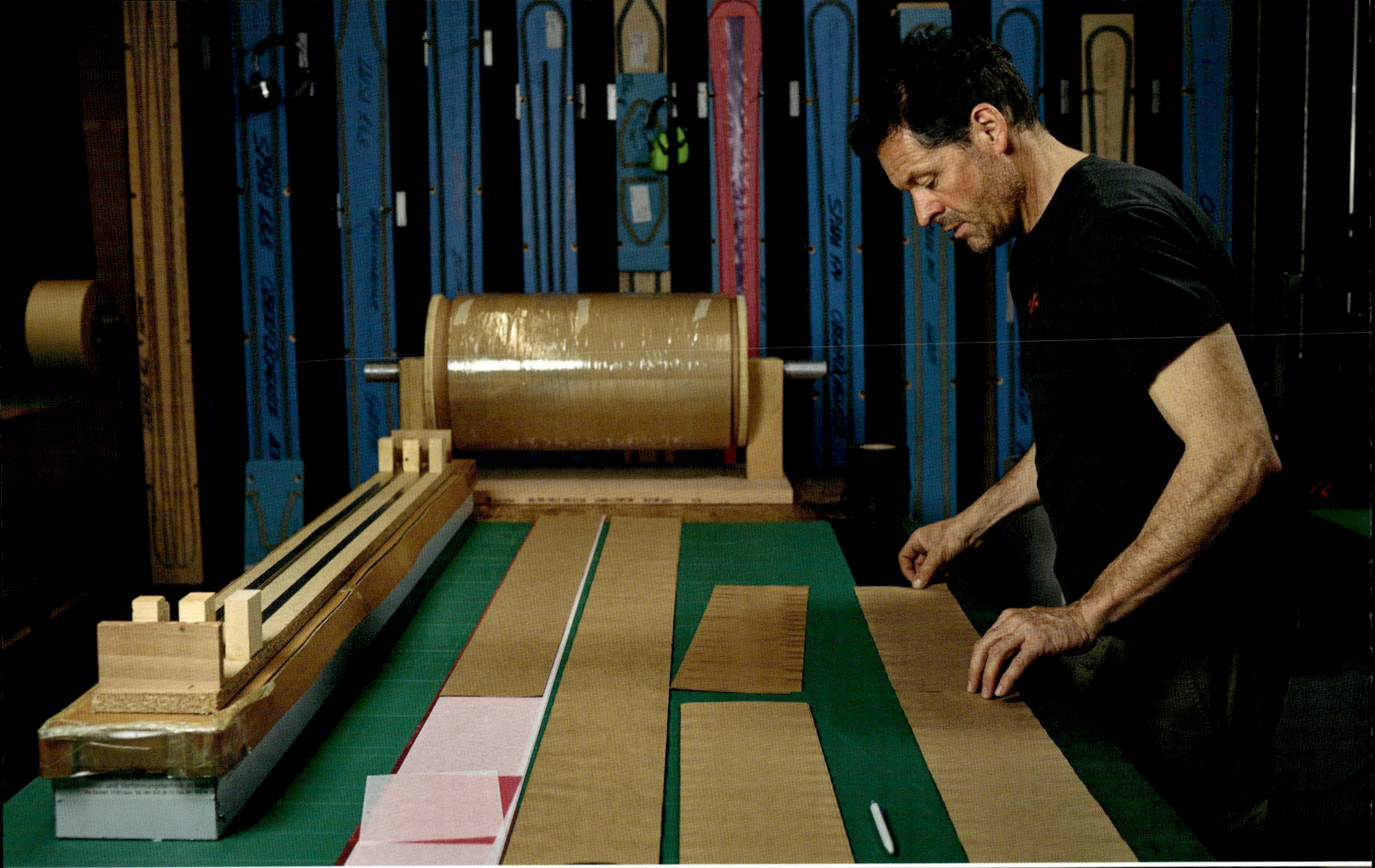
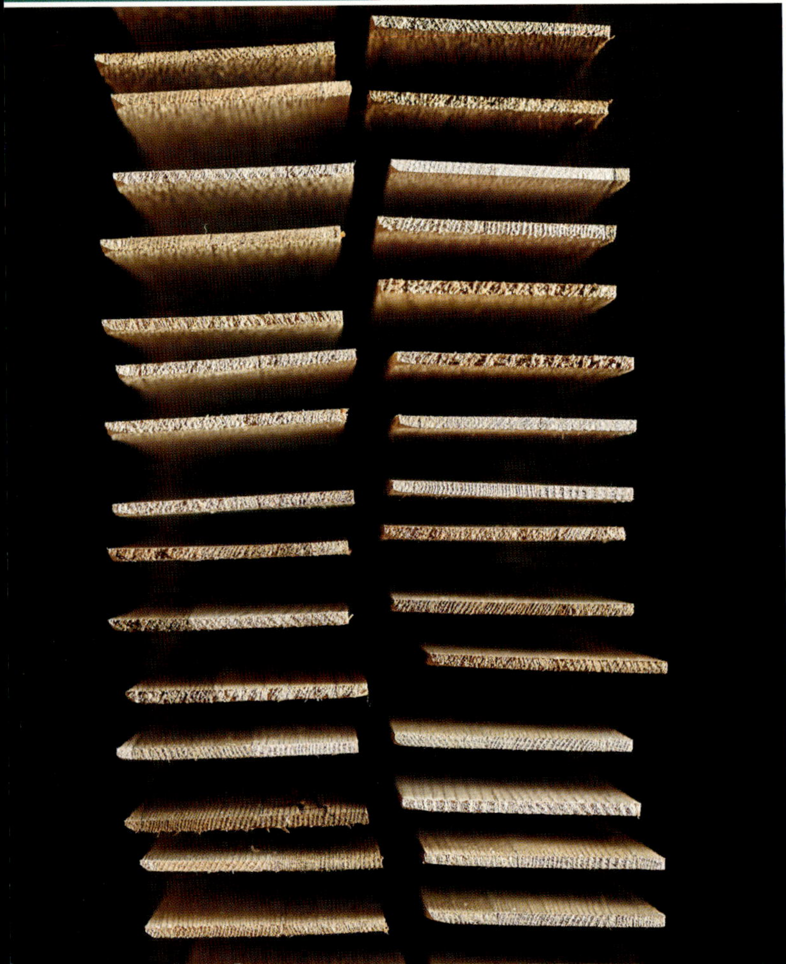
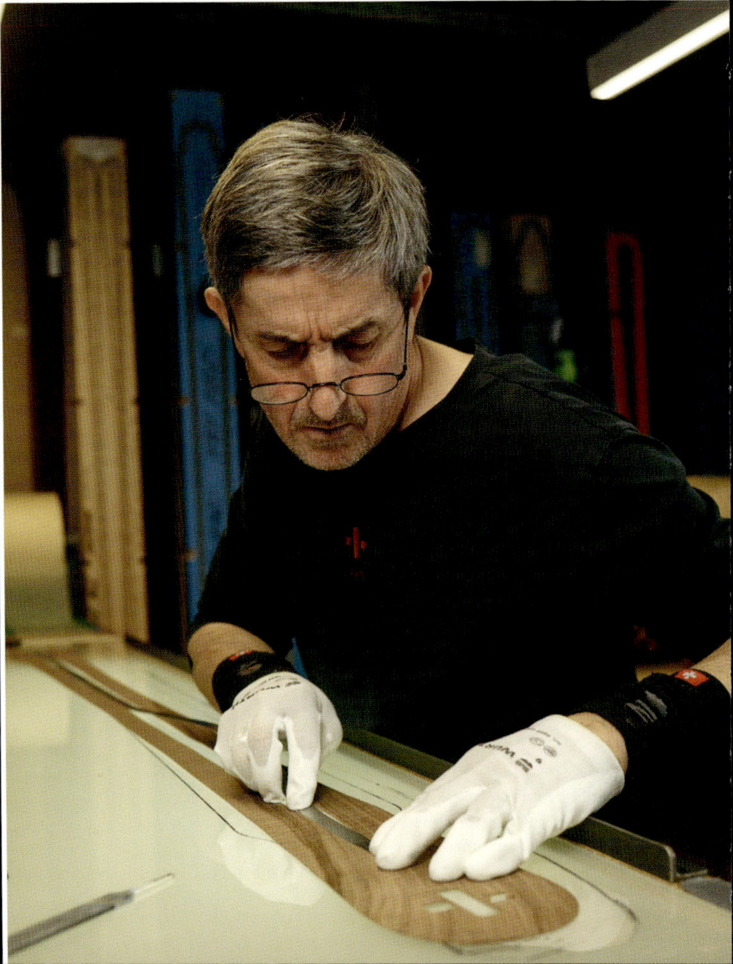

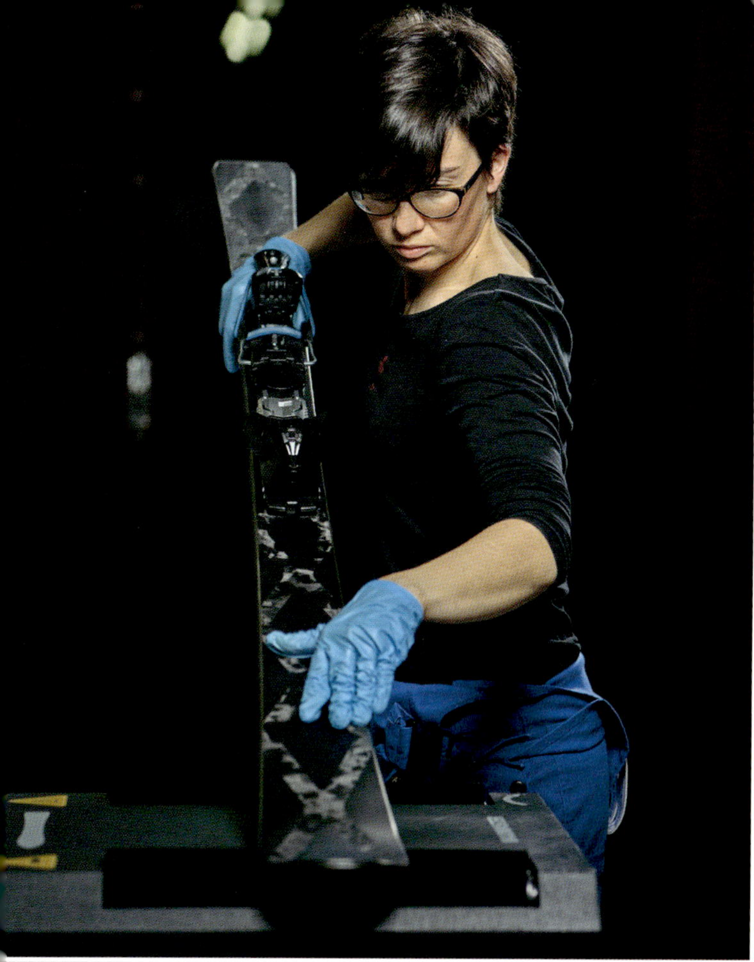
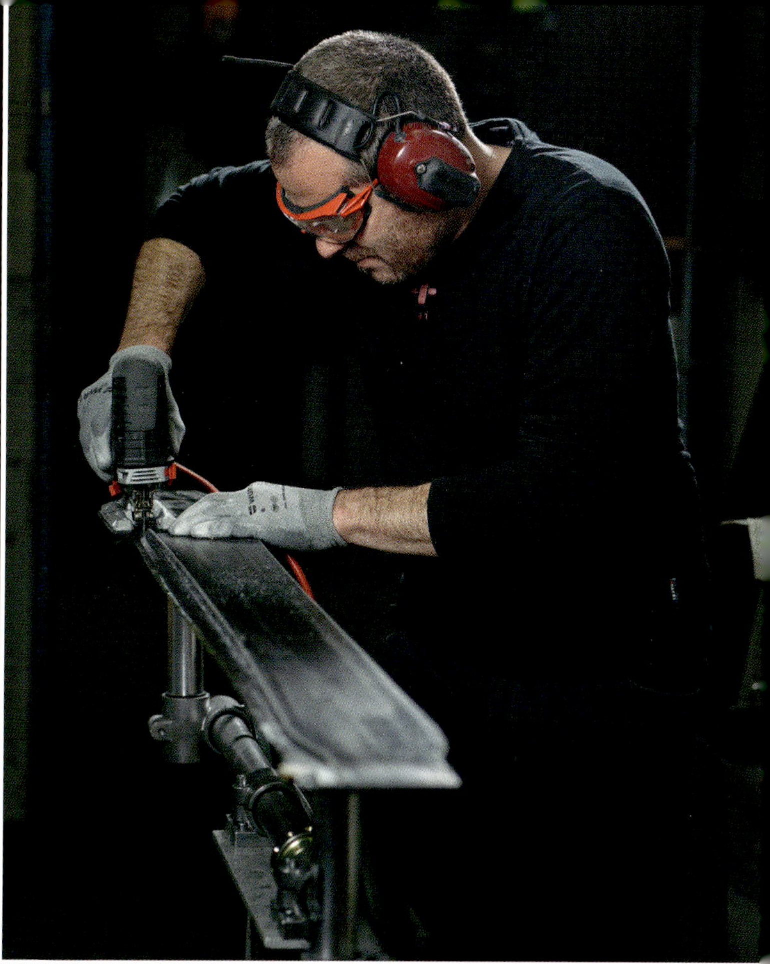
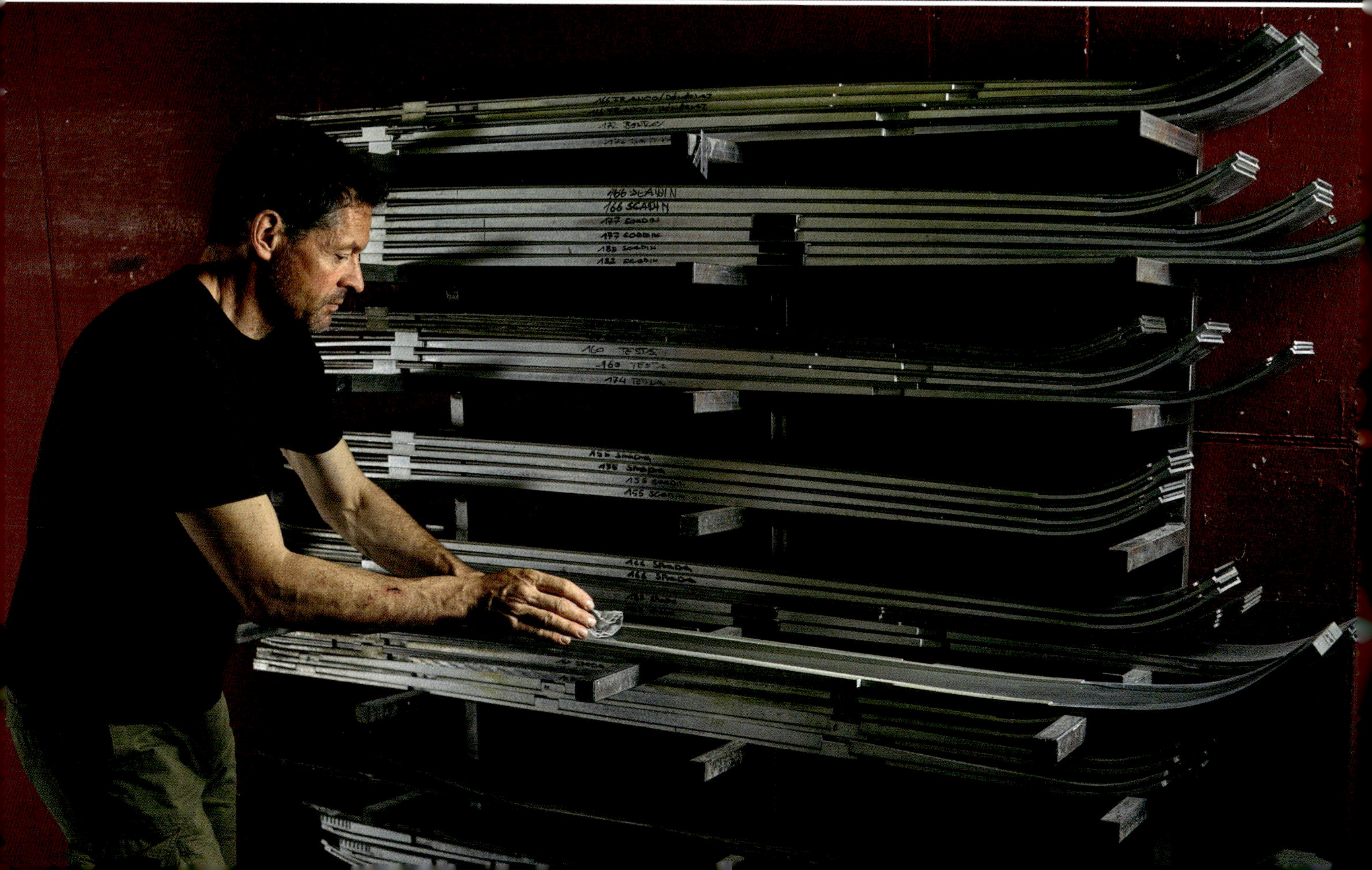

Es war damals ja nicht wirklich so, dass die Welt auf einen neuen Skimacher gewartet hätte – im Gegenteil. Die meisten einheimischen Hersteller hatten sich finanziell verkantet oder waren von ausländischen Massenherstellern von der Piste gefegt worden. Doch dann kam 2003 dieser Simon Jacomet. Ein Getriebener. Einer, der alles hinterfragt, einer, der immer weitersucht.

DRANG NACH DEM BESSEREN

Dieser Jacomet – Künstler, Handwerker, Skilehrer und vieles mehr – war nicht zufrieden mit dem, was ist. »Ich wusste von meiner Tätigkeit bei grossen Ski-Herstellern, dass man Skis anders bauen kann. Besser.« Also gründete er 2003 in Disentis die Firma zai ag. »Im ersten Jahr machten wir rund 200 Prototypen«, sagt der Bergler. »Wir« – das sind Leute wie er: Menschen von dort oben, Skifahrer. Handwerker – Schreiner etwa. Und wenn Jacomet ‹machen› sagt, dann meint er nicht fabrizieren, sondern eben ‹von-Hand-machen›. Die einzige grössere Maschine in der Manufaktur ist eine Presse, die zai speziell für sich herstellen liess. Diese Presse verbindet mit einem Druck von bis zu 160 Bar und 120 Grad, was die Skimacher vorher in einer Sandwich-Bauweise Schicht für Schicht zusammengefügt haben. Das Sandwich besteht neben Holz und Carbonfasern auch aus Materialien wie Filz. Kautschuk. Oder Stein. Stein? Schöner Marketing-Gag.

»Wichtig ist, dass Ski und Fahrer eine Einheit bilden. Probefahren mit diversen Modellen ist das A und O.«

KEIN WITZ: SKI MIT SCHNABEL

Jacomet kontert. »Wir machen hier keine Gags. Alles dient nur einem Ziel: Skis besser zu machen.« Stein etwa ist träge und so gibt die dünne Gneis- oder Granitplatte dem Ski Stabilität, Filz wirkt dämpfend. Auf so etwas muss man erst mal kommen. Und darum arbeitete Jacomet für bestimmte Projekte mit Firmen wie Hublot oder dem Fraunhofer Institut zusammen. Er macht Skis, die manchmal einfach wie Skis aussehen. Doch dann gibt es ein Modell, das hat einen richtigen Schnabel. Ein anderes hat in der Mitte eine zwei Finger breite Aussparung. Auch kein Gag. Der Schnabel sorgt dafür,

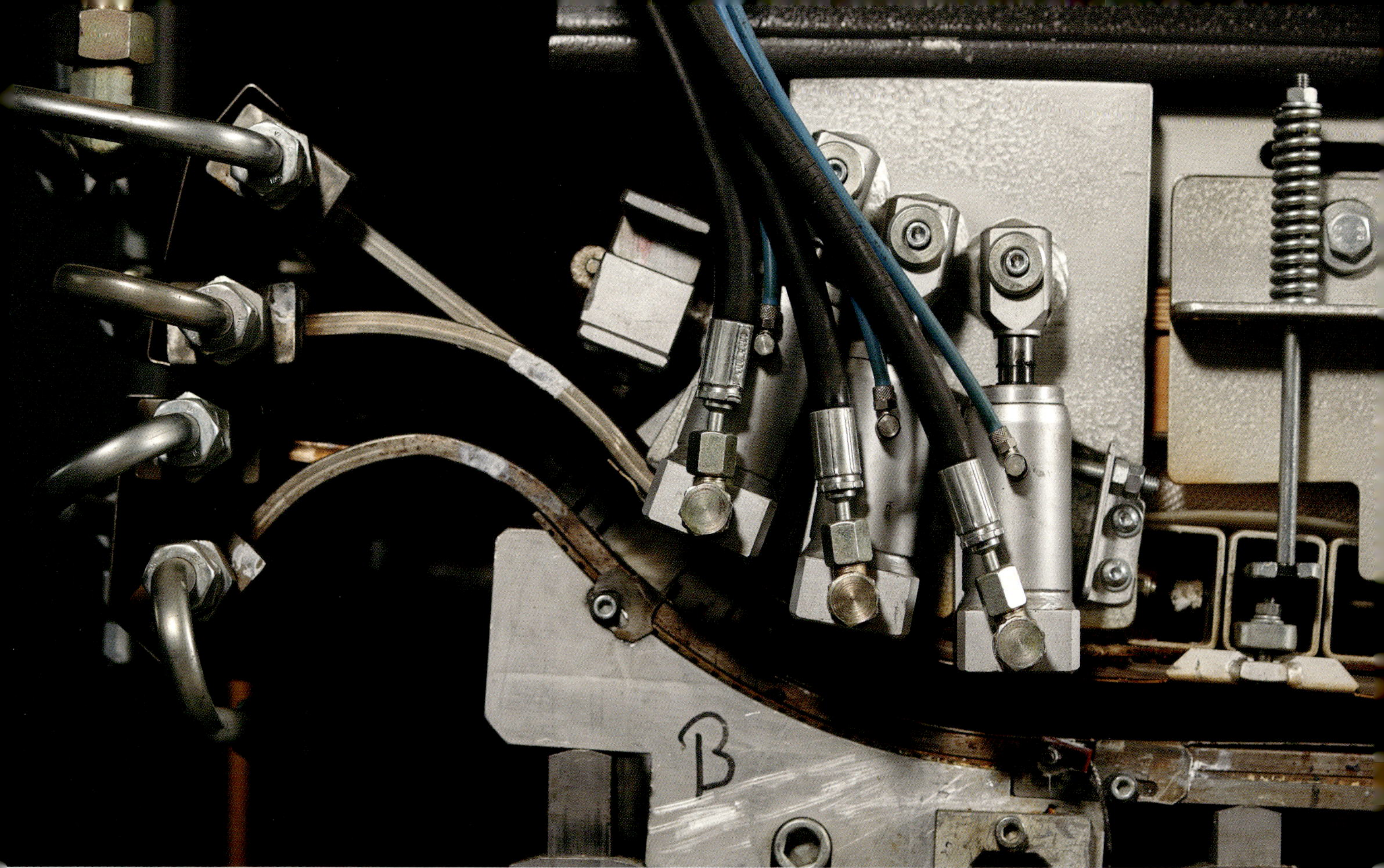
B

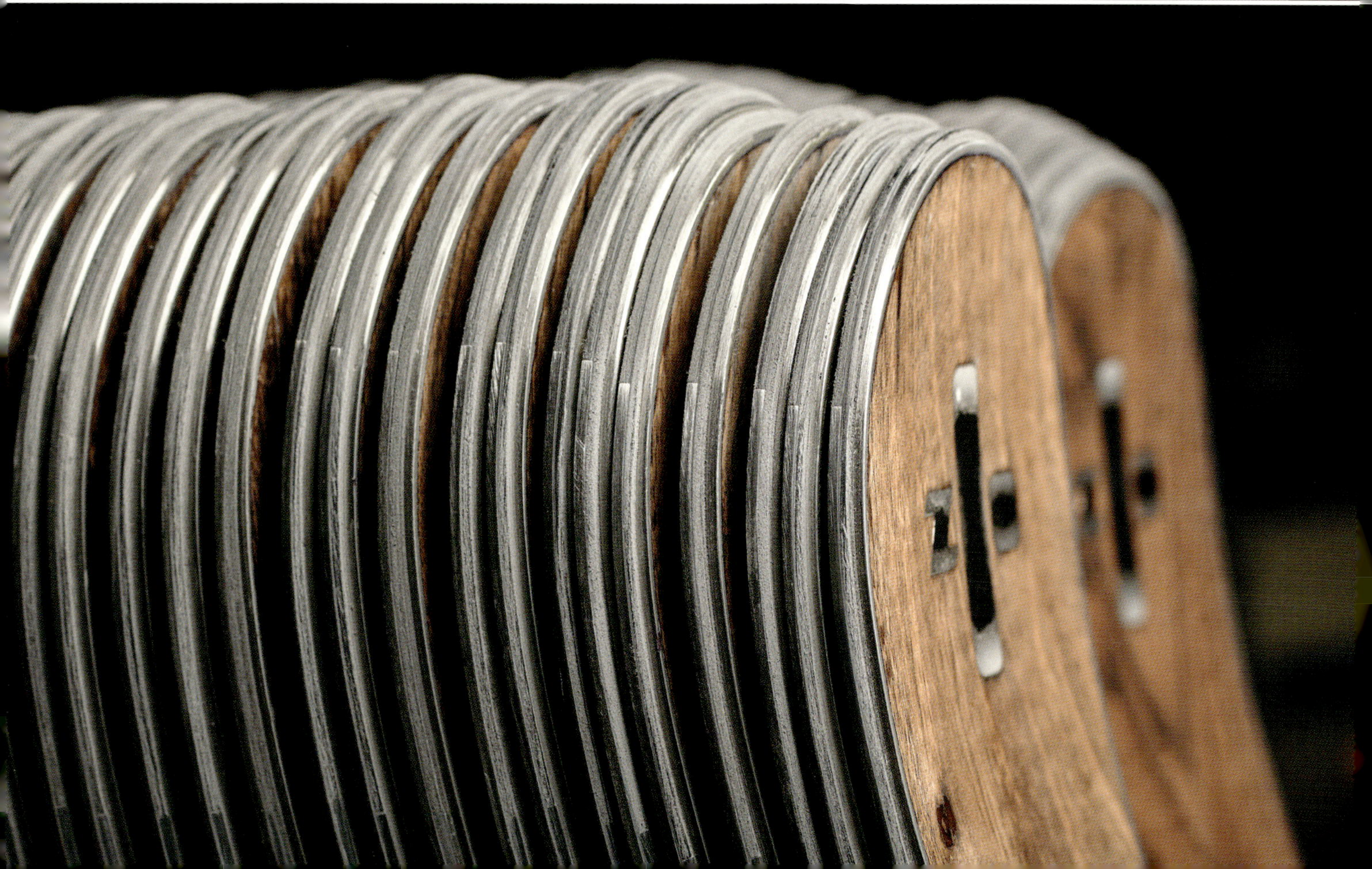

dass der Ski nicht einsinkt, der Spalt dient der Gewichtsreduzierung. Aber Schnabel hin, Aussparung her: »Wichtig ist, dass der Ski mit dem Fahrer eine Einheit bildet. Und deshalb verkaufen wir nicht einfach irgendein Modell. Wenn Kunden zu uns kommen, schicken wir sie mit diversen Modellen zum Probefahren.«

SKIS SETZEN PATINA AN

Holz, Stein und Filz stammen aus der Region. Skis von zai verlieren nach 100 Tagen nur fünf Prozent der Spannung. Bei herkömmlichen Brettern beträgt der Spannungsverlust schon nach 30 Tagen rund einen Viertel. zai-Skis leben auch nicht ewig. Aber ewig lang. So viel zur Nachhaltigkeit. Jacomet ist auch ein Ästhet. Er hat in Italien Kunst studiert, malt und designt. Das zeigt sich etwa am Deckblatt der Skis. Da ist nichts Schreiendes. Auch kann es dank der speziellen Machart immer wieder aufgearbeitet werden. Der Ski wird nicht älter – er bekommt eine wunderschöne Patina.

Jacomet redet ruhig, fast leise. Doch mit der Zeit entsteht der Eindruck, er hätte auch als Winzer im Bordelais, als Bio-Bauer in der heimischen Surselva oder eben als Designer in New York Erfolg. Nun sind es einfach die Skis. Auch heute noch tüfteln er und seine Leute nach besseren Formen, suchen nach neuen Materialien und nach der optimalen Gewichtsverteilung innerhalb des Skis. Wird es ihn einst geben, den ultimativen zai-Ski? Jacomet zögert einen Augenblick: »Der Weg ist das Ziel. Wenn es einmal nicht mehr so ist, höre ich auf.«

> *»Wir machen hier keine Gags. Alles dient nur einem Ziel: Skis besser zu machen.«*

SIMON JACOMET | SKIMACHER

BEATRICE STRAUBHAAR | SCHERENSCHNITTKÜNSTLERIN

Schnittig und chic

Scherenschnitte sind in. Sie zieren längst nicht nur kahle Wände. Beatrice Straubhaar aus dem Berner Oberland schneidet seit Jahrzehnten flink und präzis. Nicht nur. Sie ist auch eine begnadete Meisterin in der kreativen Vermarktung der alten Papierkunst.

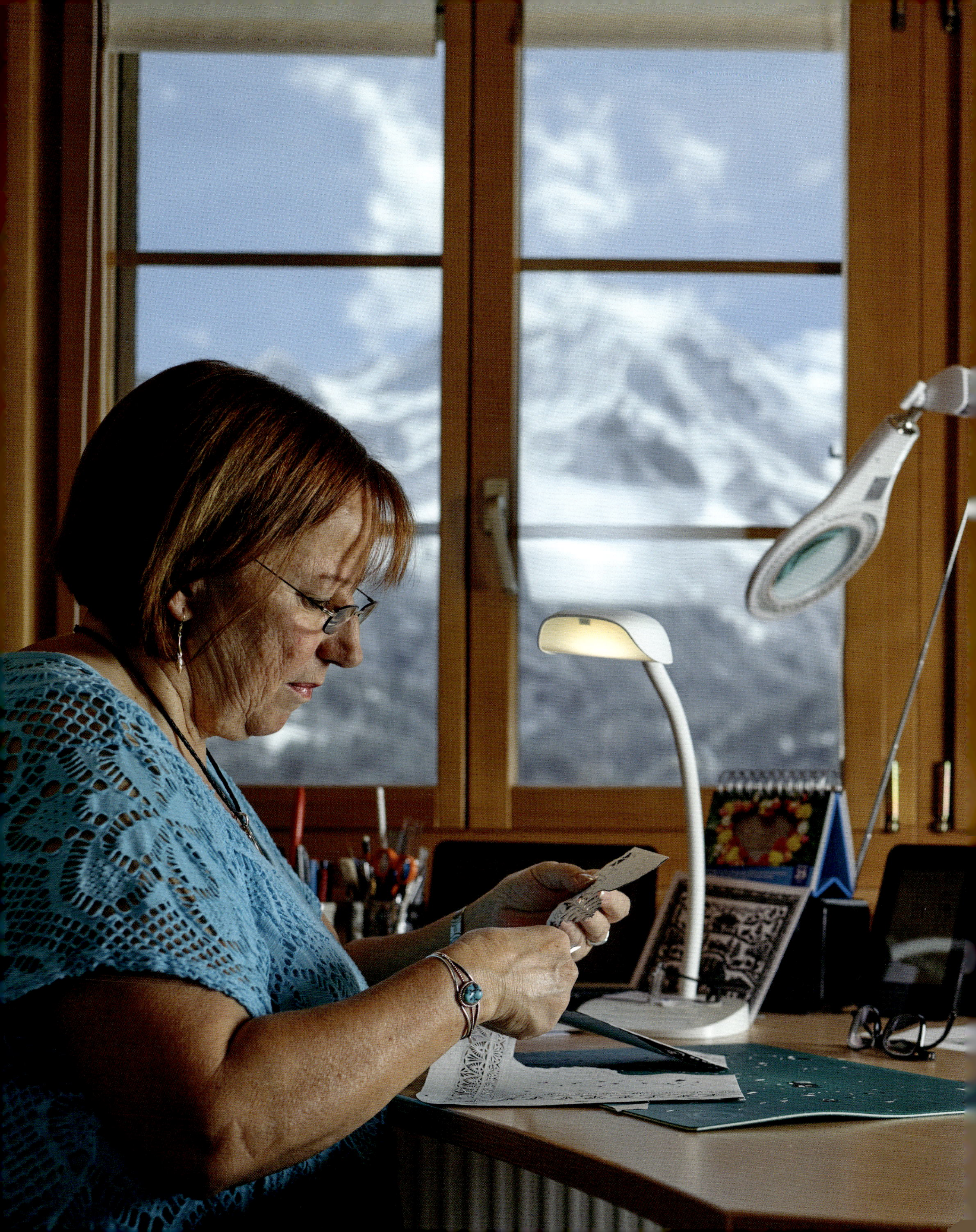

Wir sitzen in einem kleinen Zimmer am Dorfrand von Lauenen, mit herrlichem Blick auf das Naturschutzgebiet und die Bergkulisse des vielbesungenen Lauenensees – an einem der wohl schönsten Flecken der Schweiz. Klassische Musik schallt dezent aus den Lautsprechern, die Speziallampe leuchtet den Tisch optimal aus. Eine kleine Holzschachtel liegt auf dem Tisch. Sonst nichts.

Wir sind im Reich von Beatrice Straubhaar. Sie ist heute eine der bekanntesten Vertreterinnen ihrer Handwerkszunft in der Schweiz. In zahlreichen Fernsehsendungen in den letzten 15 Jahren porträtiert, in etlichen Büchern und Publikation dokumentiert, an vielen Ausstellungen präsent, vertritt sie die klassische Linie des Scherenschnittes, mit typischen Bauern-, aber auch mit modernen Freizeitmotiven.

SCHERENSCHNITT IN ALLEN VARIATIONEN

Die meiste Zeit arbeitet sie mit einer kleinen Papierschere, die einer Reiseschere im Manicure-Set gleicht. Hie und da nimmt sie den Cutter zur Hand. Ihre Motive zierten schon die Schaufenster von Luxusuhrengeschäften an Nobeladressen, die Wände in Haute-Cuisine-Restaurants, Alltagsgegenstände wie Tassen, Geschirr, Messer. Ihre Kreationen dienten als Vorlagen für Teppichunikate, für grossflächige Dekorationen von Hotelzimmern, für spezielle Glaslampen oder ganze Bühnenbilder. Scherenschnitte liegen im Trend. Sie zeigen eine heile Miniaturwelt, detailverliebt und dennoch abstrakt. Beatrice Straubhaar produziert nicht auf Halde, sondern seit 30 Jahren mehrheitlich auf Auftrag. In ihrem Chalet findet man nur einzelne Exemplare im Privatbesitz.

»Scherenschnitt schneiden hat etwas Meditatives.«

Geboren in Gstaad und seit 1979 in Lauenen wohnhaft wuchs sie umgeben von Grossmeistern des traditionellen Scherenschnitts auf. Die Region Simmental und das Saanenland im Berner Oberland sowie die Region Pays-d'Enhaut um Château-d'Oex sind seit Jahrzehnten eine Hochburg der Scherenschnittkunst.

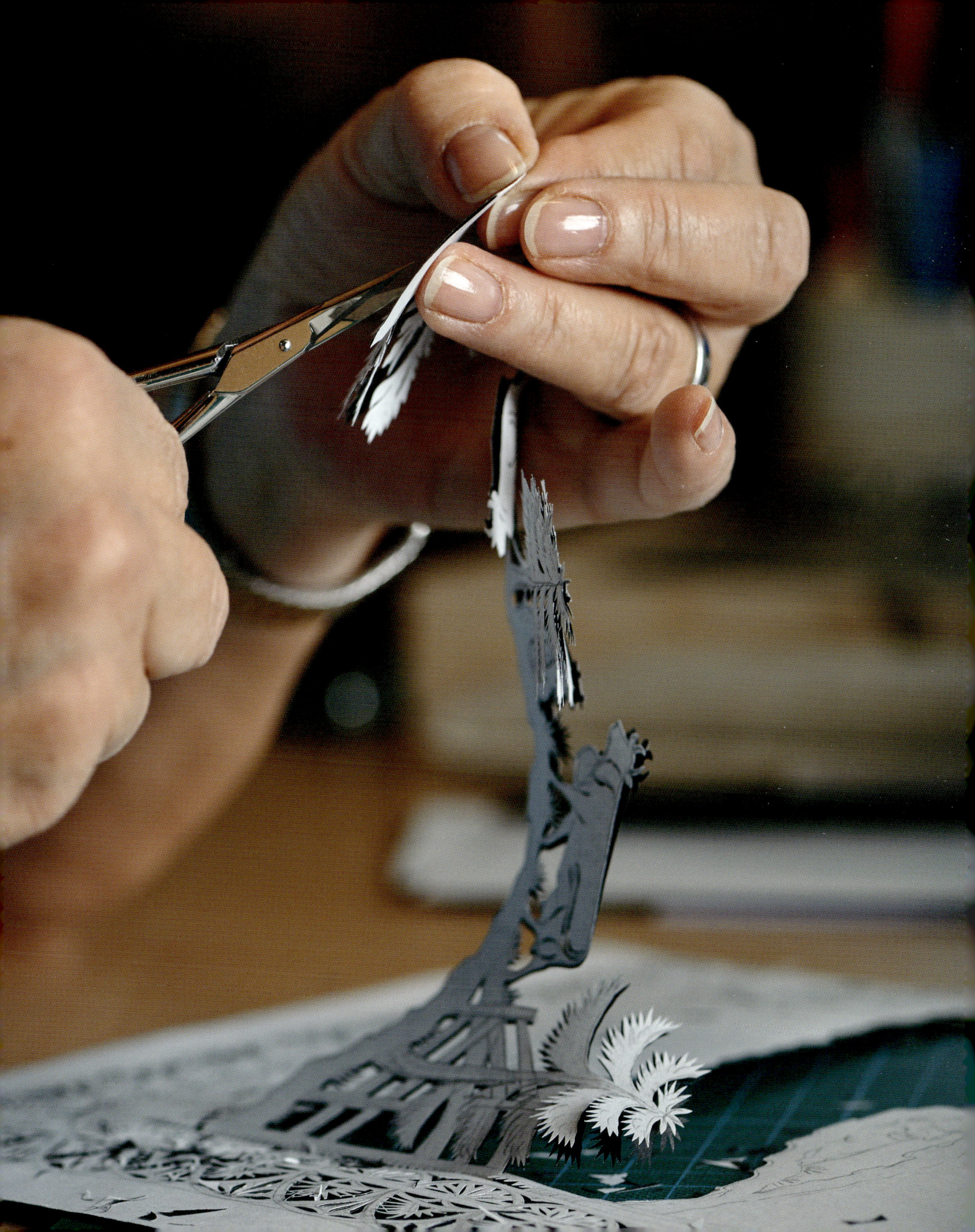

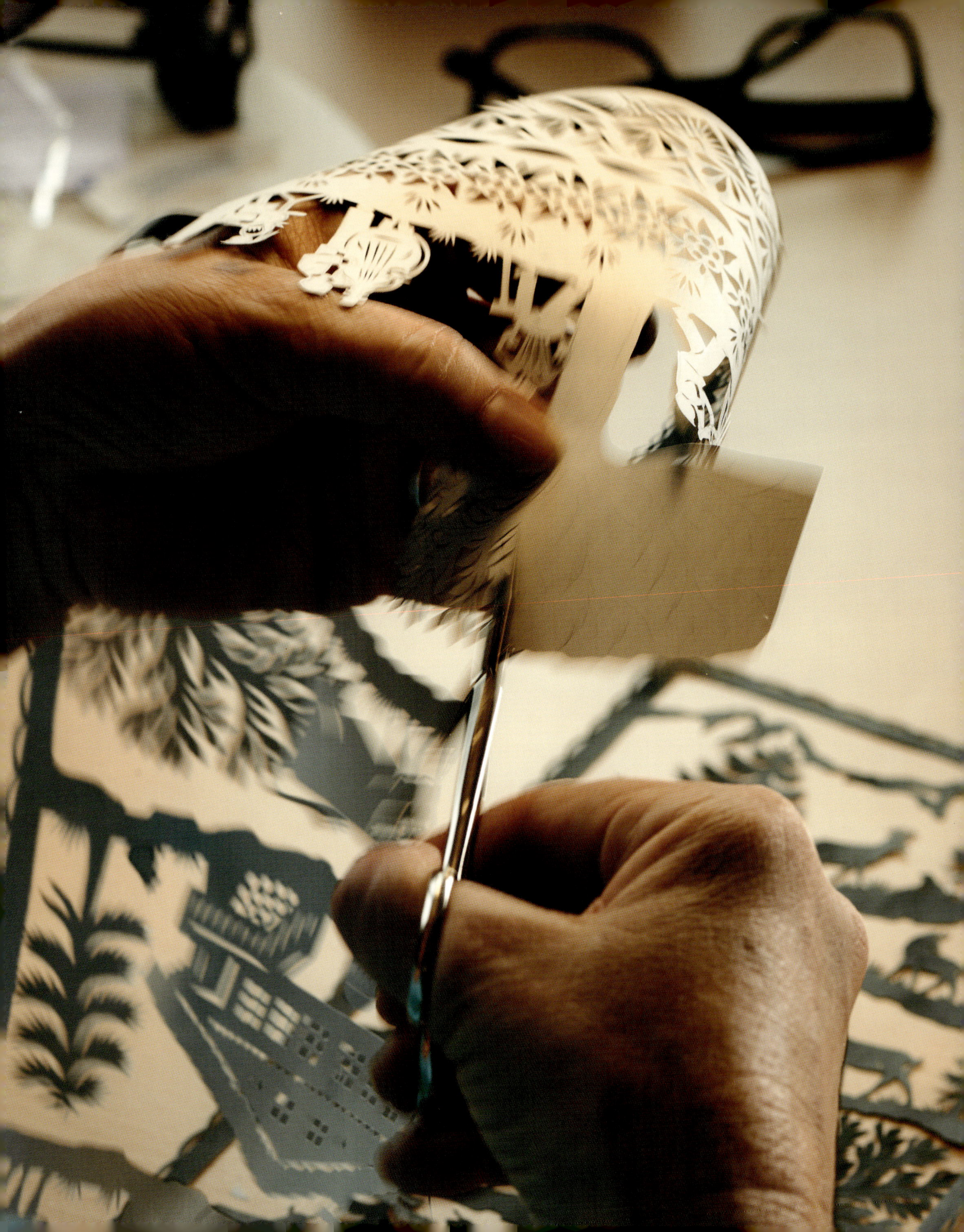

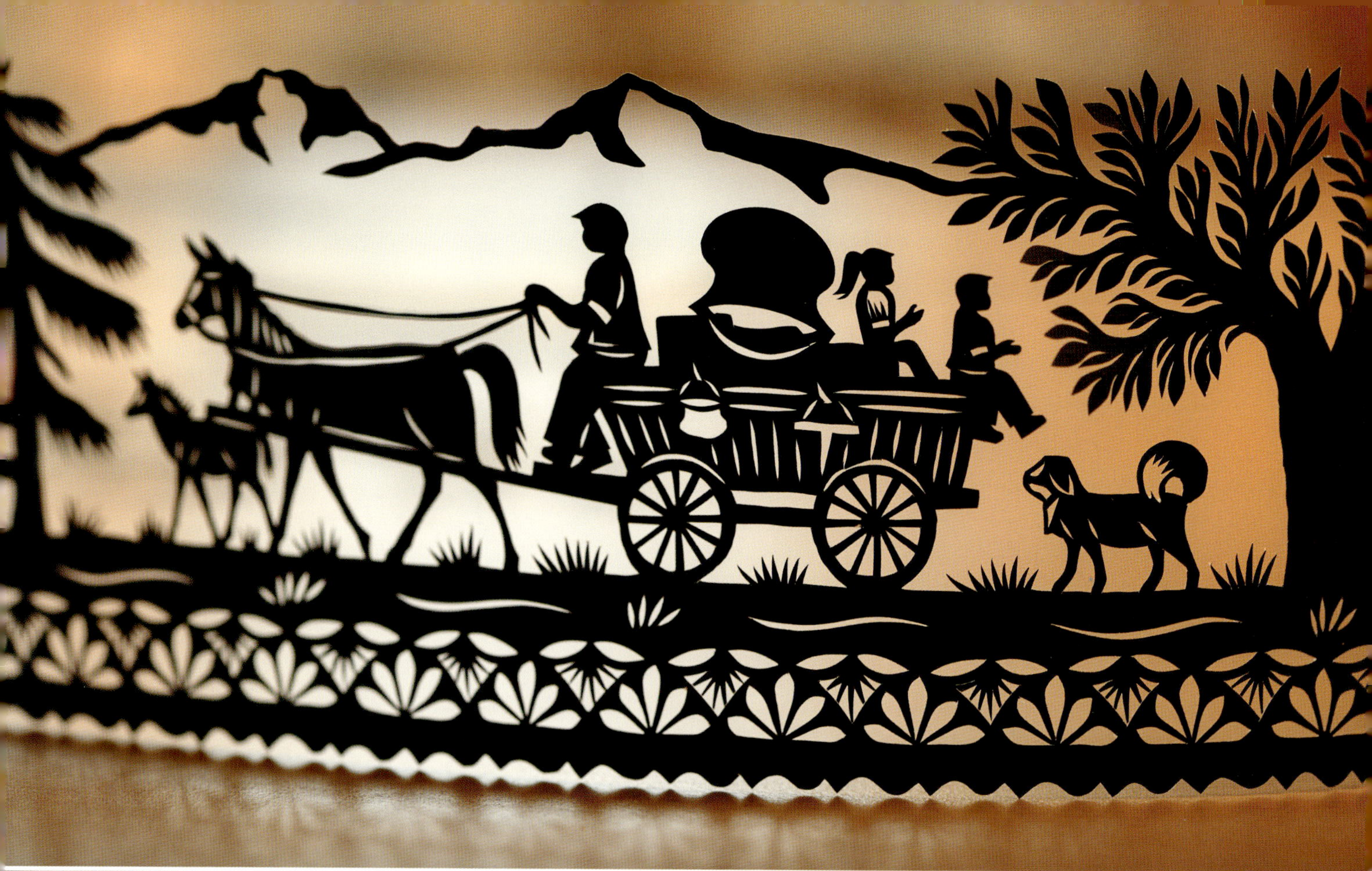

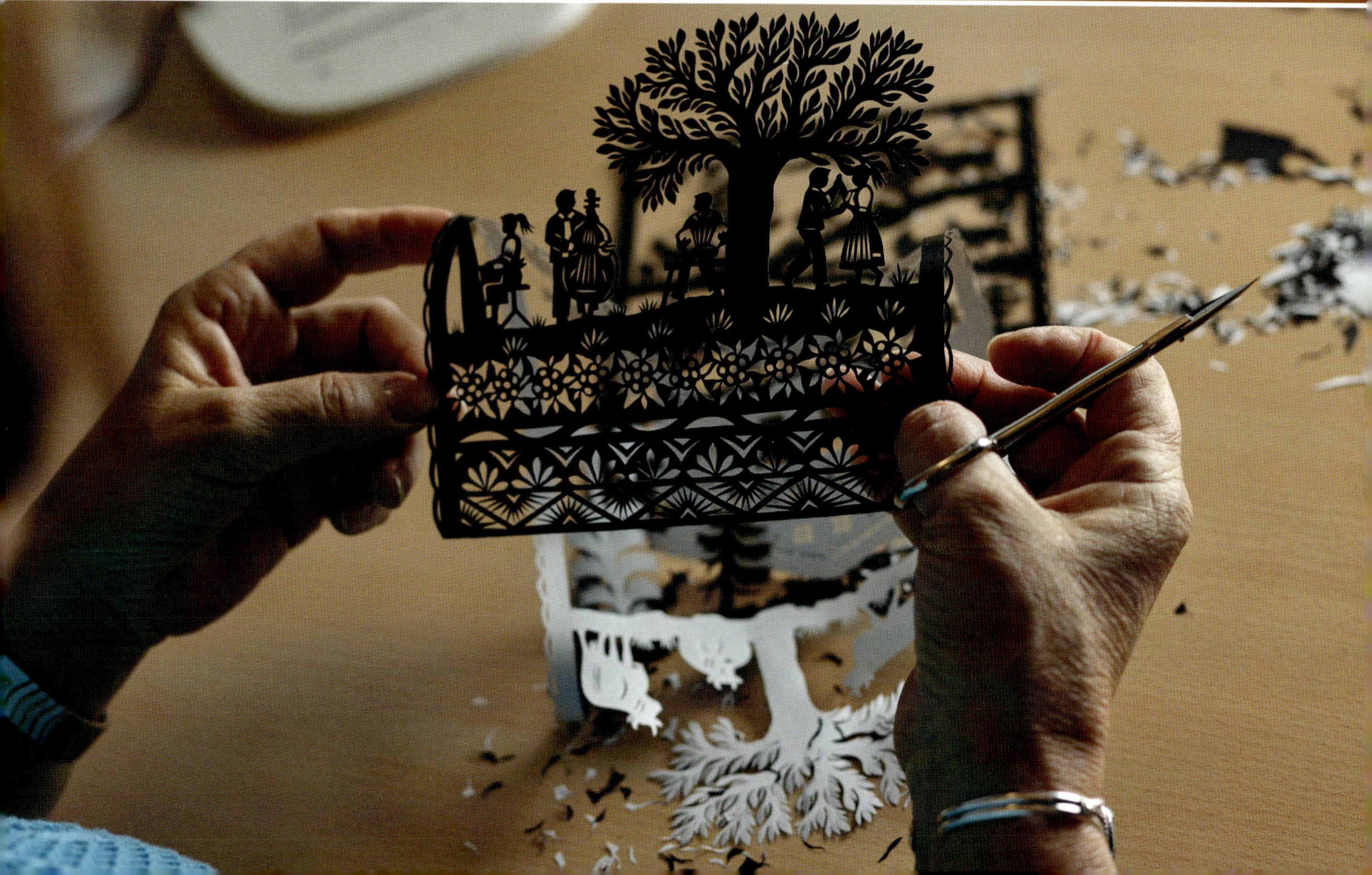

DER GROSCHEN IST 1984 GEFALLEN

Begonnen hat alles viele Jahre später, an einem Mittwochabend im Jahre 1984, als Beatrice Straubhaar es doch einmal selber versuchen wollte, nachdem sie an einem Geburtstag ein Exemplar in den Händen hielt. Ein Herz mit Schilf- und Entenmotiv – inspiriert vom Hochmoor Lauenen – war es. Ein Jahr darauf dann kam der erste Auftrag für eine Hochzeitskarte. Sie arbeitete damals noch an der Rezeption eines Hotels, danach noch ein paar Jahre in der Bank. Ab 1988 machte sie das Scherenschneiden dann zu ihrem Beruf. Seither hat sie das Kunsthandwerk nicht mehr losgelassen. In einzelne Werke – beispielsweise in ein Prachtsexemplar von 90 auf 60 Zentimeter – investiert sie bis zu 300 Stunden. Manchmal arbeitet sie sieben Tage die Woche. »Leider fehlt der Nachwuchs – in den nächsten 10 Jahren werden wohl einige Scherenschneider altershalber aufhören«, befürchtet Straubhaar.

»Scherenschnitt ist primär Handwerk. Ich bin keine Künstlerin.«

LINKS DREHEN, RECHTS ZUSCHNAPPEN

Beatrice Straubhaar setzt zum Crashkurs für den Besucher an. Zuerst zeigt sie, wie sie das Motiv auf die weisse Rückseite des Scherenschnittpapiers aufzeichnet und das Papier am Rand zusammenheftet. Flink greift sie dann zur Schere. Die linke Hand dreht und führt das Papier, die rechte Hand wirkt statisch – sie schneidet, oder besser gesagt schnappt zu. Jeder Handgriff sitzt. Schon nach wenigen Sekunden vertieft sich Straubhaar in ihre Arbeit und meint: »Jetzt noch fünf Minuten länger und ich erreiche eine Art meditativen Zustand. Das Schneiden ist für mich eine Erholung, hier kommt mein Puls wieder runter, hier komme ich zu mir selbst und kann abschalten.«

BEATRICE STRAUBHAAR | SCHERENSCHNITTKÜNSTLERIN

OSKAR EBINER | MASKENSCHNITZER

Grobes Geschütz aus Holz

Er hat die Schnitzerei der Lötschentaler Fasnachtsmasken auf den Kopf gestellt – und damit einen Glaubenskrieg ausgelöst. Dank ihm findet der Brauch neue Anhänger bei den Jungen: Oskar Ebiner, ein Lötschentaler mit Ecken und Kanten.

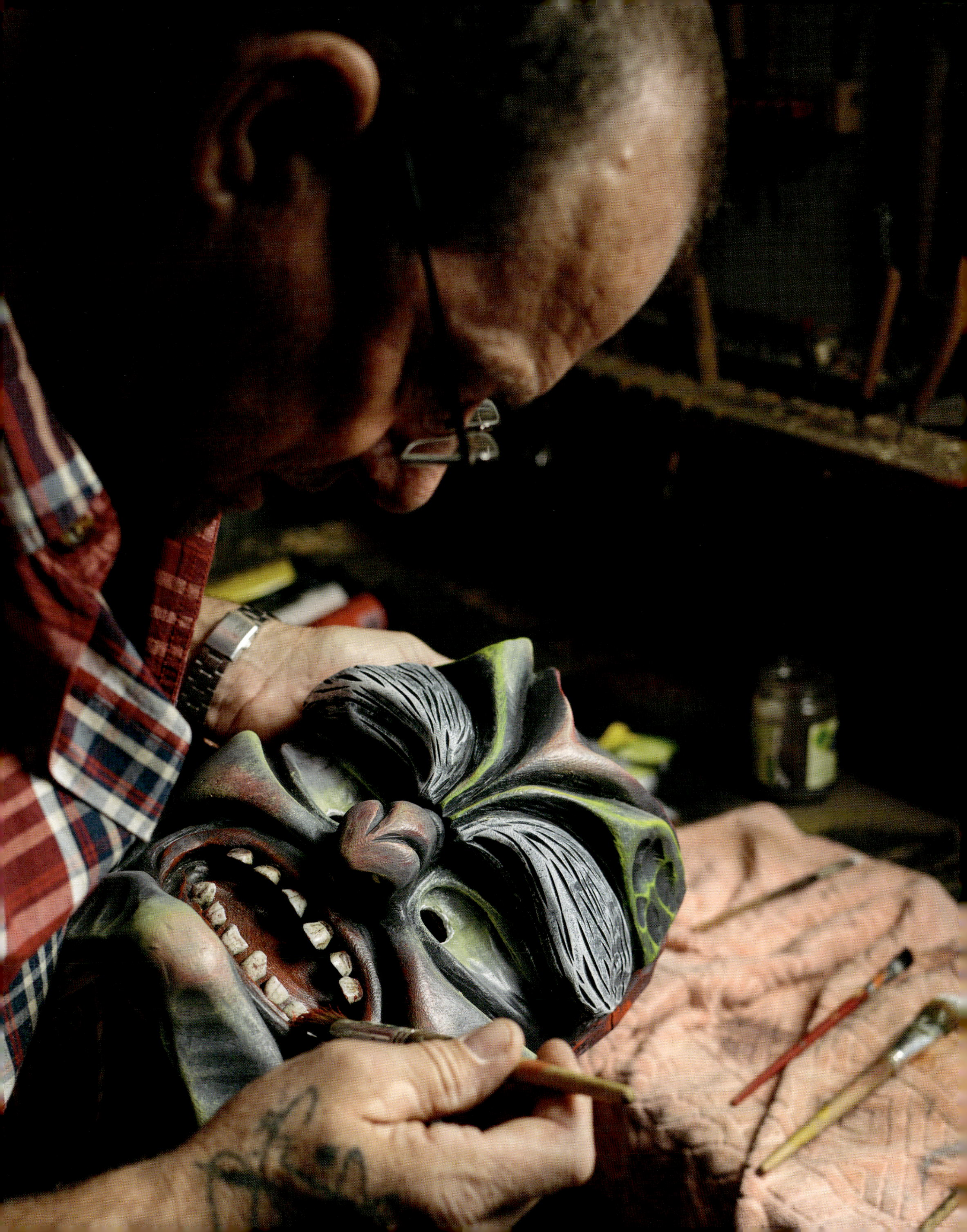

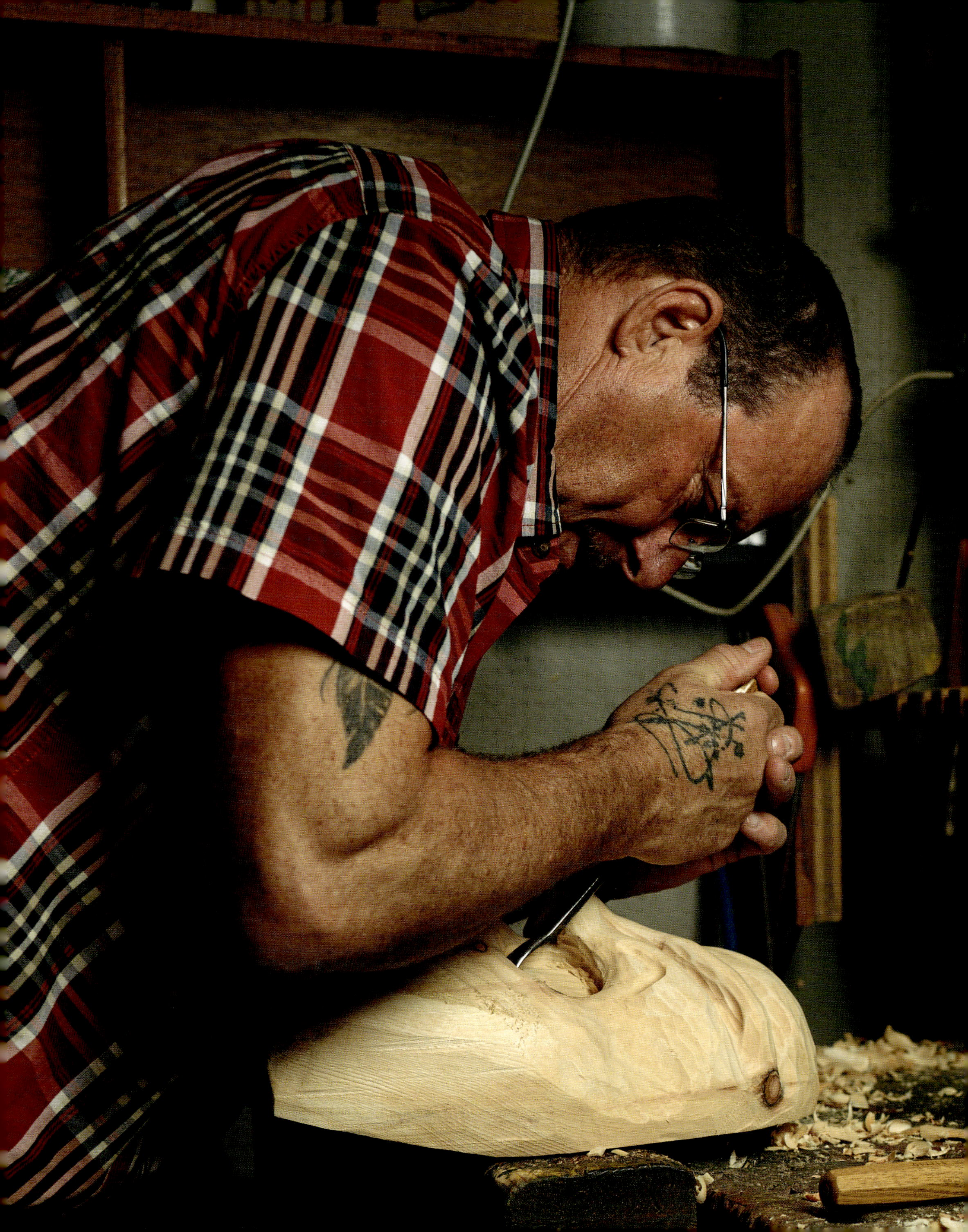

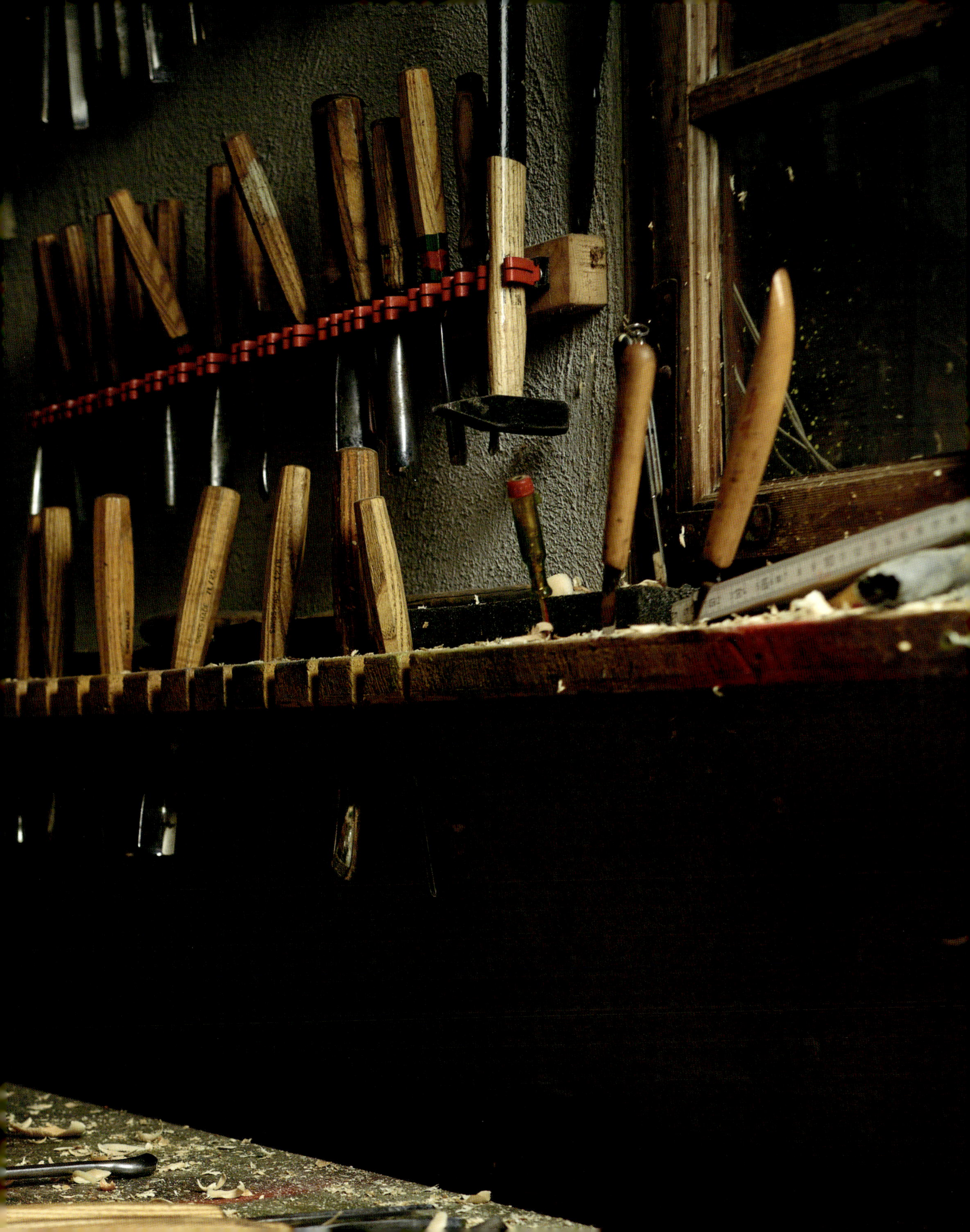

In seiner niedrigen, bescheidenen Werkstatt im umgebauten Stall steht ein Moto-Guzzi-Oldtimer. Tatsächlich erinnert sein Besitzer eher an einen Easy Rider als an einen Alpöhi, der sich dem Schnitzen von teuflischen und furchterregenden Fastnachtsmasken in der Einsamkeit verschrieben hat. Und doch: Oskar Ebiner ist Ferden, seinem Geburtsort am Eingang ins Lötschental in den Walliser Alpen, treu geblieben. Aufgewachsen mit sieben Geschwistern in einer Bergbauernfamilie, bewohnen er und einer seiner Brüder das elterliche Chalethaus mit den typisch dunkelbraun-schwarzen Holzbrettern.

DIE GROSSE REVOLUTION IM KLEINEN TAL

In Ferden ist es beschaulich, Bergdorfidylle. Einzelne Fratzen hängen an den Chaletwänden und wachen über das Tal. Von aussen ist nicht sichtbar, welche Revolution der damals 30-Jährige in der Region ausgelöst hat und damit noch heute für Diskussionsstoff sorgt. Anfänglich, als er 1994 zu schnitzen begann, hat er die typischen Holzmasken, die für den jahrhundertealten Fasnachtsbrauch stehen, bunt bemalt. In seiner damaligen Galerie lieh er jungen Männern aus dem Tal und anderen Interessierten, die von Maria Liechtmesse bis am Aschermittwoch Tschäggättä laufen wollten, Masken und Gewänder aus. Heute jedoch bietet er so gut wie keine Masken mehr zum Verkauf oder Verleih feil.

> »Fürs Maskenschnitzen braucht es Fantasie und vor allem Geduld.«

JUNG GEBLIEBEN IM GEIST

Oskar Ebiner ist ein Ferdener mit Ecken und Kanten. Mit den Souvenirschnitzern und den Traditionalisten hat er wenig am Hut. Denn früh schon begann er nach Vorbildern aus der Film- und Rockwelt, aus Comics, Science-Fiction-Geschichten und mittlerweile auch aus der digitalen Spielwelt seine Werke zu fertigen und effektvoll zu dekorieren. »Jede Maske hat ein Motiv.« Ebiner sucht sich seine Projekte nach eigenem Gusto aus und lässt sich in kein Schema pressen. Er hat schon Filme gedreht, hat es mit dem »Totengräber«-Sujet auf die Kaffeerahmdeckelserie von Emmi geschafft oder für einen Video-

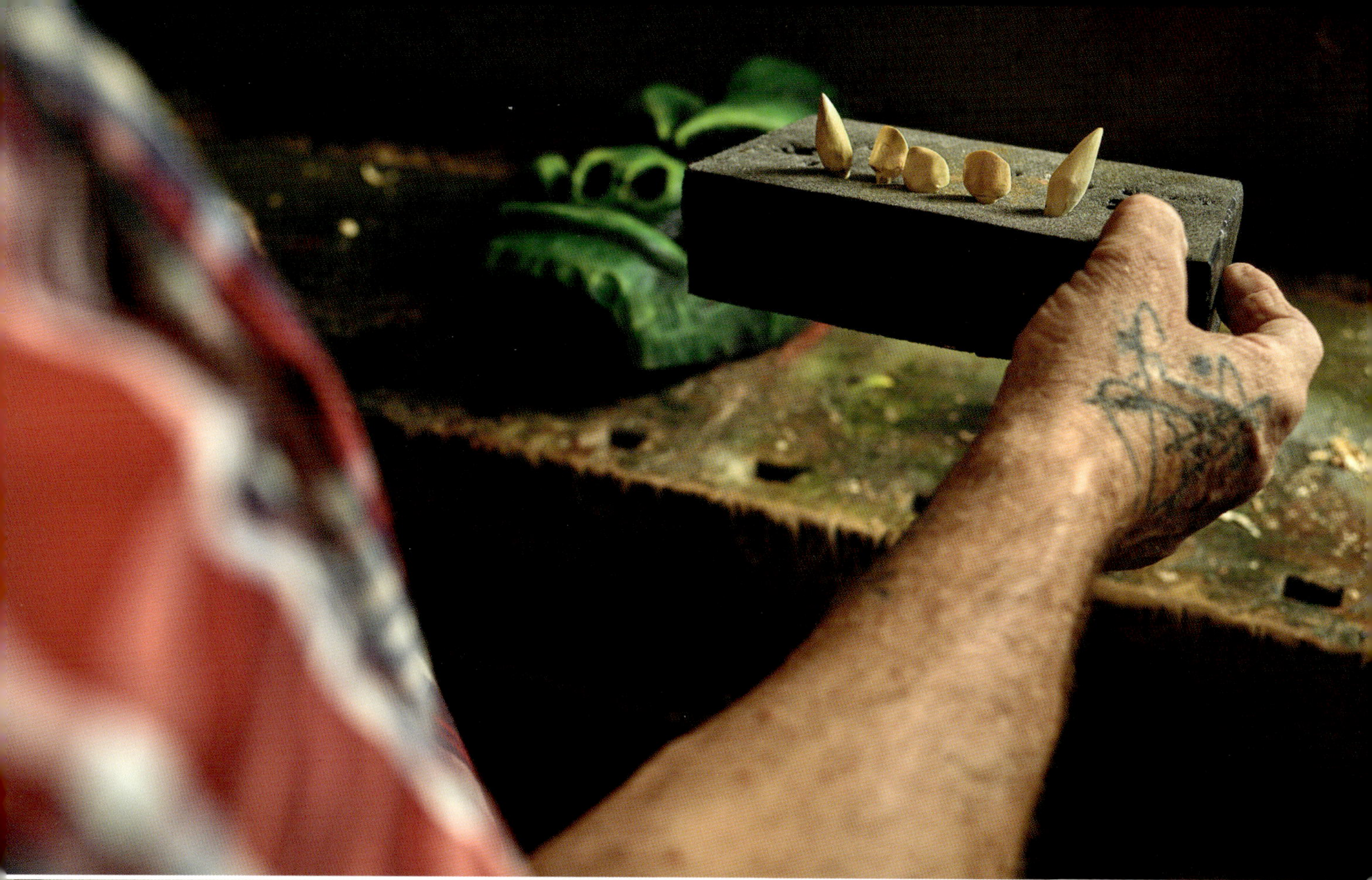

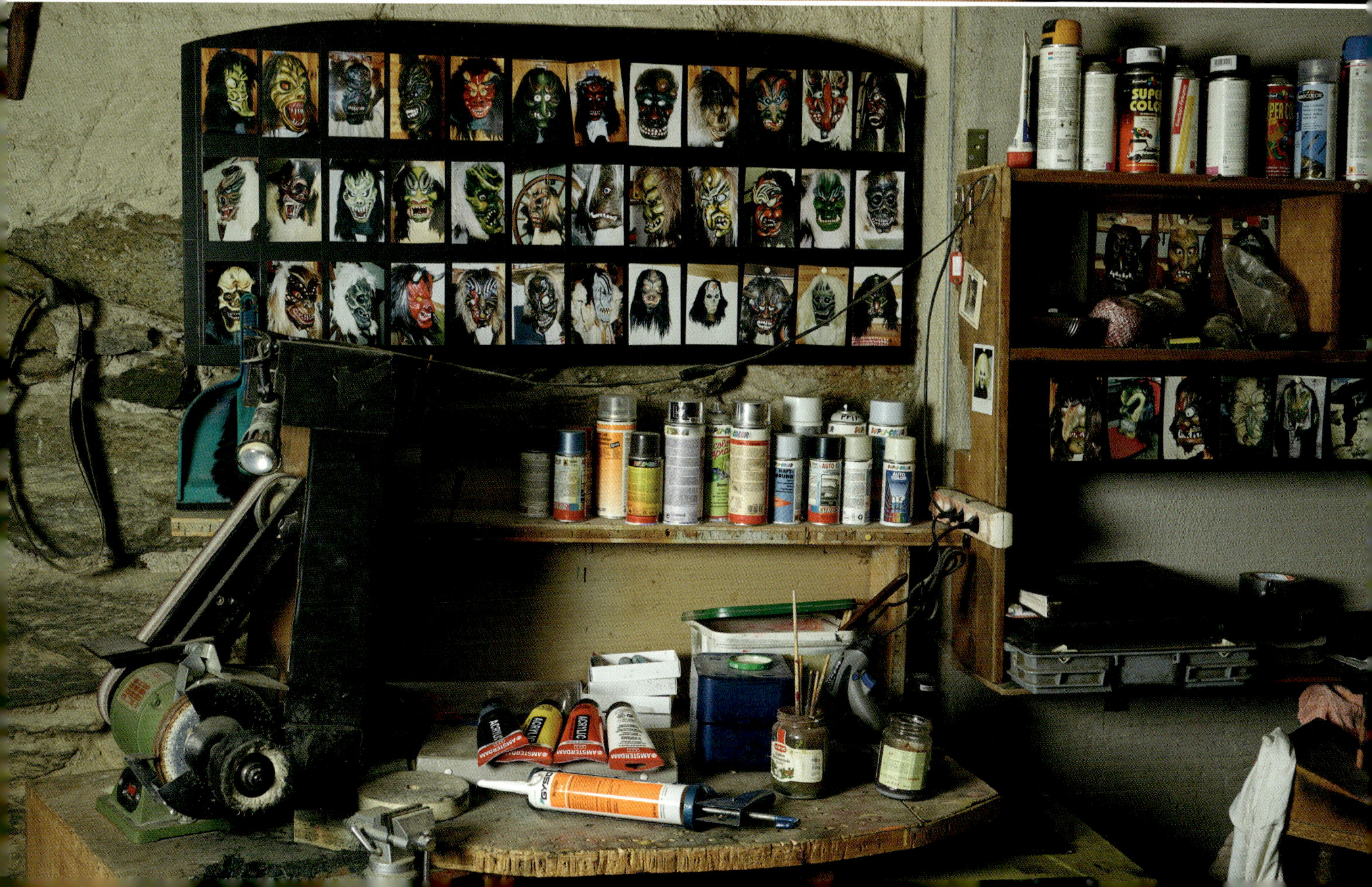
AMSTERDAM

clip einer regionalen Musikgruppe Masken produziert. Beliebt bei den Jungen, kritisiert von den Hardlinern, hat »Oski« manches auf den Kopf gestellt. Nicht zuletzt deswegen hat die Tradition neue, jüngere Anhänger gefunden. »So geht uns der Nachwuchs nicht aus«, sagt er schmunzelnd.

DER MAGISCHE GLANZ ZUM SCHLUSS

Das Maskenschnitzen ist und bleibt Hobby; im Hauptberuf baut er als Bauleiter Autobahnen im Rhônetal. Aus seinem Handwerk hat »Oski« noch nie ein Geheimnis gemacht. Was es dazu braucht? Der Dorfrebell gibt sich bescheiden: »Fantasie und Geduld bei der Bearbeitung des Arvenholzes«. Für eine Maske braucht er in der Regel rund 20 bis 25 Stunden. Bearbeitet wird mindestens zweijähriges, im Schatten gelagertes Arvenholz, meist aus dem Turtmanntal. Zuerst legt er mit der Kettensäge Hand an, dann hobelt er die grobe Form, danach gelangt eine Armada von Schnitzereiwerkzeugen zum Einsatz. Mit Acrylfarben verleiht er allen Masken ihren einzigartigen Charakter. Die Sujets erinnern an Rockembleme von Nazareth, Gotthard oder Led Zeppelin. Aber auch Fuchs, Eber oder die typische Schwarzhalsziege fehlen nicht. Einzelne Masken grinsen mit tierischen Zähnen, als Haare dienen auch mal Ziegen- oder Schaffell. Ebiner-Masken sind graviert und besitzen alle eine Nummerierung. Viele Stücke sind in Alben dokumentiert. 255 hat Oskar Ebiner bis dato gemalt, 150 gemalt und geschnitzt. Sein Markenzeichen folgt ganz zum Schluss: Dann benebelt er seine Masken mit einem Hauch Haarspray, was der Farbe den besonderen Seidenglanz verleiht. Auch hier ist Oskar Ebiner konsequent: anders eben.

> »Wenn wir auch neue Wege gehen, geht uns wenigstens der Nachwuchs nicht aus.«

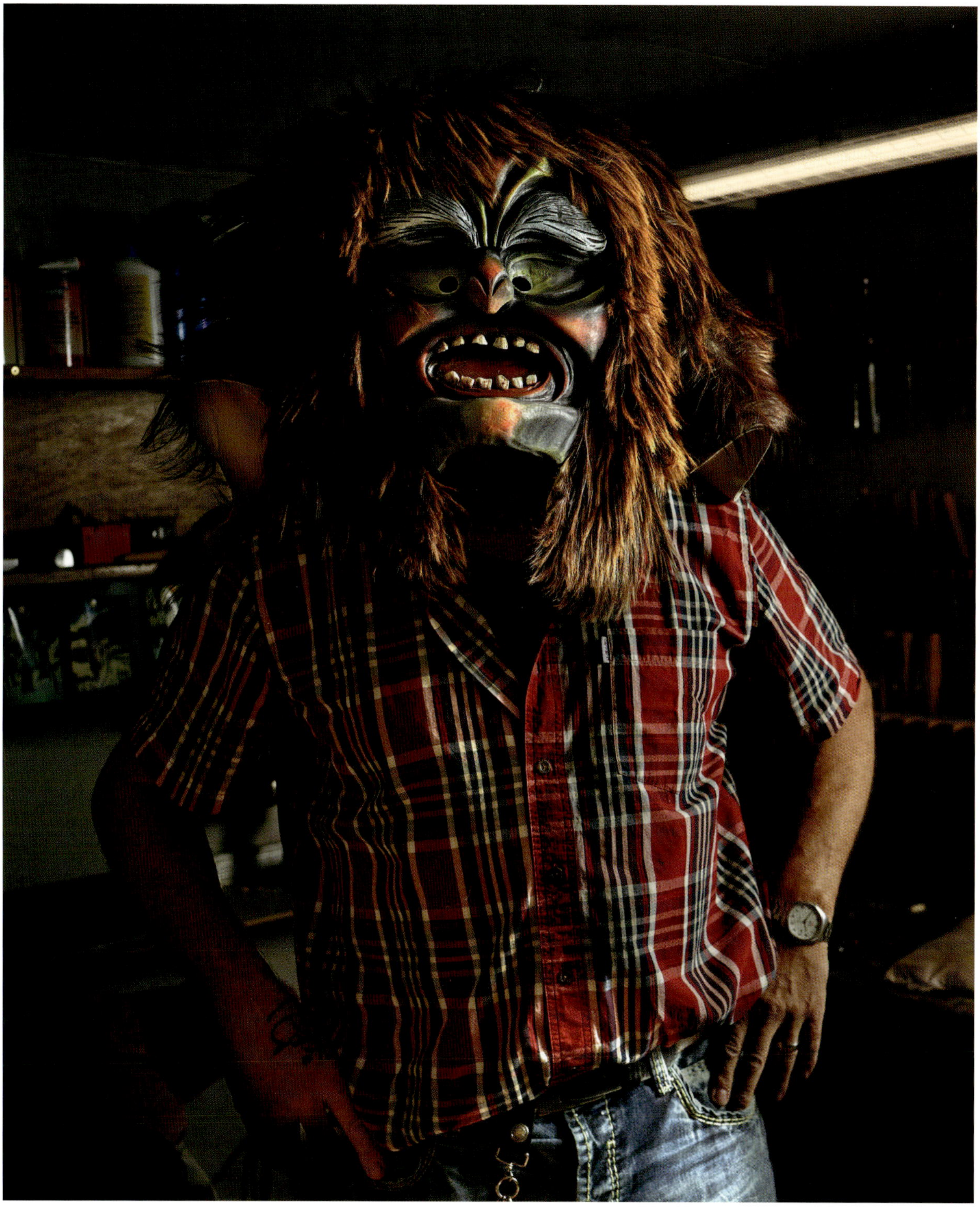

PETER WISLER | SCHWYZERÖRGELIBAUER

Höllisch schön: Schwyzer Örgeli

Schwyzer Örgeli werden im Emmental noch nach alter Methode von Hand gefertigt. Doch gespielt werden sie auch auf neue Art. Sei es in der irischen, schottischen und amerikanischen Folklore oder gar in der Rockmusik.

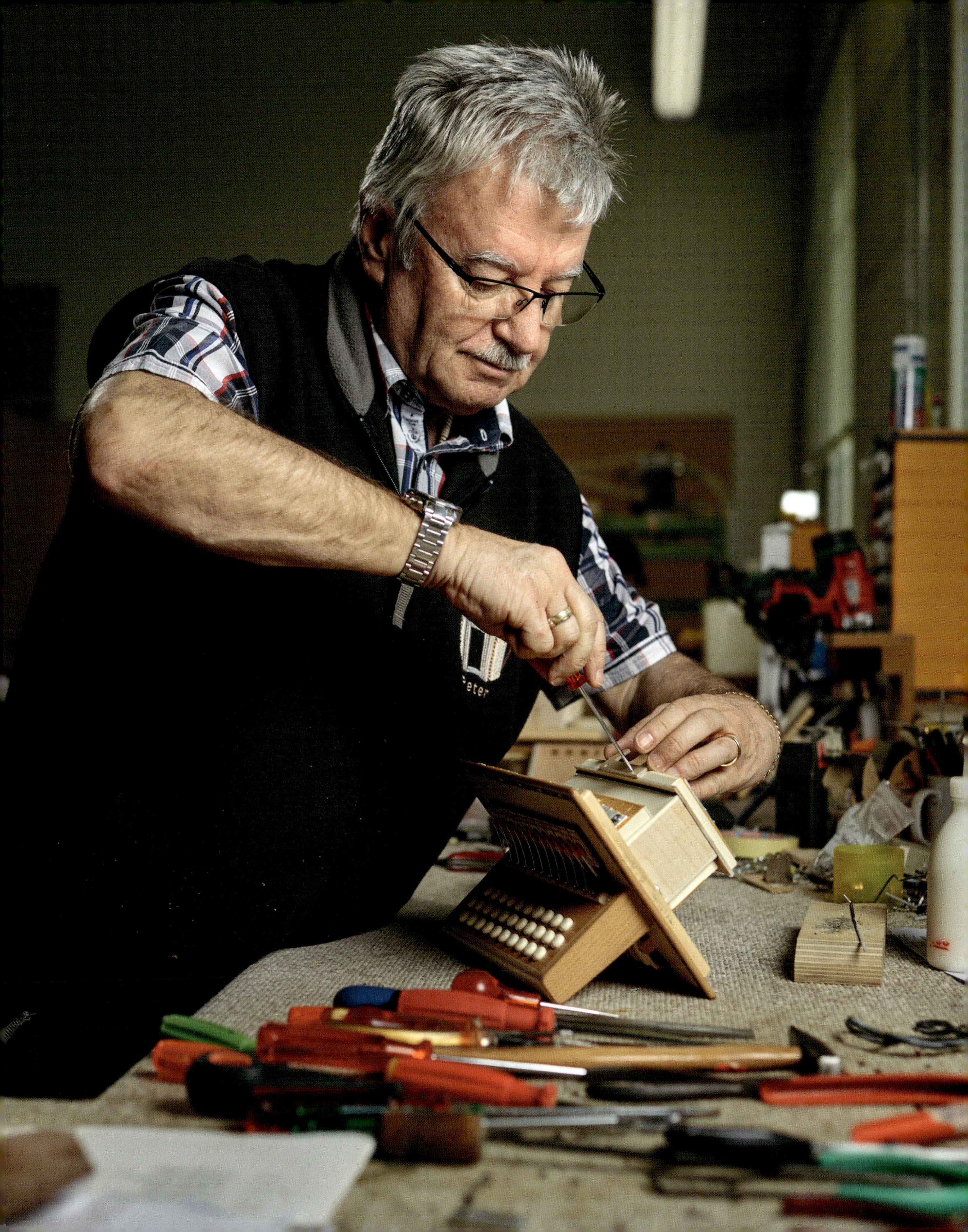
Peter

Wenn das nur gut kommt! Da haben die Spezialisten gegen 60 Stunden Arbeit, viel Wissen, Können und, ja, Liebe zur Tradition, in das Projekt gesteckt. Rund 3500 Einzelteile haben sie gesägt, geschliffen, geleimt, gemalt, gebogen und zu einem Unikat zusammengebaut: zum Schwyzer Örgeli. Und jetzt, ja jetzt kommt da ein junger, ein ganz junger Emmentaler, nimmt das Örgeli und spielt – »Highway to Hell«!

ALLES ETWAS LANGSAMER IM EMMENTAL

Aber oh Wunder. Peter Wisler reisst dem jungen Trübel das Teil nicht aus der Hand, sondern lächelt mild: »Das ist typisch für das Schwyzer Örgeli. Es wird bei uns im Emmental anders – langsamer – gespielt als etwa in der Innerschweiz oder in Graubünden. Auch die verwendeten Hölzer, Farben und Intarsien sind der Mode unterworfen – und doch ist und bleibt es das Örgeli.« Seit es existiert, findet das Instrument immer wieder neue Anhänger und kommt seit ein paar Jahren bei irischen, schottischen und amerikanischen Folklore-Gruppen zum Einsatz. Und jetzt also auch noch in der Rockmusik.

GUT DING WILL WEILE HABEN

Darum beschäftigt Peter Wisler in Sumiswald sechs Personen, die pro Jahr rund 180 dieser Instrumente auf Bestellung herstellen. Die Wartezeit auf ein neues Örgeli beträgt vier Monate. Mindestens. Und bis man es richtig – also so richtig gut spielen kann, muss man fünf Jahre üben. Mindestens.

Dabei ist es eigentlich ganz einfach mit dem Örgeli: Zieht oder drückt man den Blasbalg und bedient man die richtigen Knöpfe – nicht etwa Tasten! – werden im Inneren Stimmzungen aus Metall durch einen Luftstrom in Schwingung versetzt. Dadurch wiederum entstehen die Töne.

> »Wenn du 1000-mal den Blasbalg aufziehst und zudrückst, merkst du dann schon, ob das Örgeli vier oder drei Kilo wiegt.«

»Früher haben wir mit Rauch und Stethoskop gearbeitet, um herauszufinden, wo die Ventile und Klappen Luft verlieren. Heute arbeiten wir einfach mit besseren Materialien und noch präziser, um

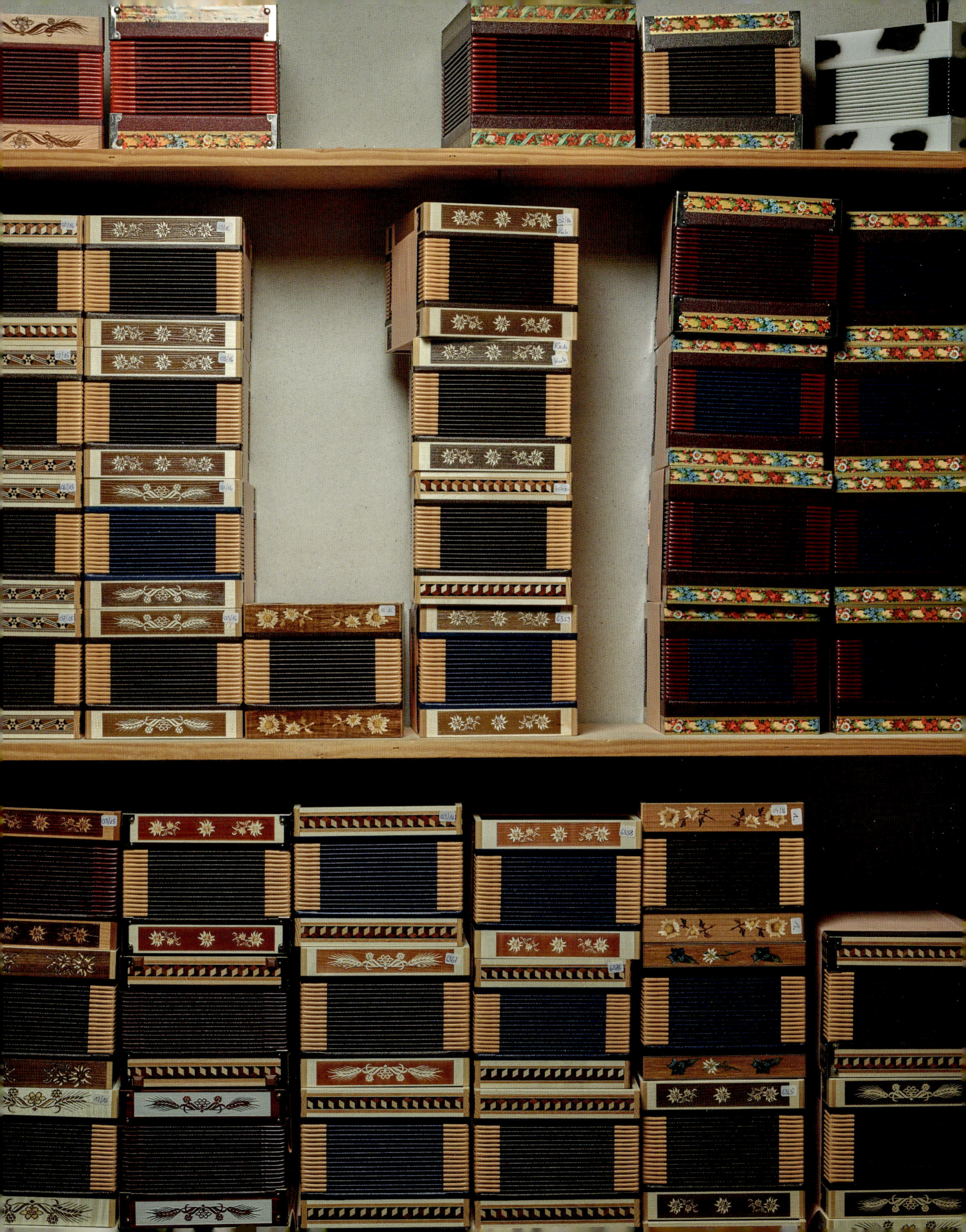

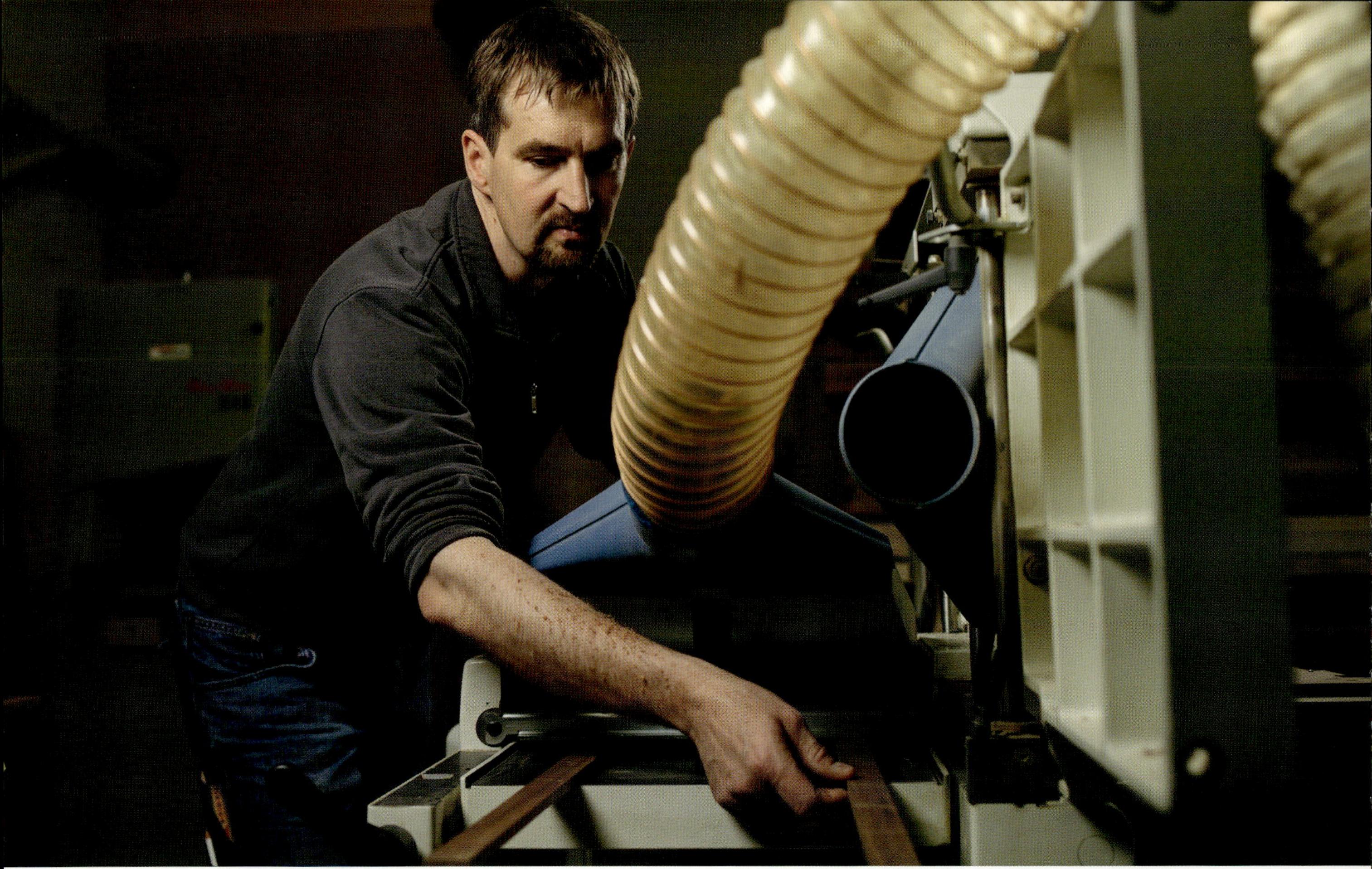

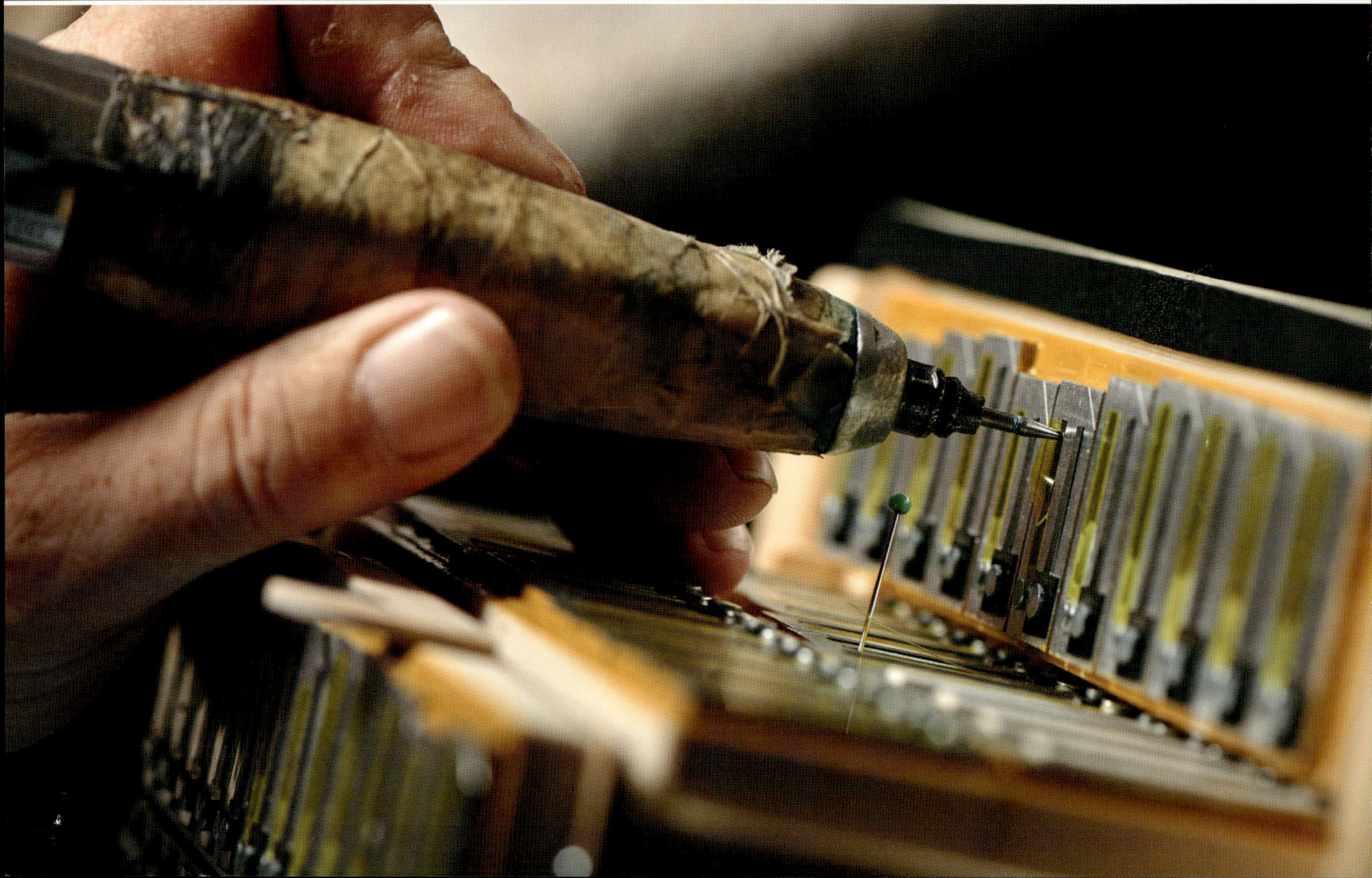

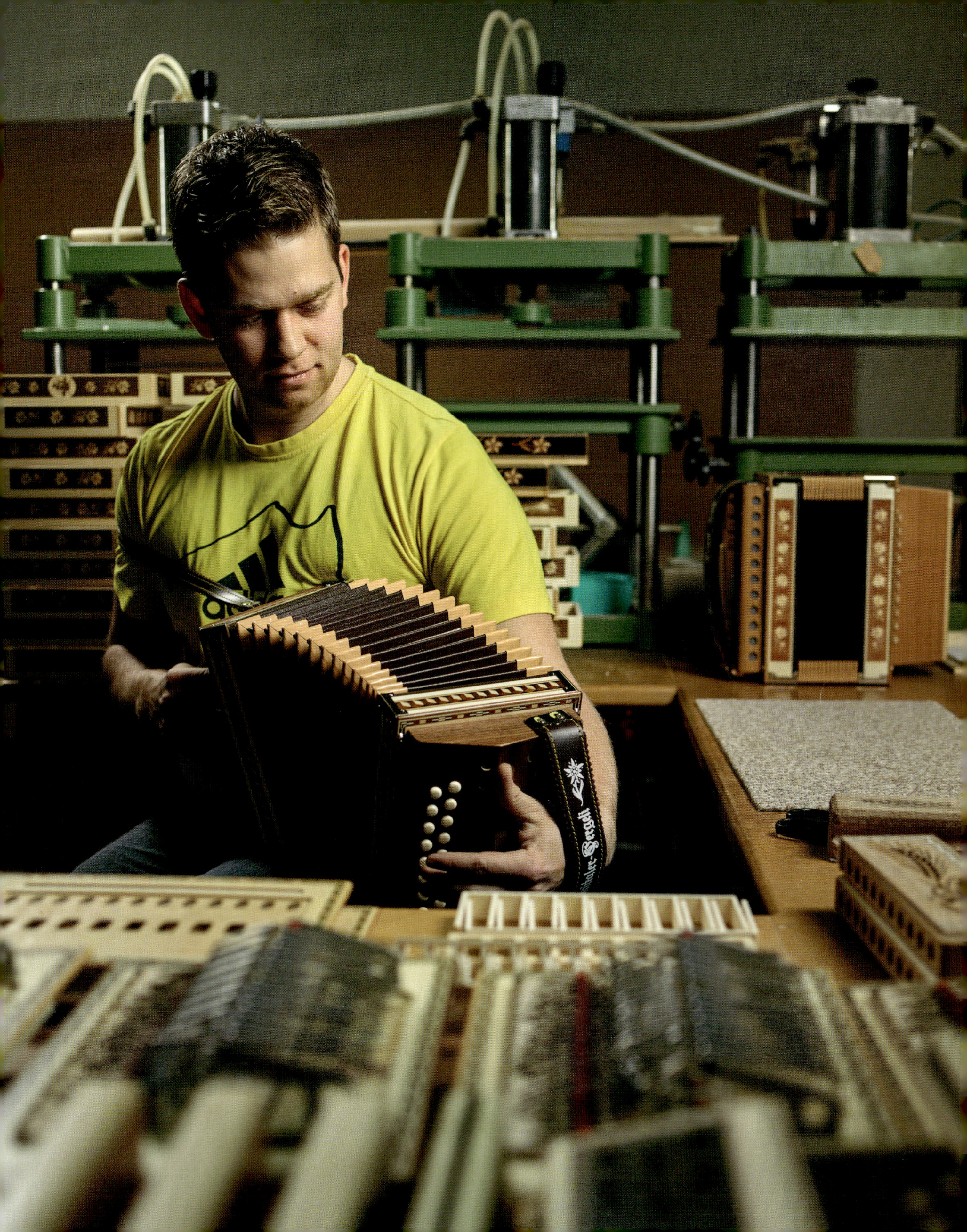

›falsche‹ Luft zu vermeiden«, so Wisler. Seine Mitarbeiter sind Angefressene. Mit Engelsgeduld, Adleraugen und einer Mikrofeile etwa werden die Stimmzungen so lange bearbeitet, bis ein elektronisches Messgerät signalisiert: Der Ton stimmt. Ja, ja, die Elektronik hat in Form von solchen Messgeräten und computergesteuerten Holzbearbeitungsmaschinen auch in Wislers Werkstatt Einzug gehalten.

KAMPF UM JEDES GRAMM

Doch das Meiste ist nach wie vor Handarbeit. Und nur wer die millimetergenauen Intarsien sieht, kann ermessen, mit welcher Genauigkeit hier gearbeitet wird. Neben der Präzision ist das Gewicht enorm wichtig: »Wenn du 1000-mal den Blasbalg aufziehst und zudrückst, merkst du dann schon, ob das Örgeli vier oder drei Kilo wiegt. Das macht dann in wenigen Minuten eine Tonne aus«, sagt Wisler. Das Nussbaum-, Kirschbaum- oder Ahornholz für das Tastenbrett oder den handgeschnitzten Balgrahmen stammt aus den umliegenden Wäldern. Um das Gewicht zu senken und gleichzeitig die Stabilität zu erhöhen, arbeiten Wislers Leute etwa mit kreuzverleimten Holzschichten und Aussparungen. Es sind bei jeder Aussparung nur ein paar Gramm. »Aber jedes Gramm zählt«, sagt Wisler.

»Früher haben wir mit Rauch und Stethoskop gearbeitet, um herauszufinden, wo die Ventile und Klappen Luft verlieren.«

Es gibt in der Schweiz eine Handvoll Kleinstunternehmen, die vom Örgelibau leben. So lange die Kunden mehrere Monate auf ihr Instrument warten müssen und so lange es Menschen gibt, die dem Instrument immer wieder neue Seiten entlocken – und sei es Highway to Hell – müssen sie keine Angst vor der Zukunft haben.

PETER WISLER | SCHWYZERÖRGELIBAUER

HANSJÖRG KILCHENMANN | MESSERSCHMIED

Ein langes Messerleben

Als wärs ein Stück von mir: Messerschmied Hansjörg Kilchenmann stellt massgefertigte Messer her, die genau zu ihrem Benutzer passen.

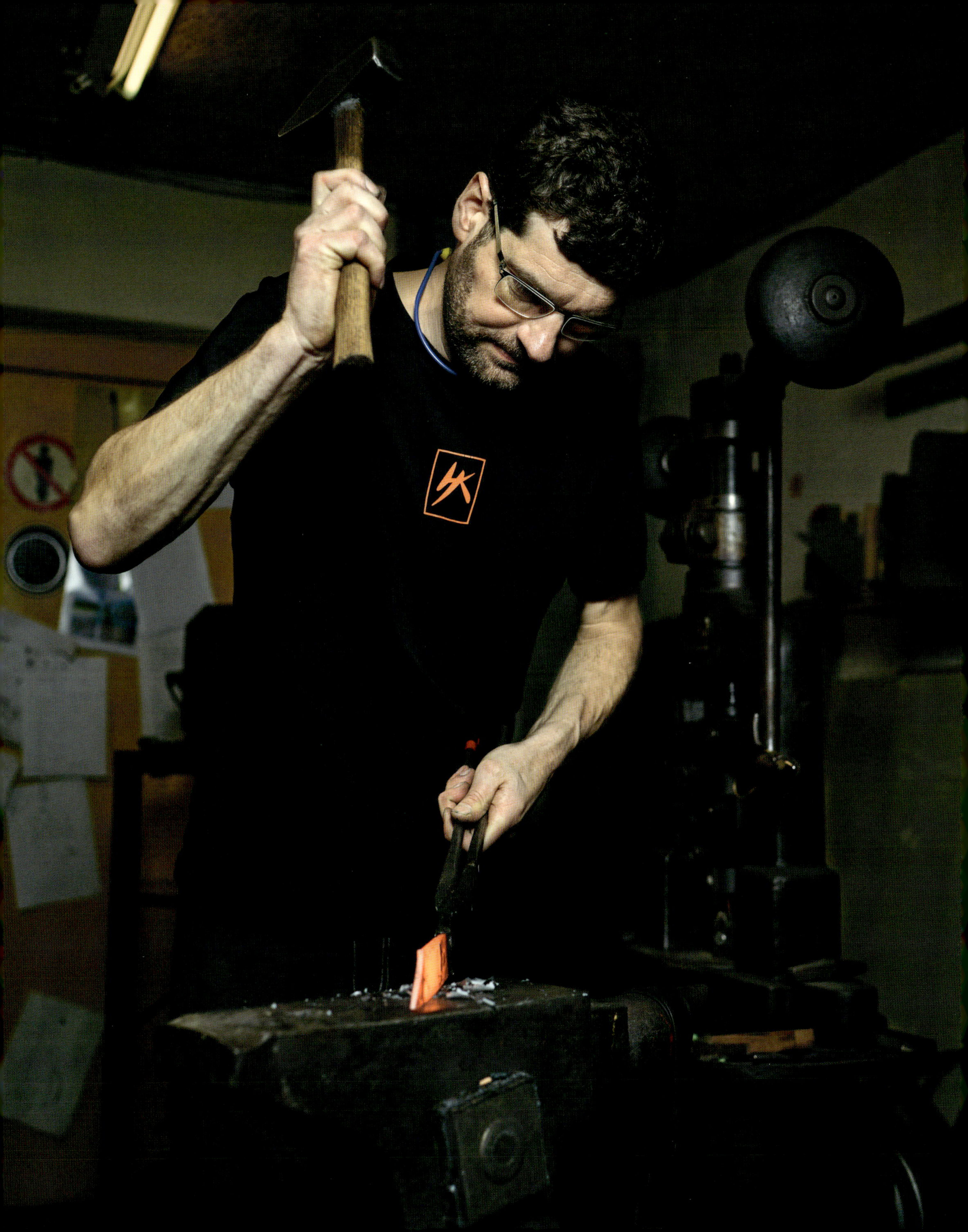

In der Esse faucht das Feuer. Sein Widerschein zuckt über Zangen und Zänglein, Feilen und Hämmer, Ketten und Eisenstangen. Dann hantiert ein bärtiger Riese auch noch mit glühenden Eisenstücken: Mit solchen Bildern hat man im Mittelalter den Gläubigen die rechte Gottesfurcht beigebracht. Doch wir befinden uns auch nicht im Fegefeuer, sondern mitten in Basel, in einer der wenigen Schweizer Messerschmieden. Der Riese quält auch keine »Armen Seelen«. Er heisst Hansjörg Kilchenmann und produziert, schleift und repariert Werkzeuge für Menschen, die Wert auf Qualität legen: Skalpelle für Chirurgen, Messer für Gärtner und für Spitzenköche. Und solche, die es noch werden wollen.

VORGESPRÄCH IST ENTSCHEIDEND

»Jedes ist ein Einzelstück und auf die exakten Bedürfnisse der Benutzerin oder des Benutzers abgestimmt«, sagt Kilchenmann. Erst wenn diese Bedürfnisse in einem Gespräch abgeklärt sind, macht er sich an die Arbeit. Wozu wird es gebraucht? Wie schwer soll es sein? Wie in der Hand liegen? Wie gross und aus welchem Material soll der Griff sein? Für diesen verwendet Kilchenmann gerne Buchsbaum, Kornelkirsche oder Birnbaumholz. Während industriell hergestellte Messer aus einem Stück Metall ausgestanzt und dann geschliffen werden, stellt der Fachmann – je nach Verwendungszweck des Messers – eine eigene Legierung her.

»Jedes ist ein Einzelstück und auf die exakten Bedürfnisse des Benutzers abgestimmt.«

Etwas vom Schönsten sind Messer aus Damaszenerstahl – regelrechte Kunstwerke. »Dieser Stahl wird rund 20 Mal erhitzt, wie ein Blätterteig auseinandergezogen und dann der Länge nach wieder zusammengefaltet«, erzählt Kilchenmann. »Auf beiden flachen Seiten der Klinge entstehen so einzig- und eigenartige Muster, fast wie geschmiedete Landschaften.« Dabei darf das Feuer nicht zu heiss, aber auch nicht zu kalt, dürfen die Hammerschläge nicht zu stark oder zu schwach sein. Sonst entsteht anstelle eines wertvollen Messers einfach Altmetall.

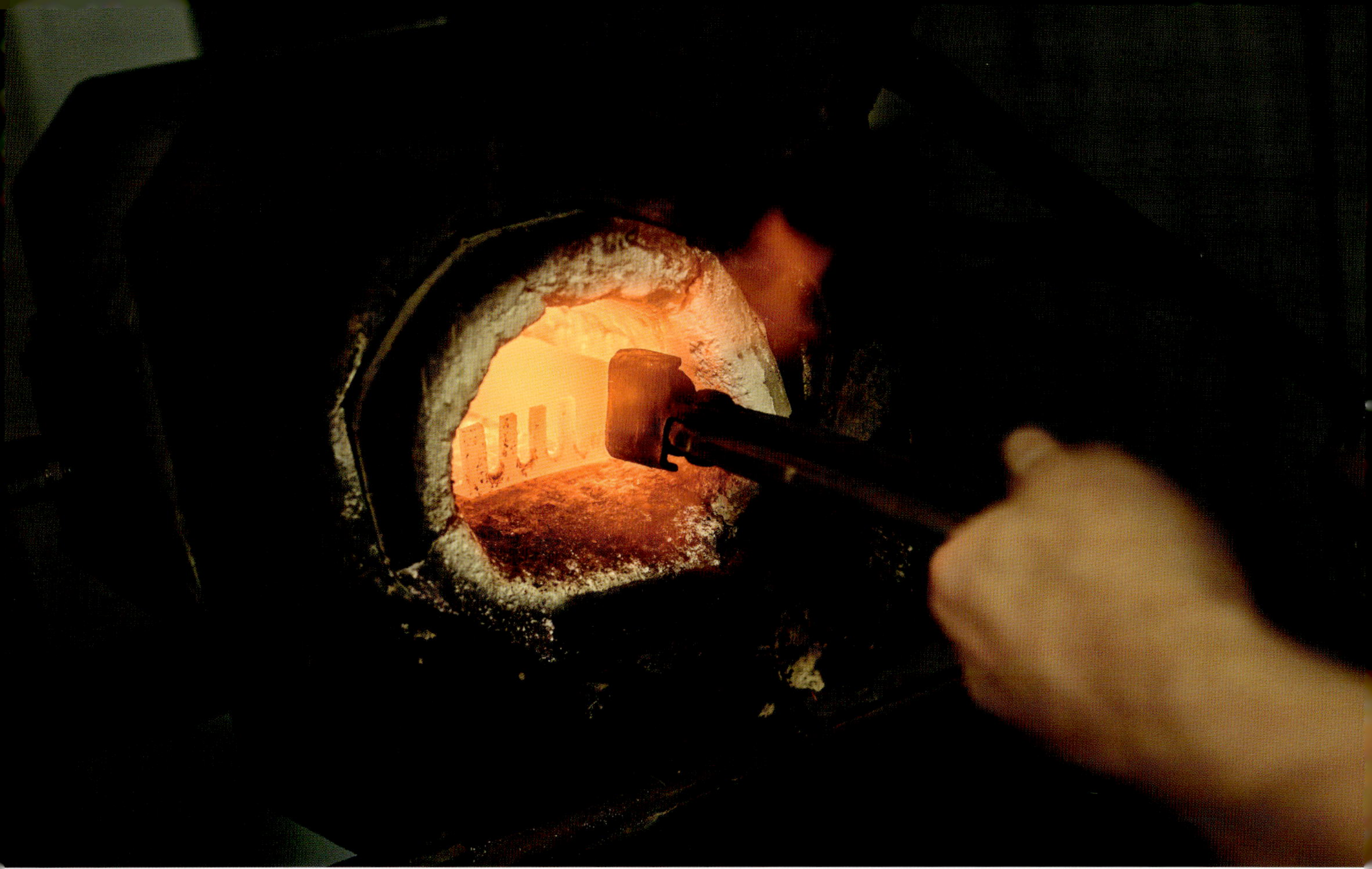
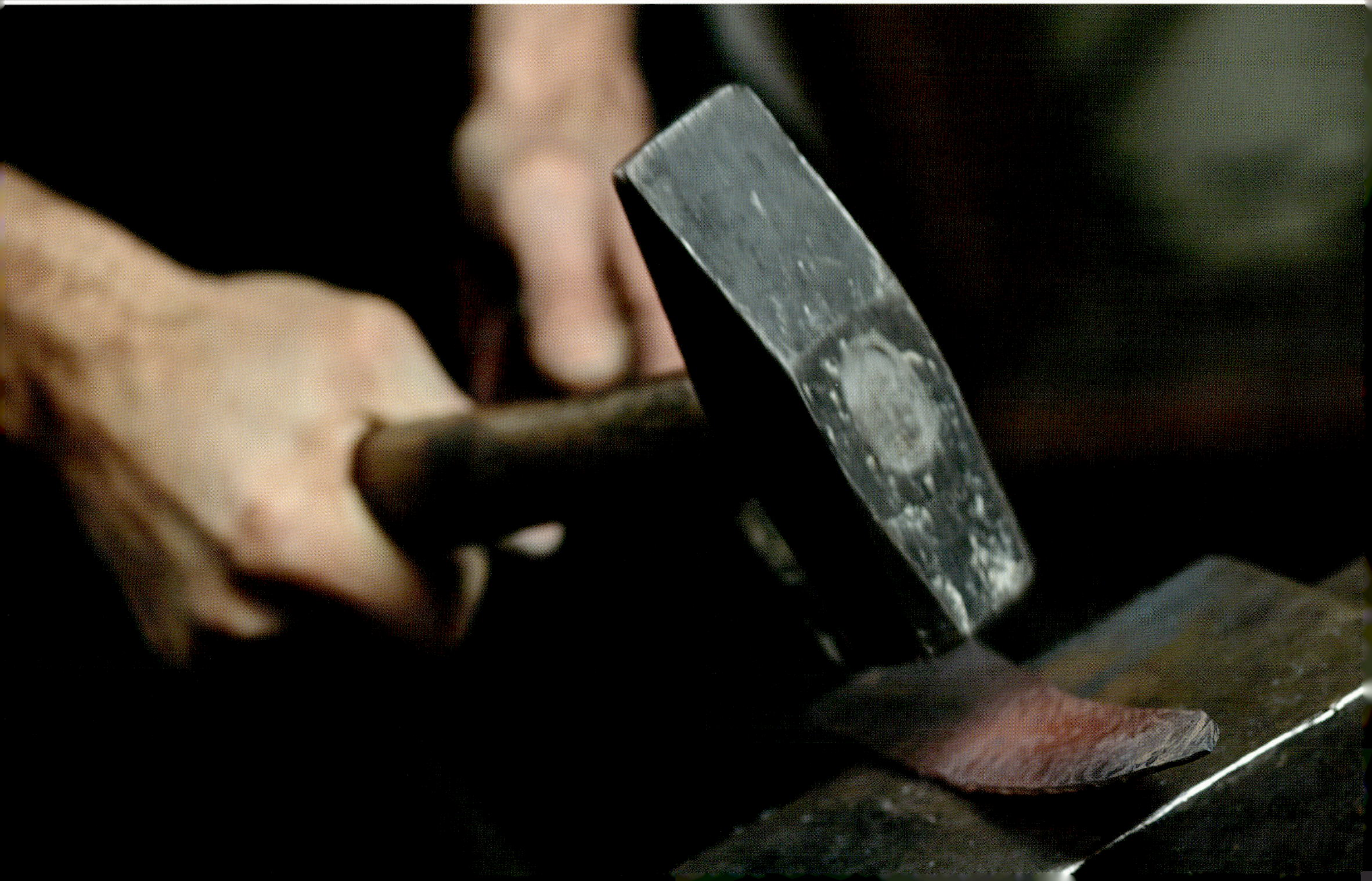

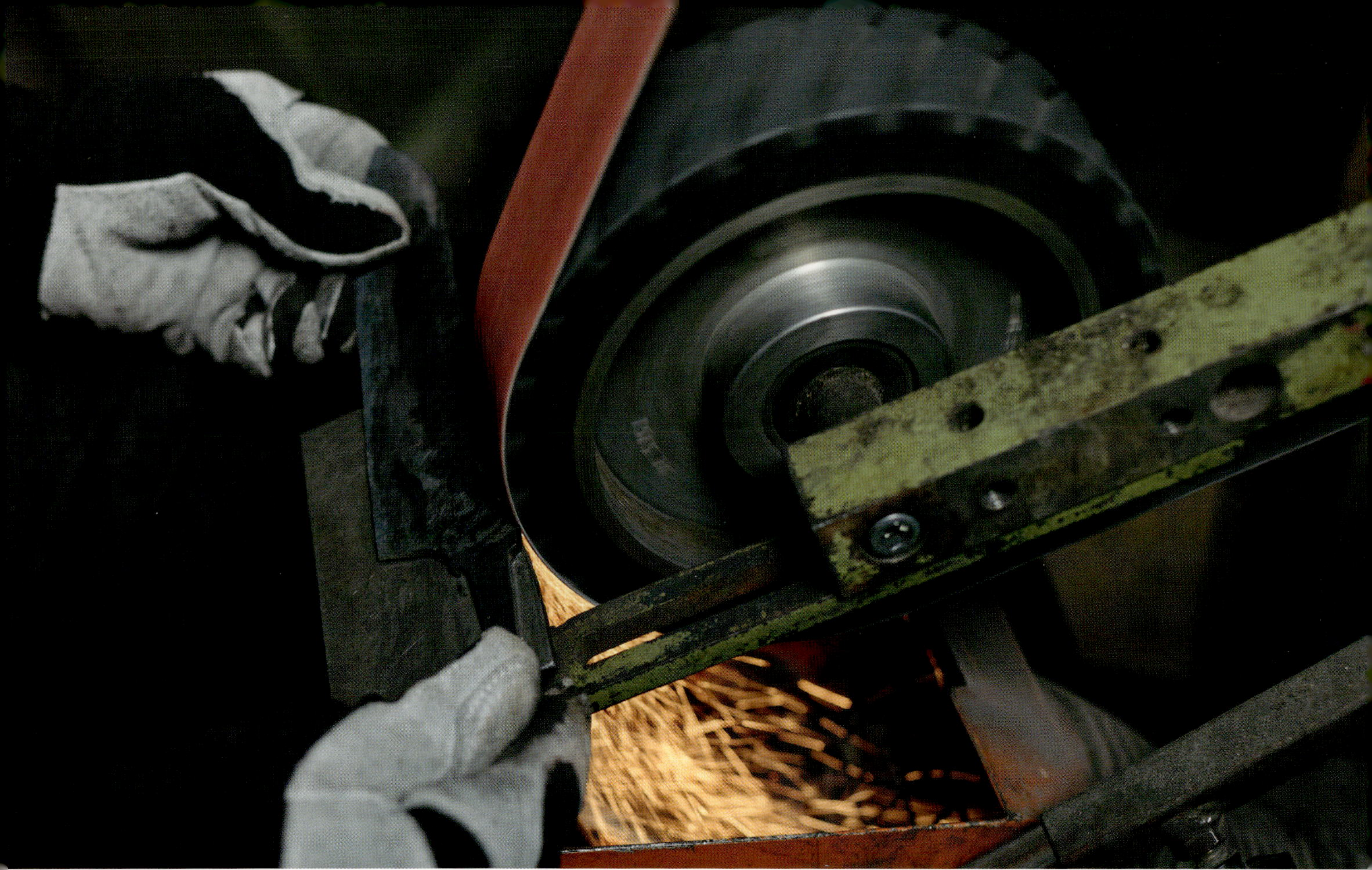

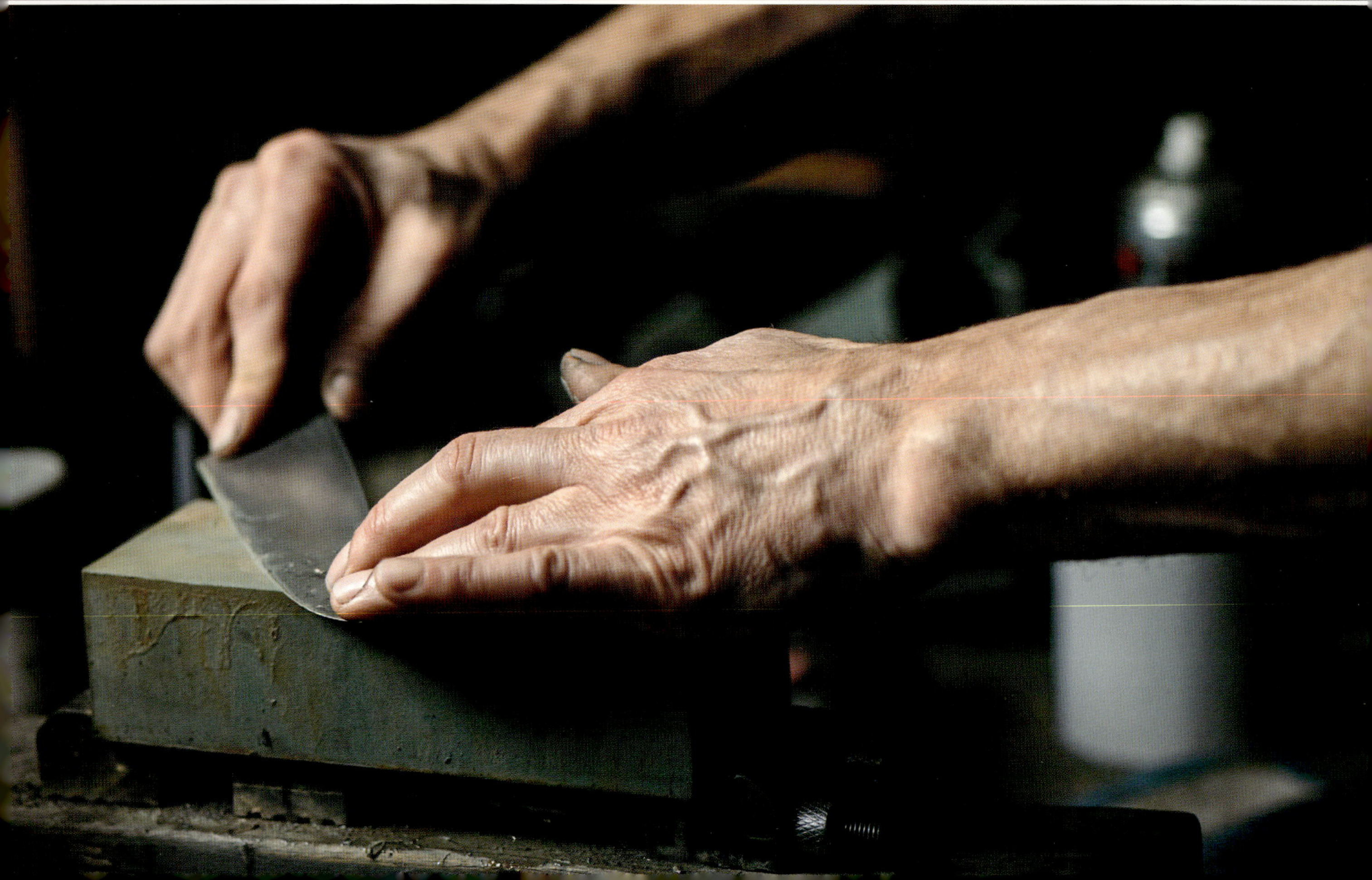

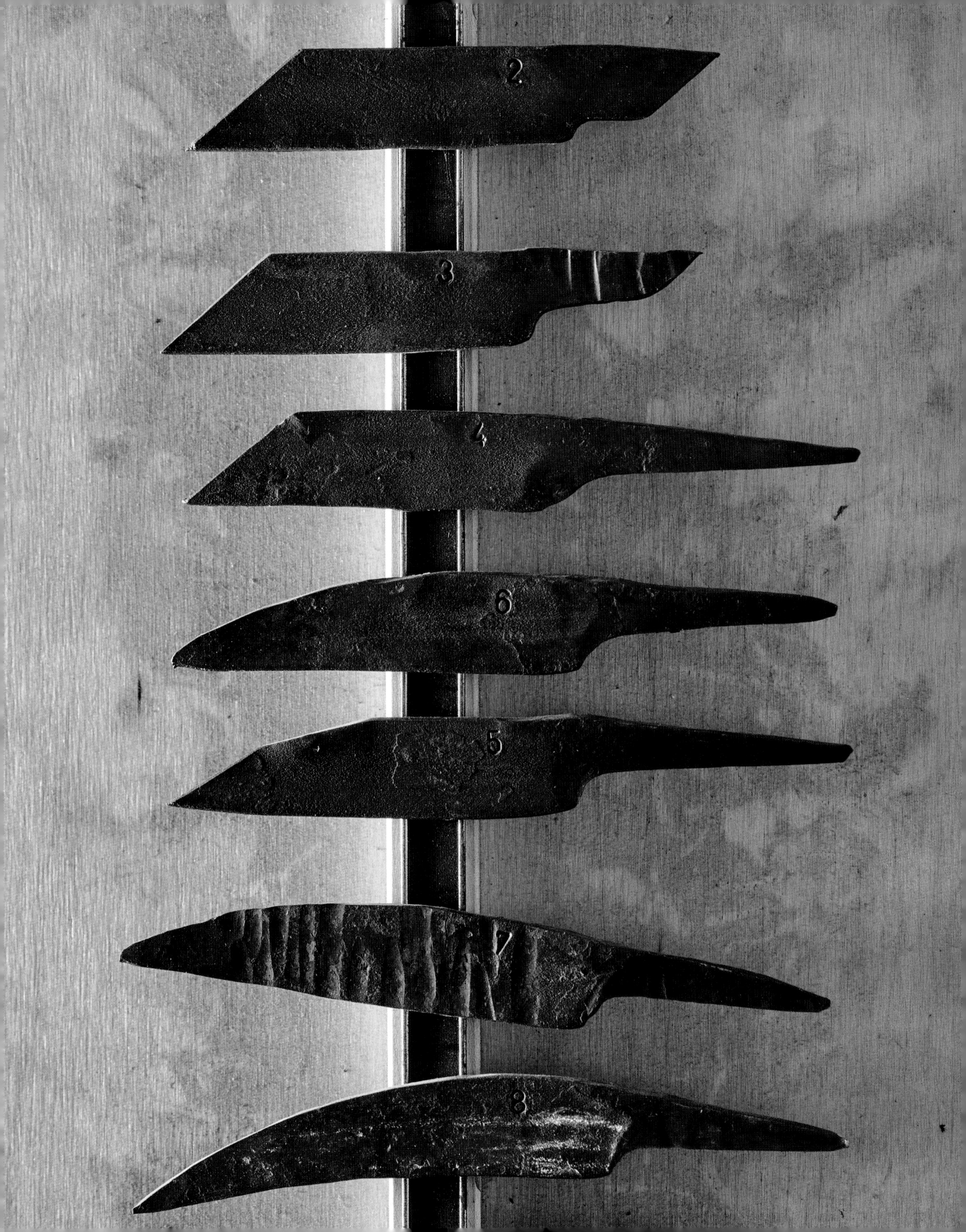
2
3
4
6
5
7
8

ENTSCHEIDEND IST DER RICHTIGE SCHLIFF

Das Bearbeiten des Messers mit Feuer, Hammer und Amboss ist für einen Laien sehr beeindruckend. »Doch wichtiger ist eigentlich das Schleifen« sagt Kilchenmann. Das sieht vergleichsweise einfach aus. Doch ein Kartonmesser beispielsweise braucht einen völlig anderen Schliff als ein Küchenmesser. Nicht umsonst geht ein Messerschmied vier Jahre in die Lehre. Pro Jahr machen das in der Schweiz gerade noch zwei, drei junge Männer. Derzeit ist auch eine junge Frau in der Ausbildung.

SCHEREN FÜRS THEATER BASEL

Wie komplex das Schleifen ist, zeigt sich am Beispiel einer Schere. Kilchenmann geht damit zur Schleifmaschine, wieder stieben Funken durch die Werkstatt. Man würde es nicht glauben, aber das perfekte Schleifen einer Schere ist fast die grösste Herausforderung für einen Messerschmied: Die Scherblätter müssen in einem einzigen Arbeitsgang so gebogen und geschliffen werden, dass sie jeweils nur an einem einzigen Punkt schneiden. Nicht umsonst vertraut etwa das Theater Basel Kilchenmann seine Scheren an.

EINE KLEINE EWIGKEIT

Um ein Messer herzustellen, wendet Kilchenmann rund acht Arbeitsstunden auf. Schaut man dem Meister beim Schmieden und Schleifen zu, hat man das Gefühl, er hauche seinen Messern Leben ein. Wie lange dieses Leben dann dauert, hängt sehr davon ab, wie der zukünftige Besitzer damit umgeht. Ob er das Messer respektvoll behandelt und pflegt. »Ich habe schon handgemachte Messer nachgeschliffen, die waren älter als ich – und die werden noch einmal so alt«, sagt Kilchenmann. Eigentlich ein Anachronismus in einer Wirtschaft, die nur dank dem Wegwerfen boomt und wo Soll-Bruchstellen schon während der Produktion eingebaut werden. Ein Anachronismus zwar, aber ein sehr tröstlicher.

»Ich habe schon handgemachte Messer nachgeschliffen, die waren älter als ich – und die werden noch einmal so alt.«

HANSJÖRG KILCHENMANN | MESSERSCHMIED

PEDER BENDERER | ZUCKERBÄCKER

Süsse Ferne, gezuckerte Heimat

Wenn er mit seinem Handwerk beginnt, stiebt Puderzucker durch die Luft, wird in der heissen Pfanne Zucker zu cremigem Karamell und es riecht nach süssem Marzipan. Peder Benderer ist Konditor-Confiseur – oder wie es in seiner Heimat, dem Engadin, heisst: Zuckerbäcker. Das Familiengeschäft führt er bereits in dritter Generation. Doch die Geschichte der Engadiner Zuckerbäcker ist noch ein ganzes Stück älter.

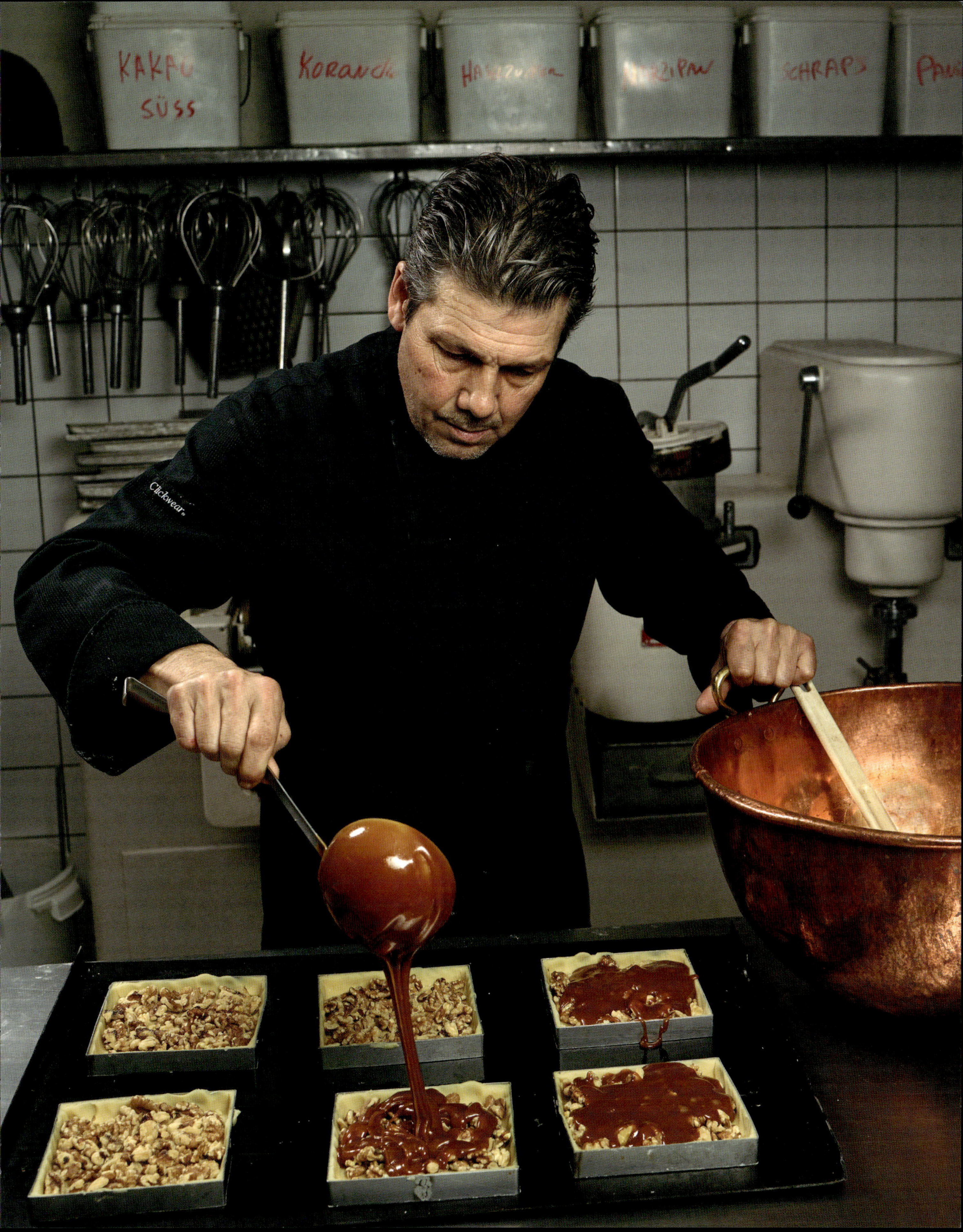
KAKAO
SÜSS

Aus Armut, Hunger und finanzieller Not brachen die Engadiner Zuckerbäcker im 17. und 18. Jahrhundert aus ihrem kleinen Tal in die weite Welt auf, um anderswo ihr Glück zu finden. Die Wirtschaftsflüchtlinge machten sich in der Folge mit ihrem qualitativ hochwertigen Handwerk in ganz Europa einen Namen und bauten ein einmaliges Bäckerei-Netzwerk von Oslo bis Sizilien, von England bis Russland auf. »Unsere Familiengeschichte geht nicht ganz so weit zurück. Mein Grossvater baute die Konditorei in Sent in den 1920er-Jahren neu auf – in seinem Wohnhaus. Wir sind also keine Familie von Zuckerbäckern im eigentlichen Sinne«, erklärt Peder Benderer. Doch die Vergangenheit seiner beruflichen Vorfahren interessierte den Bündner so sehr, dass er zu Beginn seiner Karriere entschied, sich auf Spurensuche zu begeben: Bevor er das Geschäft seines Vaters 1999 übernahm, gönnte sich Peder Benderer eine Auszeit und folgte einen Monat lang den Fussstapfen der einstigen Engadiner Zuckerbäcker. »Die Geschichte unseres Unternehmens ist eingebettet in eine viel, viel ältere Geschichte – und diese wollte ich kennenlernen, oder besser: am eigenen Leib erfahren. Also machte ich mich zum Auftakt meiner Geschäftstätigkeit zusammen mit einem Freund auf den Weg von Sent nach Florenz – zu Fuss, versteht sich.«

»Die Geschichte unseres Unternehmens ist eingebettet in eine viel, viel ältere Geschichte – und diese wollte ich kennenlernen, oder besser: am eigenen Leib erfahren.«

ANDERS ALS DIE ANDEREN

Peder Benderer ist kein typischer Unterengadiner, nicht so geradlinig oder gar stur, wie man es den Talbewohnern manchmal nachsagt. Er sei sehr offen für neue Sachen und vielseitig interessiert, auch an Kunst und Architektur – und gerne gereist sei er auch schon immer. Der Fussmarsch nach Florenz war eine spontane Eingebung. »Ich wollte die Dinge immer schon ein wenig anders machen als die anderen«, sagt er dazu. »Und ich wollte herausfinden, was das heute bedeutet: Zuckerbäcker zu sein im Engadin.« Mit dem Rucksack auf den Schultern überlegte sich der junge Konditor, wie er seinen

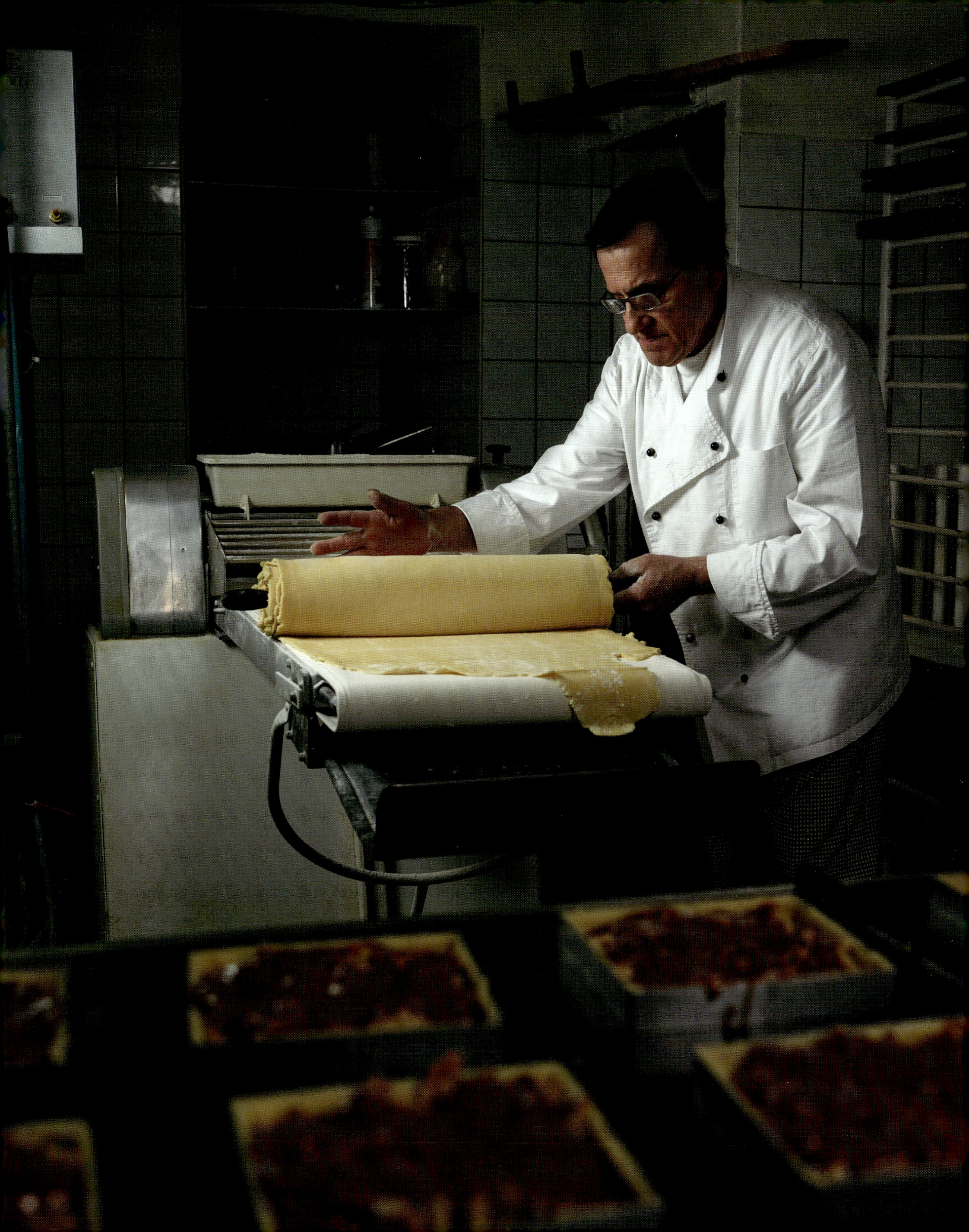

Betrieb gestalten möchte und schrieb all seine Ideen und Gedanken in ein Notizbuch, das ihm übrigens bis heute als Inspiration dient.

Benderer hat seine Berufung früh gefunden. Schon als kleiner Bub half er in der Backstube des Grossvaters mit und wusste, was er einst werden möchte. Es sei die schier unendliche Vielfalt, die ihn fasziniere: »Die Kombinationsmöglichkeiten von Süssem und Pikantem erscheinen mir grenzenlos. Es ist diese kreative Komponente meiner Arbeit, die schlicht keine Langeweile aufkommen lässt.« Eine seiner Spezialitäten ist die Zuckerbäcker Nusstorte, die – eben anders als die traditionelle Engadiner Nusstorte – mit weniger Zucker, dafür mehr regionalem Honig und in quadratischer Form gebacken wird. Wenn Benderer in seiner Konditorenstube in Sent den Nusstortenteig zwischen seinen Händen krümelig reibt und sich in der Pfanne Zucker und Honig in geschmeidiges Karamell verwandeln, dann ist der Zuckerbäcker in seinem Element. Während er die

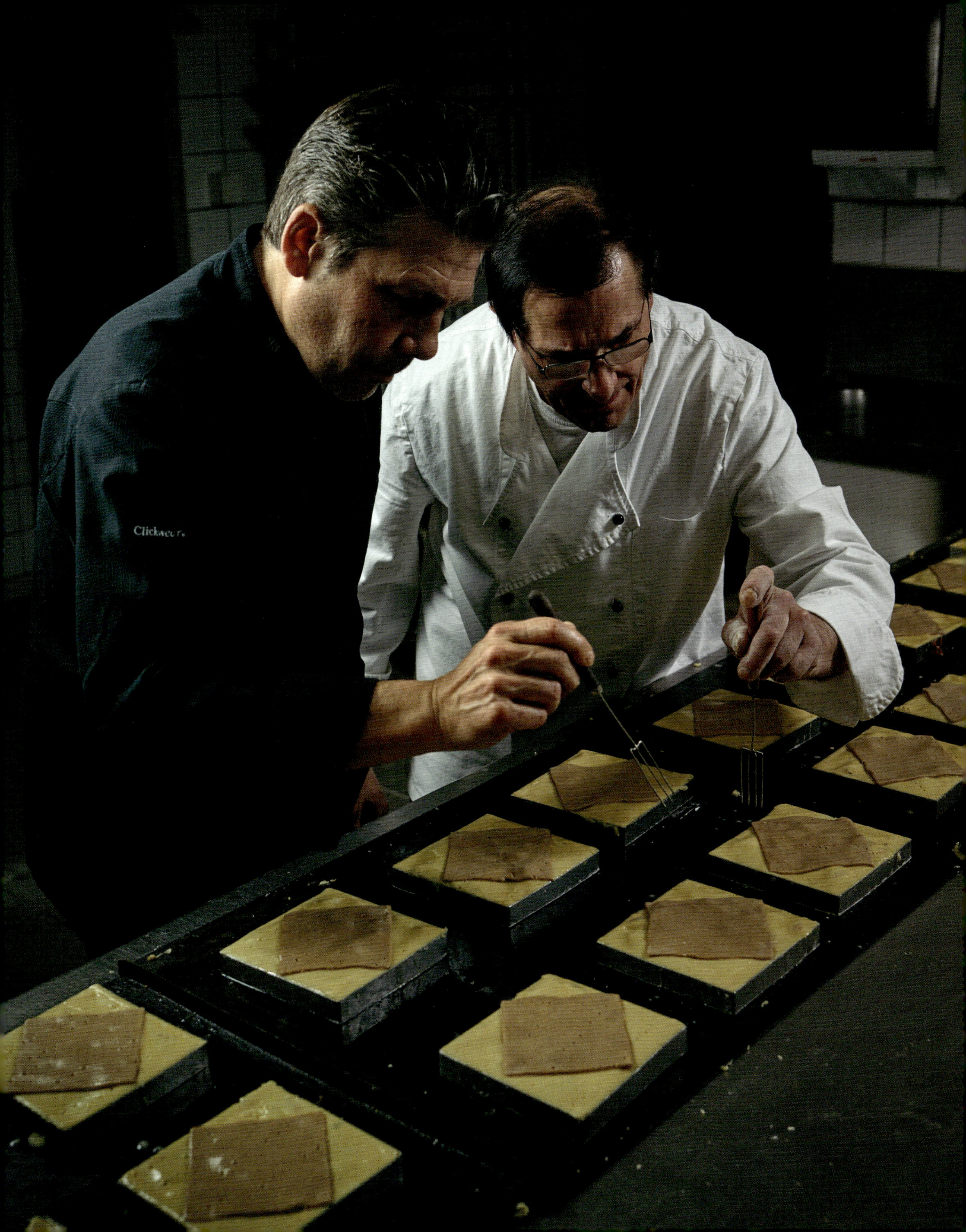
Clickwear

edlen Baumnüsse und den Rahm unter die süsse Masse rührt, erklärt er, dass ihm die Verwendung von hochwertigen Produkten sehr am Herzen liege – wobei er sich bei deren Auswahl auch gerne von seinen Reisen inspirieren lasse. So hat er für seine Tuorta d'Odessa aus der gleichnamigen ukrainischen Hafenstadt das Sonnenblumenkernmus Halva mitgebracht.

Eine weitere Besonderheit aus dem Hause Benderer ist die Naiv d'engiadina, eine weiss überzogene Schneetorte mit Haselnüssen, Praliné und Mandelsplittern. »Sie wird nur im Winter produziert und erhält jedes Jahr eine neue, von einem anderen Engadiner Künstler gestaltete Verpackung.« Jetzt wird der Nusstortenteig geteilt, ausgewallt aufs Kuchenblech gelegt und mit der cremigen Füllung belegt. Die zweite Teighälfte dient als Deckel – so geht die Zuckerbäcker Nusstorte in den Ofen. Und der Duft des Marzipans, der in der Luft liegt? Der kommt von den kleinen Balla Engiadinaisa: in Schokolade getunkte Marzipanbällchen.

ZURÜCK ZUR LANGSAMKEIT

Und was ist von Benderers Wanderung nach Florenz, die schon bald 18 Jahren zurückliegt, bis heute geblieben? »Ich habe viele Produktideen mit nach Hause gebracht, die bis heute in meinen Rezepten nachwirken. Doch in erster Linie habe ich durch das bedächtige Reisen eine Arbeitshaltung kennengelernt, die geprägt ist von Langsamkeit und Aufmerksamkeit – für mich bis heute die beiden Voraussetzungen für Kreativität.« Das rätoromanische Wort »Creaziun« im Firmenname »Peder Benderer – Creaziun Pastizaria« ist schliesslich kein Zufall, sondern steht für den Anspruch, Rohstoffe nicht einfach nur zu verarbeiten, sondern schöpferisch damit umzugehen. Ob Familie Benderer die Geschichte der Zuckerbäcker dereinst weiterschreiben wird, ist noch offen. Eine von Peder Benderers beiden Töchtern hat zwar auch Konditorin gelernt, ob sie in den Familienbetrieb einsteigen wird, das wird sich weisen. »Ich möchte ihr da nicht dreinreden. Vorerst will ich einfach so lange weitermachen, wie es mir Spass macht und ich inspiriert bin. Wir sehen, was dann passiert.«

PEDER BENDERER | ZUCKERBÄCKER

EVA DURISCH | TRACHTENSCHNEIDERIN

Ein Lehrstück mit Schere, Nadel und Zwirn

Sie kennt jeden Stich, jede Naht, jedes Muster einer jeden Bündner Tracht. Immer wieder gibt sie diesen Schatz auch weiter – in Kursen für junge Frauen, denen Tradition etwas sagt. Denn sie trägt Traditionelles mit Stolz: Eva Durisch, Trachtenschneiderin aus Chur.

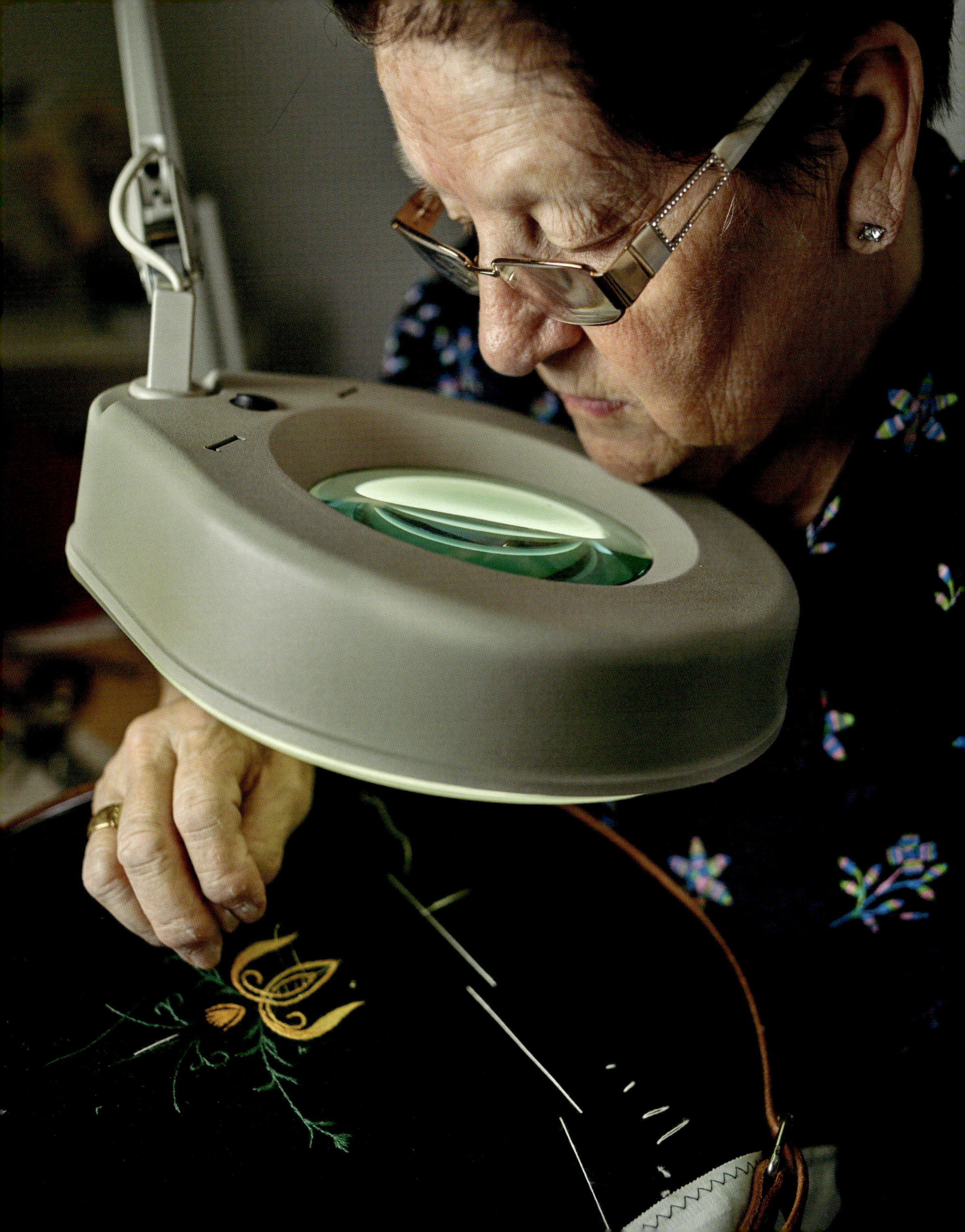

Dieses Oktoberfest-Halligalli, wo Frau und Mann in Dirndl und Lederhosen herumhüpfen, sagt ihr nichts. »Das gehört nach München und Bayern, nicht hierher«, meint sie dezidiert. Auch der Heidi-Retroschick und der allgegenwärtige Landhausstil mit Edelweiss-Versatzstücken sind nicht ihr Ding. Sie heisst Eva Durisch, wohnt in Chur, in einem unscheinbaren Wohnblock. Und sie setzt sich mit Vehemenz für das Echte ein: die traditionelle Trachtenschneiderei in Graubünden – und damit für das Kulturgut Tracht.

VON KOPF BIS FUSS AUF TRACHT EINGESTELLT

»Schauen Sie selbst. Hier steht's geschrieben, schwarz auf weiss, mit unzähligen Musterbeispielen untermalt, was unsere Trachtenvielfalt auszeichnet«, erklärt Eva Durisch, als wir vor dem Büchergestell stehen. Mit ihren Fachkolleginnen hat sie in den letzten drei Jahrzehnten die Richtlinien für die Bündner Trachtenschneiderei überarbeitet und auf den neuesten Stand gebracht. »Wir wollten die kompliziert abgefassten Regeln vereinfachen, so dass sie auch für die künftigen Generationen verständlich und massgebend sind.« Und so sind alle Schnittmuster, Dessins und filigranen Details in vielen Bundesordnern feinsäuberlich festgehalten. Diese betreffen Werktags-, Sonntags- sowie Festtagstrachten aller Bündner Täler, über 30 Varianten sind so zusammengekommen.

> *»Jede schöne Tracht lebt nicht nur von der perfekten Schneiderinnenkunst. Die wahre Zier stammt vom Sticken. Sie verleiht dem Kleidungsstück sein individuelles Gesicht.«*

JEDE TRACHT HAT IHRE EIGENE FARBE

Das Leben in Graubünden trägt verschiedene Farben, wenn es nach den Regeln der Trachtenschneiderei geht. Arbeiten ging man früher in Braun, Grün, Rot oder Blau. Die Bündner Werktagstracht zeichnet sich durch praktische, einfach zu pflegende Naturmaterialien aus, primär verwendete man Wolle und Leinen. Entstanden ist die Tracht im Prinzip als Gebrauchskleidung, damals im 18. Jahrhundert. An Festtagen jedoch kleidete Frau sich edler, primär in Seide. Auch hier gelten im ganzen Kanton einheitliche Farbvorschriften.

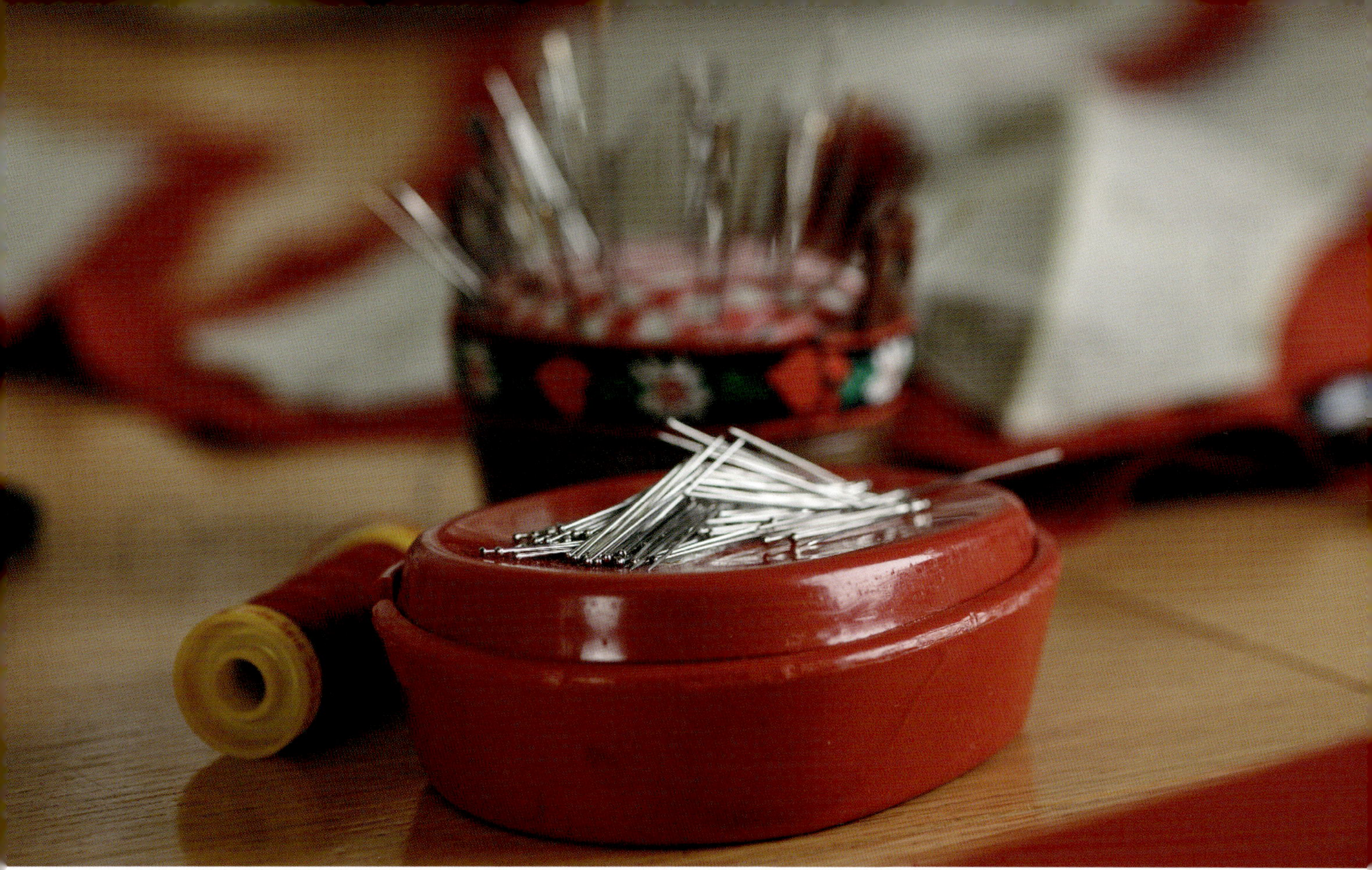

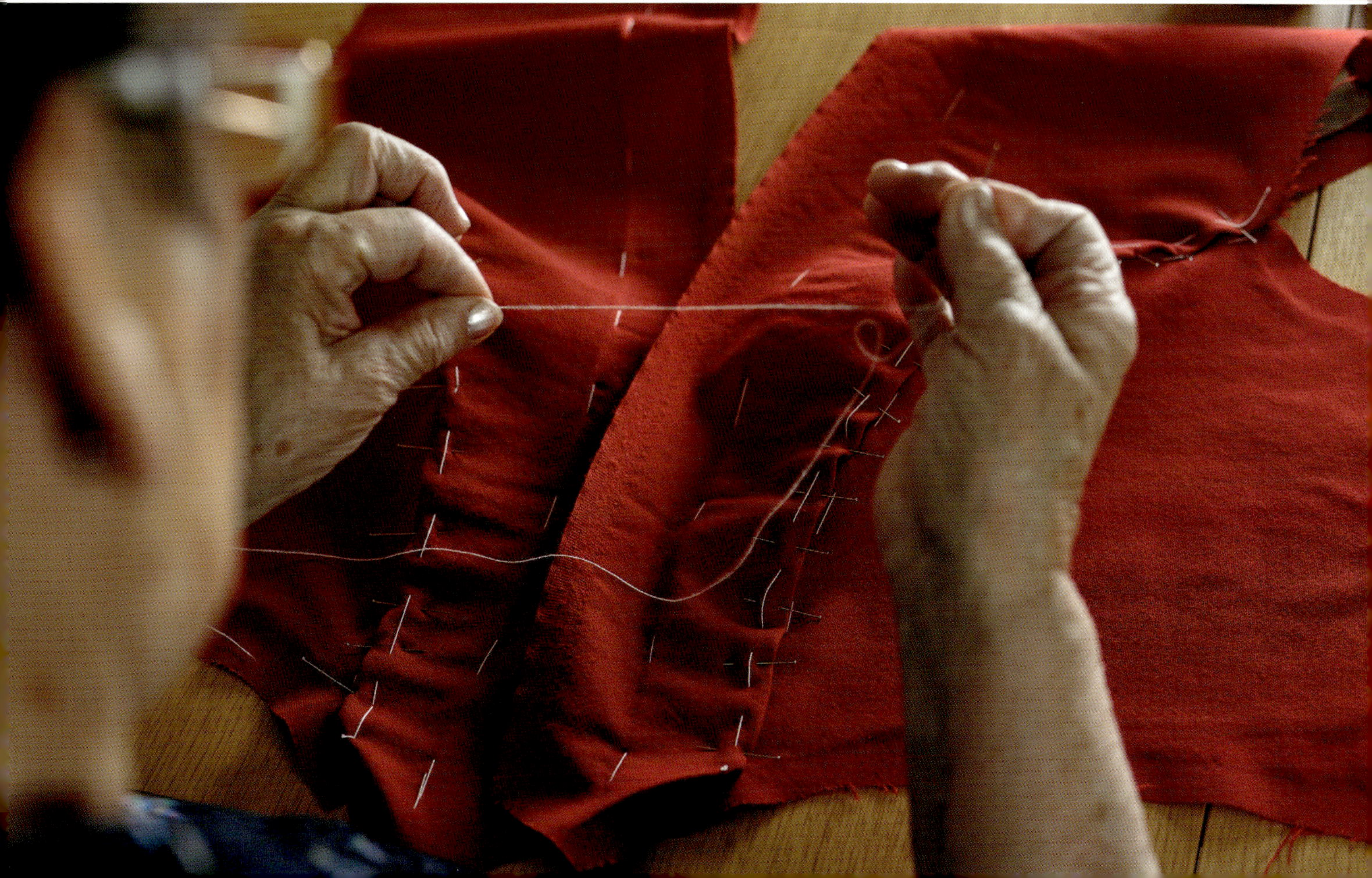

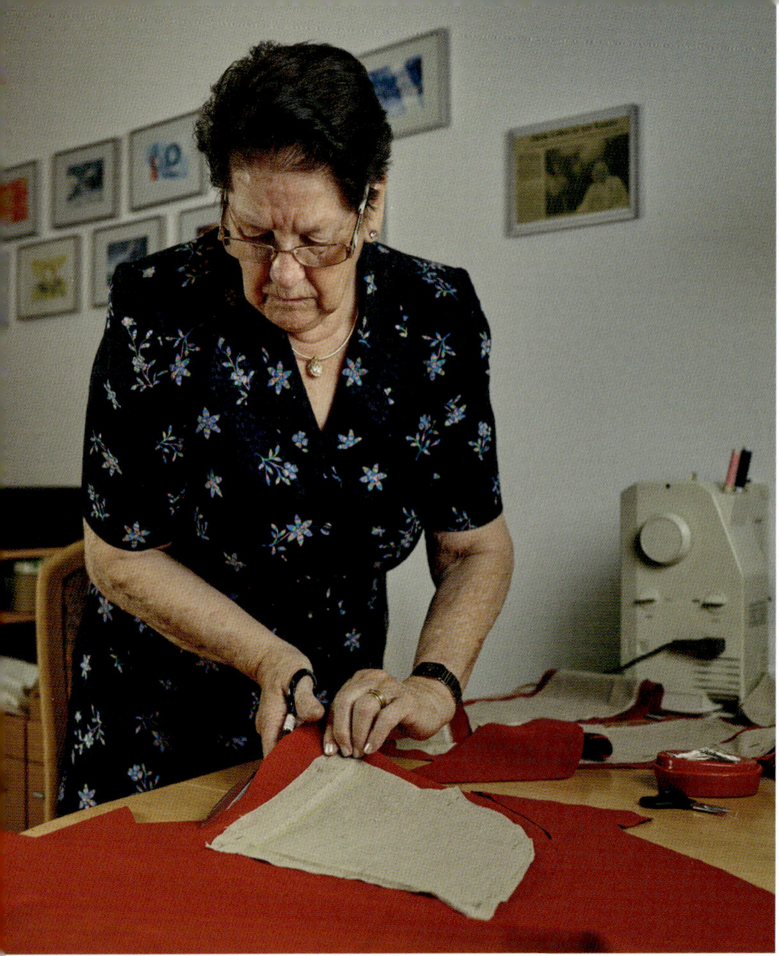
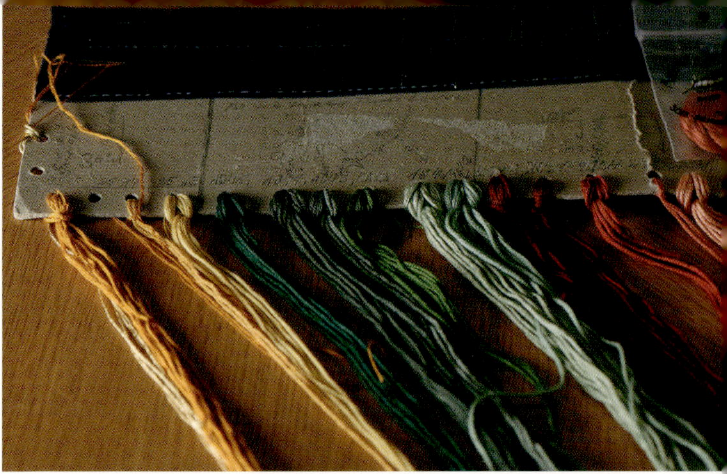
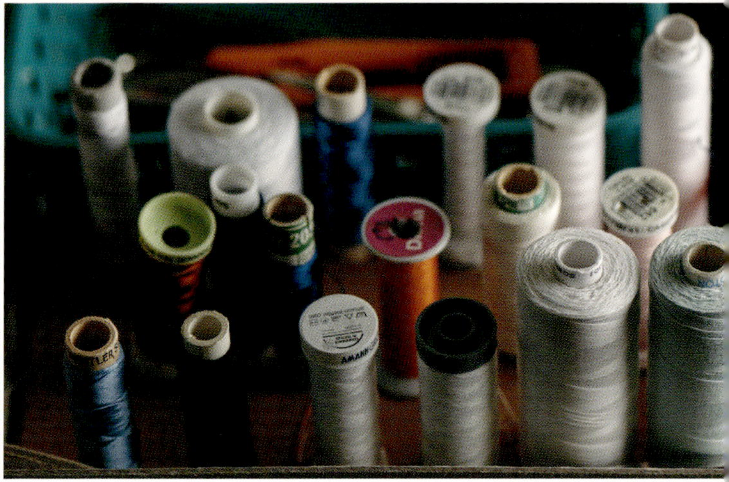
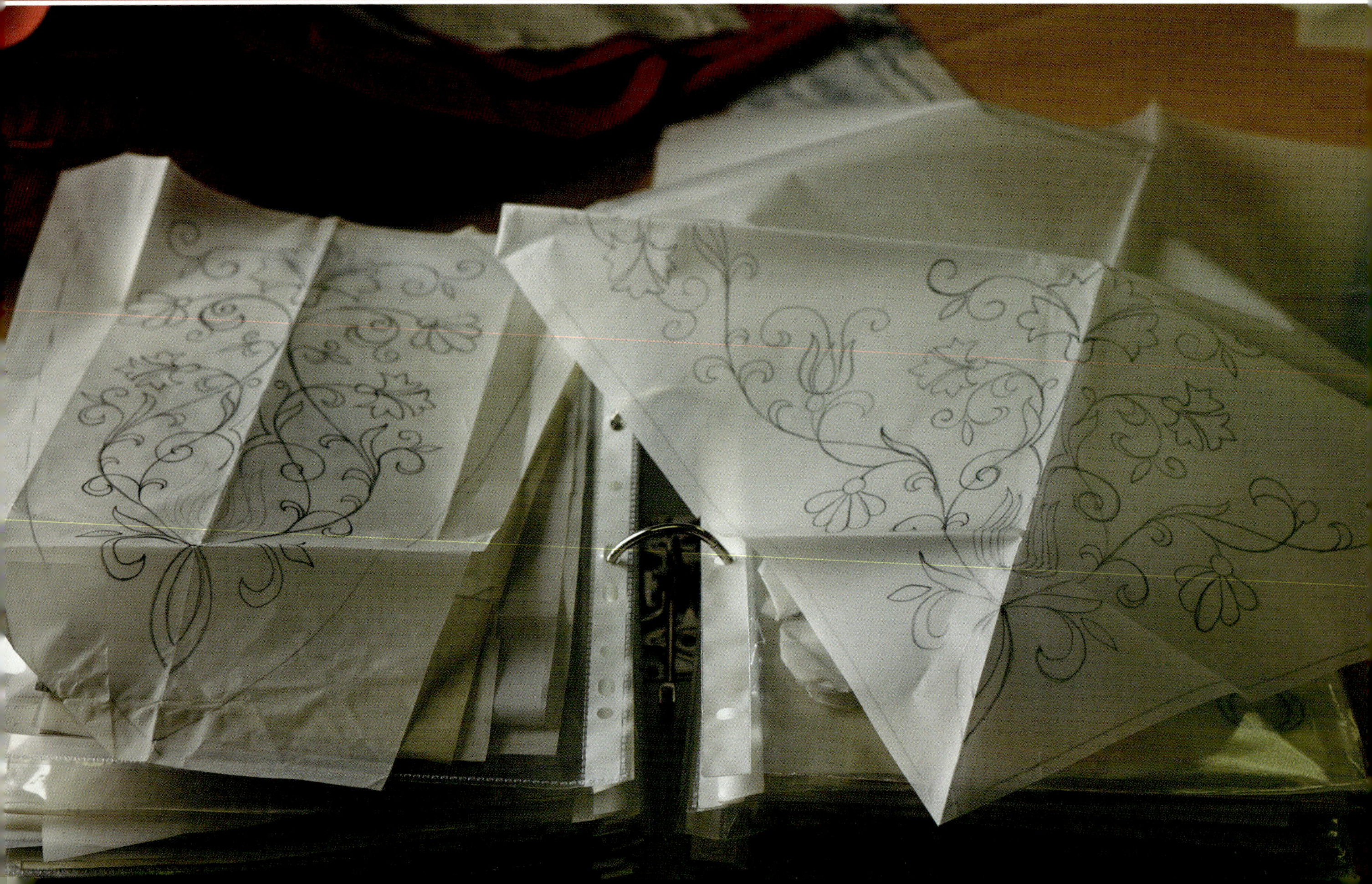

Die Sonntagstracht hat blau, schwarz und rostrot zu sein. Letzteres ist gewissermassen am nächsten bei der Ursprungsfarbe, denn eigentlich trugen die Bäuerinnen an Feiertagen rot.

BIS ZU 10 000 FRANKEN WERT

Und was kostet so eine Tracht, wenn man sie heute fertigt? Für eine Festtagstracht gilt es rund 8000 Franken locker zu machen, eine Churer Tracht kann gut und gerne auch 10 000 Franken kosten – wohlgemerkt ohne den schönen Silberschmuck oder die Bernstein-Ohrringe. In einem ersten Durchgang investiert eine geübte Trachtenschneiderin zirka 120 bis 140 Nähstunden. Weitere 150 Stunden kommen dann fürs Besticken dazu. Da ist Eva Durisch im Element. Fast alle Blumenmotive stehen zur Auswahl, die Kundin bestimmt ihr Dessin. Nur Edelweiss, Alpenrose und Enzian, das gibt's nicht im Repertoire. Zuerst wird alles minutiös aufskizziert und dann gestickt. »Am Schluss landen wir bei einem Stundenansatz von nicht einmal 20 Franken. Das grosse Geschäft machen wir definitiv nicht. Aber das ist ja auch nicht das Ziel«, schmunzelt die Bündnerin.

FINGERHUT VOM ZUCKERHUT

Wir wechseln den Raum im Atelier von Eva Durisch, das nichts anderes ist als ein Arbeitszimmer in ihrer Vierzimmer-Mietwohnung. Im Gang fällt der Blick auf etliche Setzkästen, die überquellen von Fingerhüten aus aller Welt. Emaillierte, durchsichtige, bemalte, bunte, grosse, kleine. Exakt 4122 Stück sind zusammengekommen. Nun wissen wir auch, was es mit dem Satz »Ich nähe, um zu reisen« auf sich hat. Eva Durisch ist nämlich weit herumgekommen. Mexiko. Teneriffa. Deutschland – und viele weitere Länder. Nicht selten war sie auch in offizieller Mission unterwegs: als Vertreterin von Graubünden an internationalen Trachtenfesten.

FÜR HOCHZEITEN, TRACHTENTÄNZE, JODLERCHÖRE ODER ALS ERBSTÜCKE

Wer leistet sich denn heute überhaupt noch eine Tracht? »Es gibt immer mehr junge Frauen, die an ihrer Hochzeit oder anderen Festen in einer Tracht auftreten wollen«, sagt Durisch. Dafür eignet sich die Festtagstracht ideal, wenngleich sie nicht weiss ist. Höchstens die Schürze noch. Ansonsten ist die Sonntagstracht in Graubünden blau oder rostrot. Und ursprünglich war sie sogar schwarz, stammt sie doch von der Kirchen- oder Trauertracht ab, die man zu Begräbnissen trug.

Einschneidende Momente im Leben sind es, die Leute besondere Kleider tragen lassen. Die Spannweite zwischen Geburt und Tod ist es, die dem historischen Kleidungsstück bis heute seine Berechtigung verleiht. So verwundert's denn auch nicht, dass ein erheblicher Teil der Trachten, die Durisch schneidert oder abändert, Erbstücke sind. Wertvolle Erinnerungen in Stoff, die von Generation zu Generation weitergereicht werden. Ganz im Sinn und Geist von Eva Durisch.

EVA DURISCH | TRACHTENSCHNEIDERIN

ROGER DÖRIG | SENNENSATTLER

Tradition ist nicht statisch

Bewährtes und Innovation. Ehrfurcht vor dem Alten und Lust auf Neues. In Appenzell bringt der Sennensattler Roger Dörig dies alles auf die Reihe.

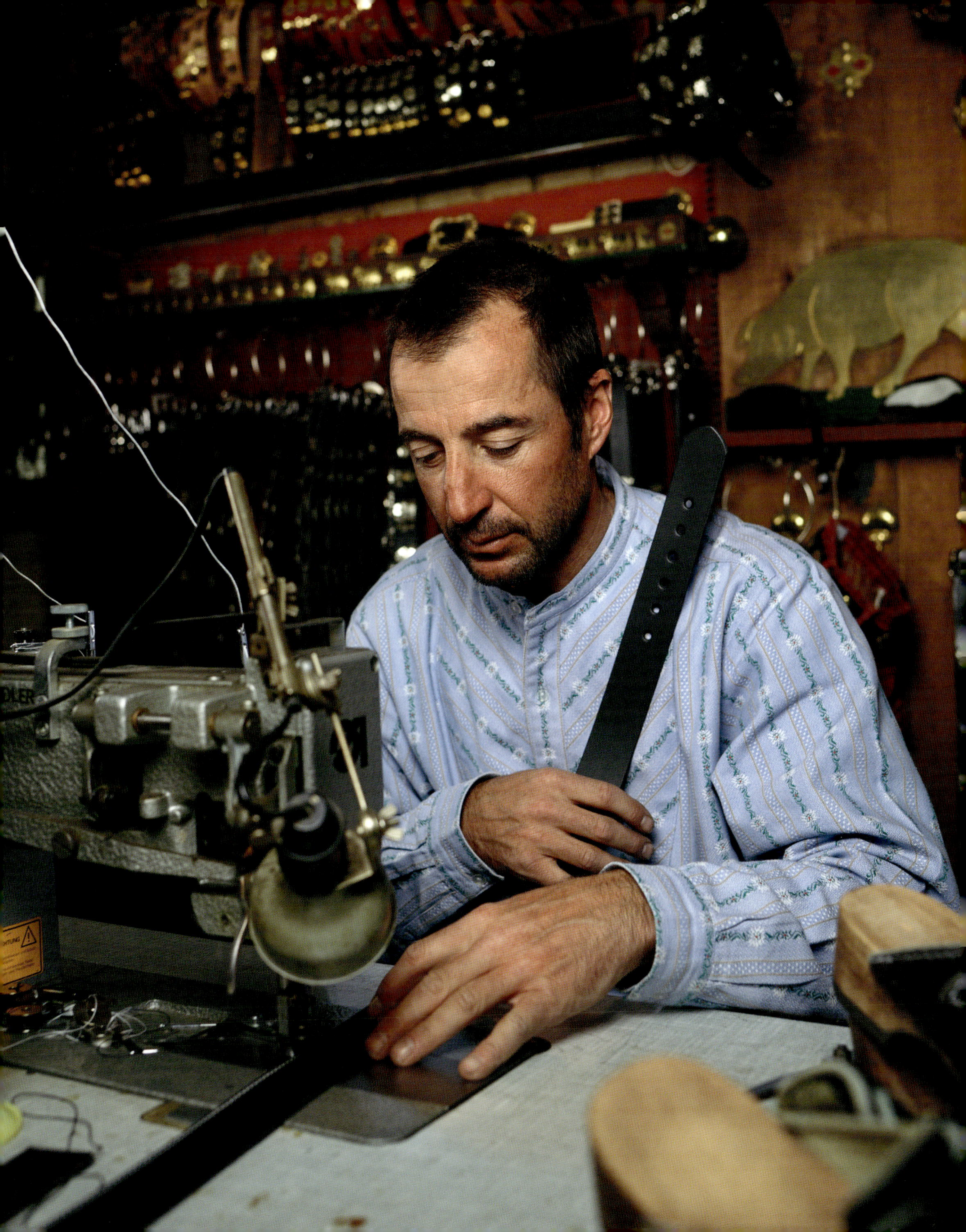

Es gibt Dinge, die würde Roger Dörig nie machen. Etwa Appenzeller-Hosenträger mit einem Firmenlogo versehen. »Das hat mit Ehrfurcht vor der Tradition und den Menschen zu tun, die wissen, warum sie Trachten oder eben Hosenträger tragen«, sagt der 46-Jährige in der Werkstatt, in der schon sein Grossvater wirkte.

Viel hat sich seither nicht verändert. Es riecht nach Leder und Metall. Dörig arbeitet mit Silber und Gold. Mit Bronze und Holz, mit Stichel und Nadel. Und eben mit Leder. Mit Hammer und Punzen, eine Art Stempel aus Metall, schlägt er – Strichlein für Strichlein, Pünktchen für Pünktchen – eine Kuh in den Beschlag aus Messing. Dann einen Senn, einen Hund, Ziegen, Kühe...

EIN BERUF, DEN MAN NICHT (MEHR) LERNEN KANN

Der Innerrhödler hat als Skirennfahrer und als Privatmann die Welt gesehen und sich dann doch für den Beruf seiner Vorfahren entschieden: »Du musst das tun, was dir Freude macht und was dich erfüllt«, sagt er. Nur – das, was Dörig macht, kann man als Beruf gar nicht (mehr) lernen. Es ist ein Mischung aus Goldschmied, Ziselier, Sattler und anderem mehr. »Vieles habe ich von meinem Grossvater mitbekommen, ich sass als kleiner Bub oft bei ihm in der Werkstatt.« Später dann hat er längere Zeit bei einem Goldschmied und einem Handgraveur assistiert. Das allermeiste Werkzeug muss Dörig selber herstellen. Punzen, wie er sie braucht, produziert heute niemand mehr.

> »Wenn ich diese Stücke nicht mehr mache, dann macht es bald niemand mehr.«

APPENZELLER MÄNNERSCHMUCK

Seit 20 Jahren kreiert Dörig Sennengürtel und Schellriemen, Hosenträger oder Hundehalsbänder. Und traditionellen Schmuck. Primär für Appenzeller Männer. Etwa den Sennring, der am kleinen Finger getragen wird. Oder die Ohrschaufel, diese Rahmlöffel en miniature, die mit einer Schlange aus Silber im linken (Männer-)Ohr befestigt ist. »Wenn ich diese Stücke nicht mehr mache, dann macht es bald niemand mehr, und der Brauch stirbt aus«, sagt Dörig. Ein Brauch übrigens, der strengen Regeln unterliegt. »Nicht jeder sollte einen

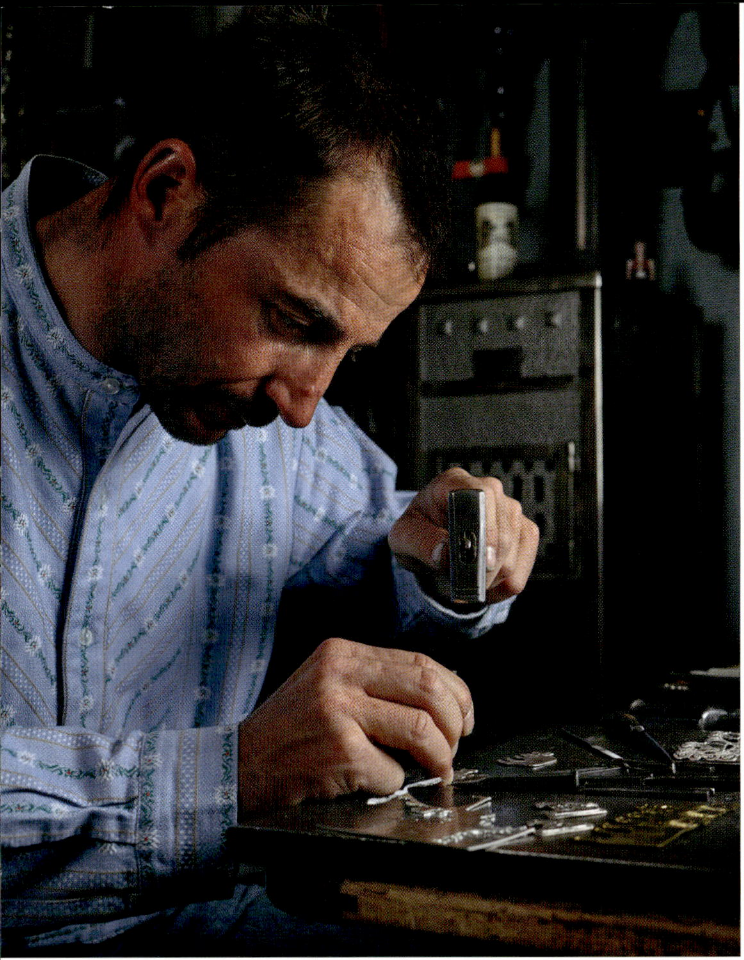
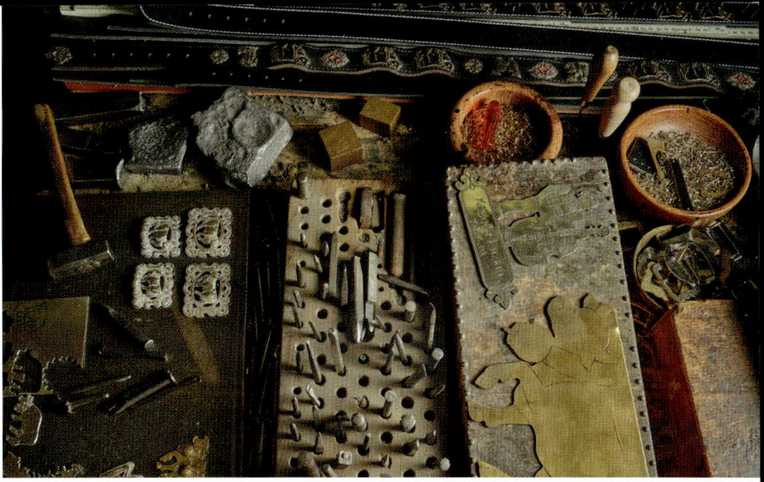
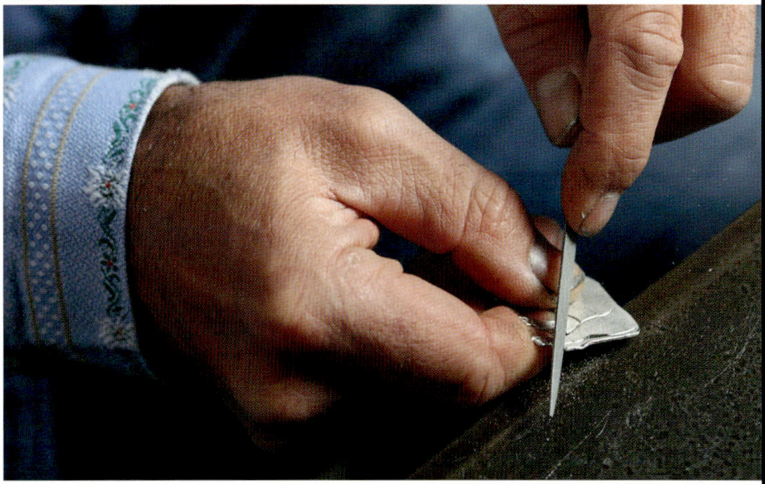
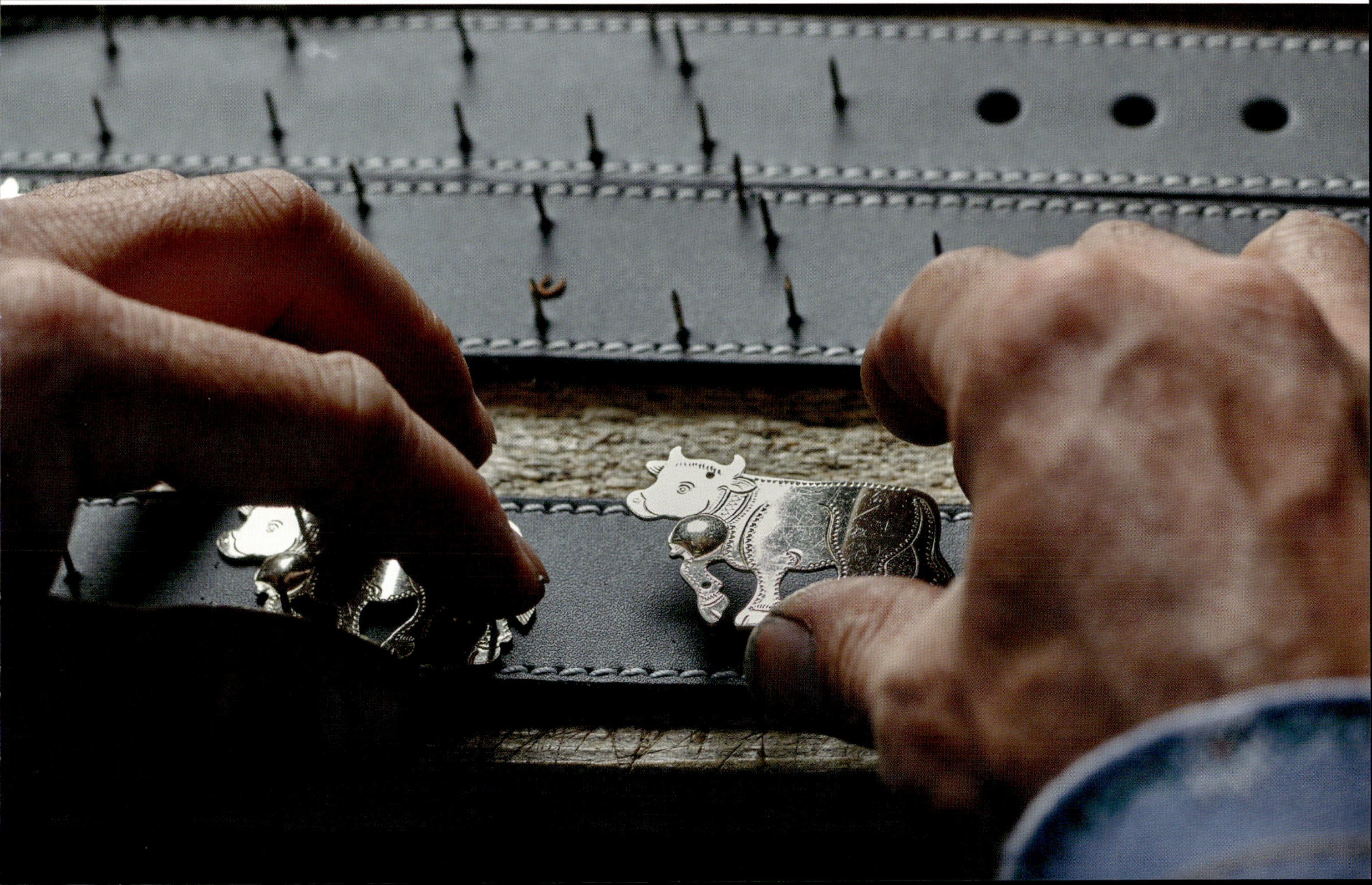

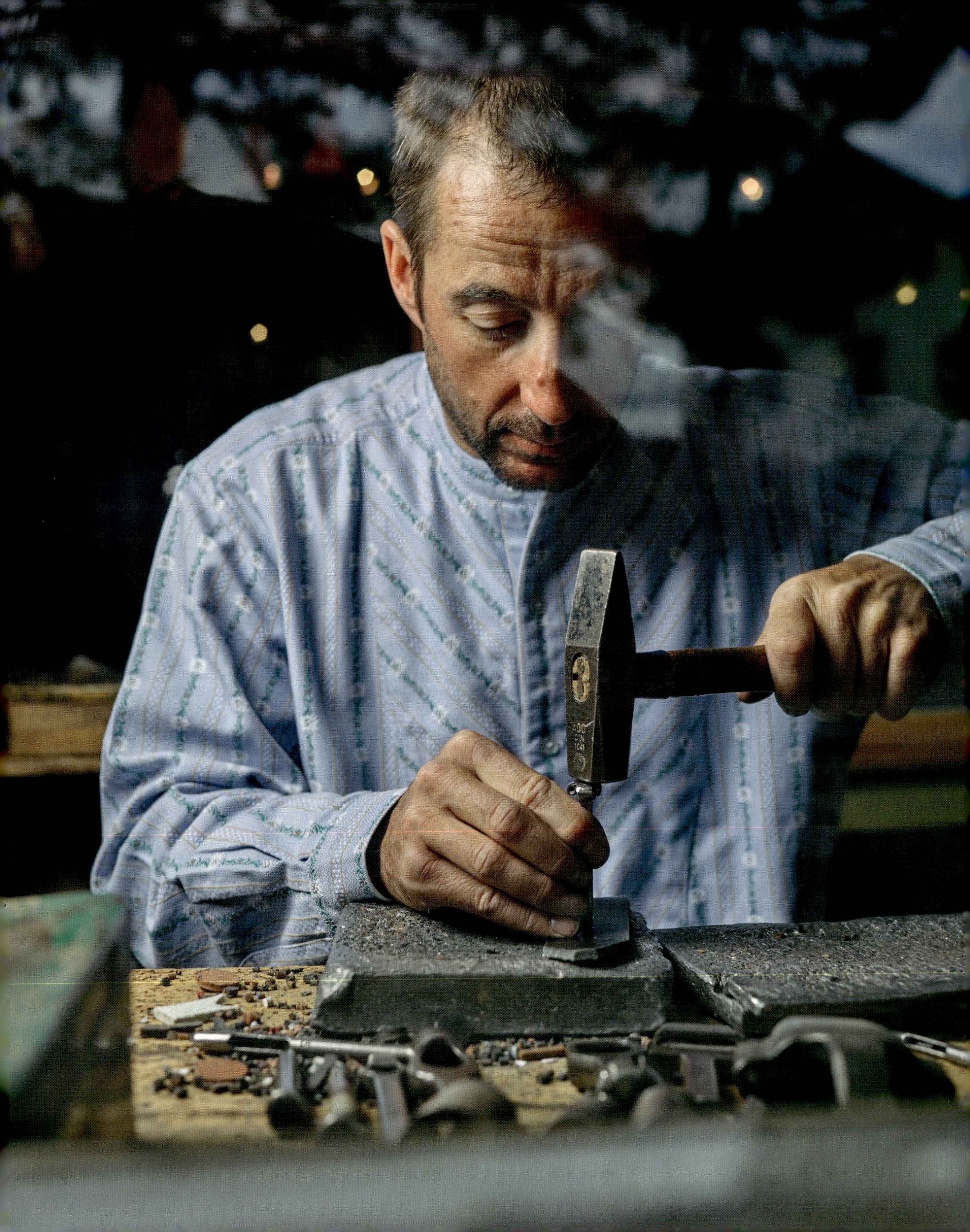

solchen Ring, einen solchen Anhänger tragen.« Wer – oder wer nicht – und warum, erfährt man bei einem Besuch in Dörigs Werkstatt.

DIFFERENZIERTE AUFFASSUNG VON TRADITION
Dörig ist Traditionalist – aber Tradition ist nicht statisch. Das beste Beispiel sind die Beschläge – also der Schmuck auf Hosenträger, Gürteln oder Zaumzeug. Die waren früher eher einfach gehalten, aber weil ein Hersteller den anderen ausstechen wollte, wurden diese Beschläge im Lauf der Jahrzehnte immer kunstvoller. So hockt Dörig wie sein Urgrossvater in seiner Werkstatt und ziseliert stundenlang an Schuh- und Gürtelschnallen mit Sennen, Musikern, Hunden, Geissen oder Kühen. Oder er flechtet fast indianisch anmutende Muster in die Schellriemen. Seine Kühe haben übrigens immer Hörner: »Wenn sie keine Hörner bräuchten, hätte sie der Herrgott ohne geschaffen.« Auch Dörig probiert Neues aus und legt manch-

mal ein unkonventionell designtes Schmuckstück auf seinen Arbeitstisch. »Wenn es den Leuten gefällt, ist es gut. Wenn nicht, auch.«

Und weil Tradition eben nicht Stillstand bedeutet, hat der Appenzeller das uralte Haus neben seiner Werkstatt gekauft und es zur Kreativwerkstatt umfunktioniert. Ein Schreiner, eine Näherin, eine Töpferin, eine Zinngiesserin und sogar eine lokale Brauerei und Metzgerei proben hier seit 2016 die Zusammenarbeit. Entstanden sind bis anhin Möbel mit eingelassenen Zinnmustern, Schmuck- und Gebrauchskombinationen aus Zinn und Ton, bedruckte Stoffe. Beim Giessen von Fonduegabeln können Besucher selber Hand anlegen.

> »Wenn es den Leuten gefällt, ist es gut. Wenn nicht, auch.«

DIE RICHTIGE KOMBINATION ZÄHLT

Das Ziel des Handwerkerkollektivs ist es, Synergien zwischen Handwerksrichtungen zu entwickeln. Berufe wie das Nähen, das Zinngiessen sollen nicht der Vergessenheit anheimfallen. Doch der Mensch lebt nicht vom Sattlern und vom guten Willen, auch nicht vom Zinngiessen und vom Engagement für alte Berufe. Es darf auch mal was für den Bauch und die Seele sein. Darum reift in handgefertigten Fässern Appenzeller Whisky heran, und von der Decke baumeln Pantli, eine Art autochthoner Landjäger. Wie sagte doch Roger Dörig so schön? »Wir kombinieren alles, was uns fasziniert.«

ROGER DÖRIG | SENNENSATTLER

KAVITHAS JEYABALAN | SCHLITTENBAUER

Einheimische Kufen aus fremder Hand

Diese Geschichte grenzt an ein Märchen. Hauptfigur ist der Tamile »Kavi« Kavithas Jeyabalan, der 1984 in die Schweiz flüchtete. In Peist bei Arosa hat er eine neue Heimat gefunden. Und setzt sich dort für den Erhalt einer uralten Schweizer Handwerkskunst ein: das Schlittenbauen.

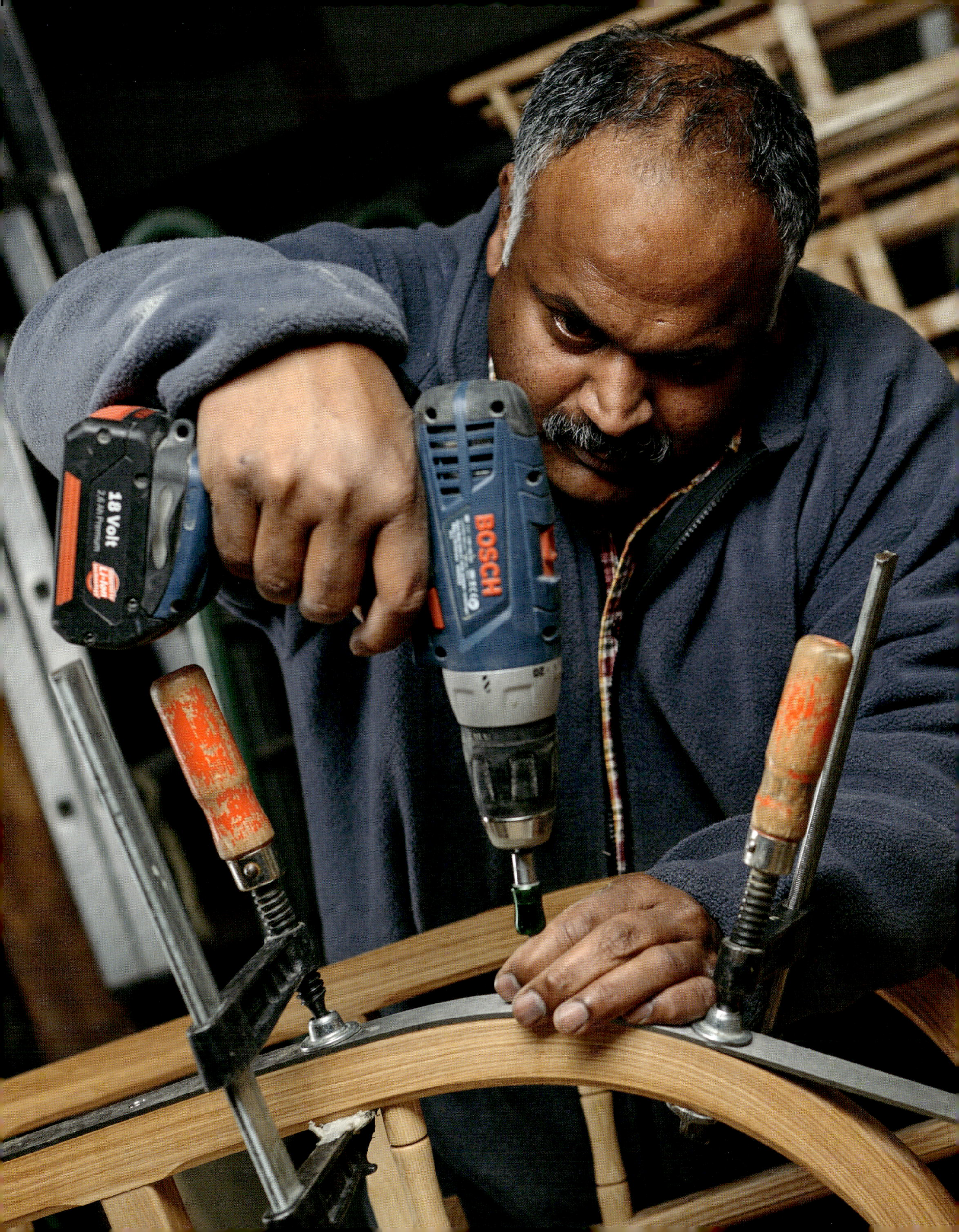
18 Volt
BOSCH

Nächster Halt: Peist. Das tönt ganz schön exotisch, denkt sich der Nicht-Ortskundige. Wie muss es erst Kavithas Jeyabalan ergangen sein, vor 33 Jahren, als er mit der Rhätischen Bahn ins Schanfigg fuhr. Mehr aus Neugier als mit einem fixen Ziel vor Augen war er aufgebrochen – einfach nur raus aus diesem Asylbewerberheim in Chur. In Arosa, am Ende des Tals, fragte der Fremde nach Arbeit. In einer Schreinerei fand er schliesslich Unterschlupf.

MIT DER WERKSTATT GROSS GEWORDEN

Da war er nun – und da blieb er fortan. Es war Liebe auf den ersten Blick, aus zwei Monaten wurden volle zehn Jahre. Er lernte schreinern, nageln, fräsen, sägen, was das Zeugs hält. Irgendwann zog es ihn dann wieder talwärts. Auf halbem Weg fand er seine zweite Heimat: in Peist, dem 200-Seelen-Dorf. Und wie es vom unternehmungslustigen Kavithas Jeyabalan nicht anders zu erwarten war, gelang auch dieses Unterfangen. Wie alles, was er in die Hand nimmt. Heute nennt der Tamile, der längst auch Schweizer ist, ein Schreinergeschäft mit sieben Mitarbeitenden sein Eigen. Sein ehemaliger Ein-Mann-Schuppen hat sich zu einem stolzen Betrieb auf drei Stockwerken entwickelt, der unterdessen für seine hölzerne Spezialität weit über die Kantonsgrenzen hinaus bekannt ist.

»Die Schweizer schwören auf solide Dinge im Leben – ein Schlitten darf hier in keinem Haushalt fehlen.«

SCHLITTENBAUEN RENTIERT NICHT WIRKLICH

Kavi, wie sich Kavithas Jeyabalan nennt, ist es nämlich zu verdanken, dass eine Tradition im Tal zu neuem Leben erwachte. Denn schon bald stiess der Insulaner, der aus einem tropischen Klima stammt, im schneereichen Winter auf die Institution des Aroser Holzschlittens. Und sofort war für ihn klar: Dieses einst berühmte Exportgut musste eine Renaissance erleben. »Wirklich Geld lässt sich zwar mit den Schlitten nicht verdienen. Wenn ich ehrlich bin, könnte ich damit nicht einmal den Lohn eines Angestellten bezahlen.« Die Rechnung ist schnell gemacht: Mindestens acht Handwerksstunden stecken in einem Schlitten, dazu kommt das Material im Wert von rund

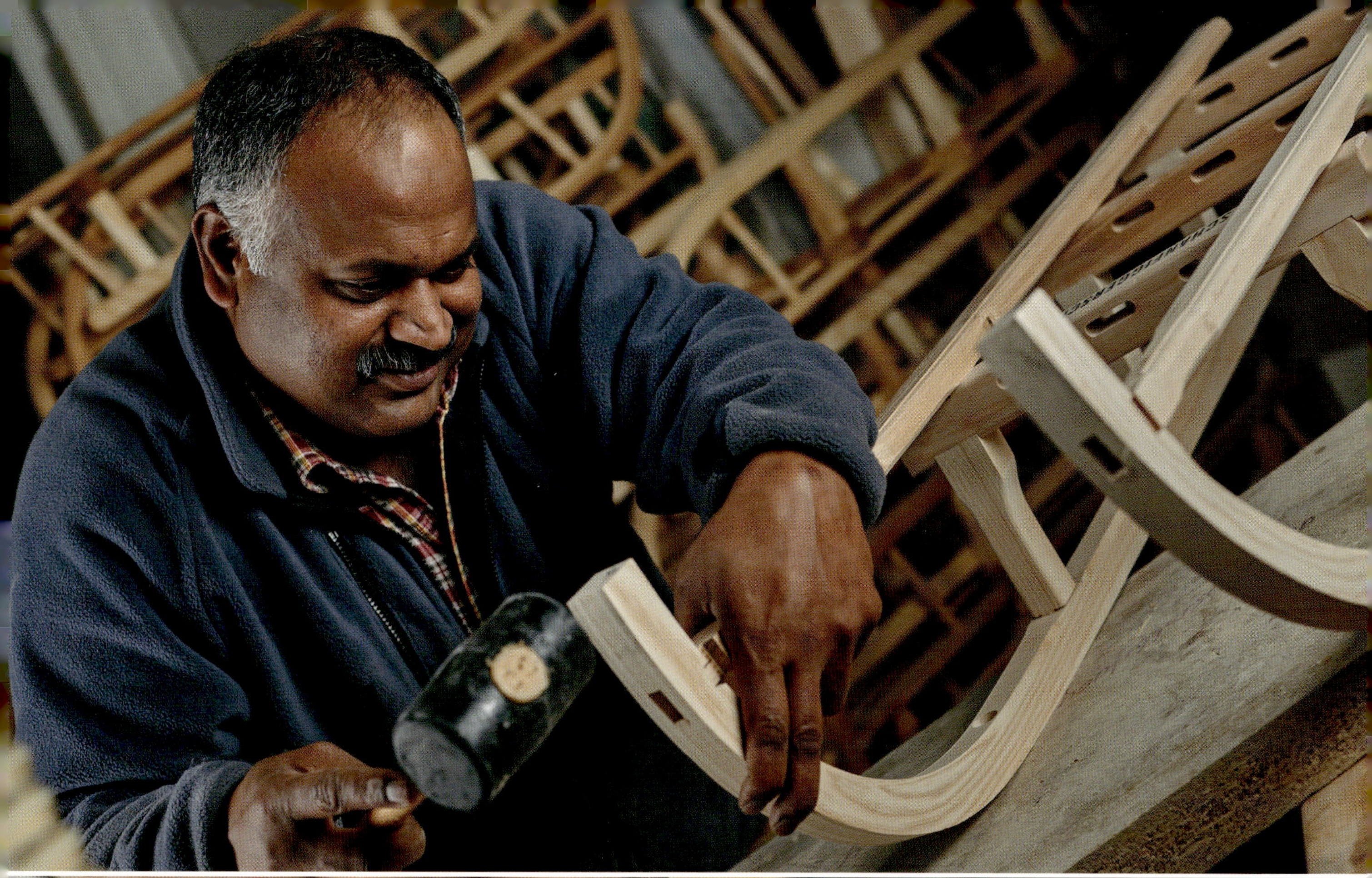

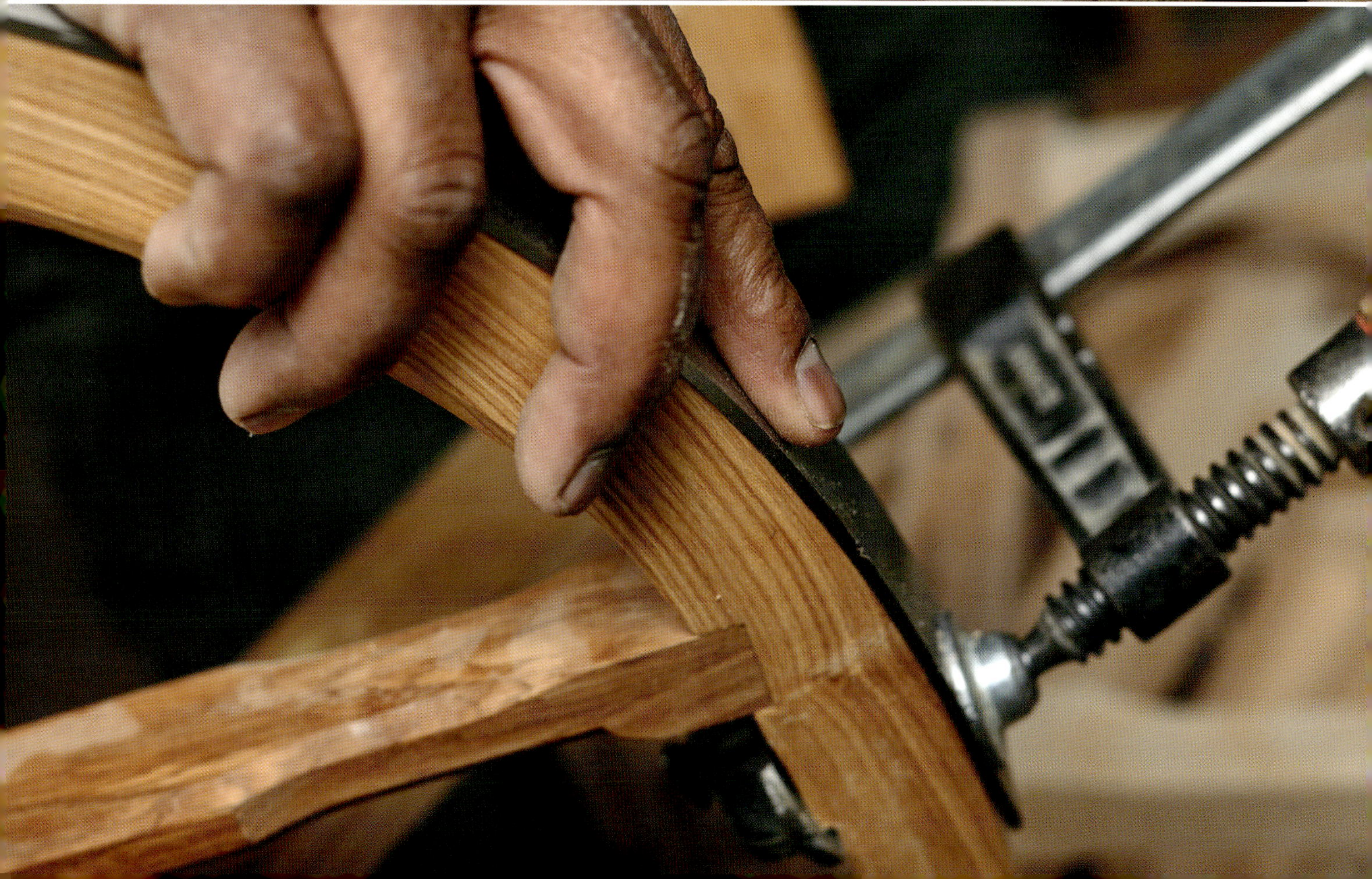

300 Franken. Bei einem Stückpreis von 400 bis 500 Franken ist gerade noch eine Marge von knapp 20 Franken pro Schlitten zu erwirtschaften.

Auf die Idee, einen Aroser Schlitten zu bauen, brachte den 51-Jährigen sein damaliger Chef in Arosa. Und Kavi wäre nicht Kavi, wenn er nicht flugs die Baupläne des Originals optimiert hätte. Der erfahrene Schreiner nahm etliche Verbesserungen vor und benannte sein Gefährt schliesslich auf Schanfigger Schlitten um.

KLEINTEILIGE QUALITÄTSARBEIT
Das Rohmaterial bezieht Kavi aus dem Sarganserland. Für ihn kommt nur einheimische Esche in Frage, denn dieser Typ Holz verzieht sich auch bei Wind und Wetter kaum. 22 Einzelteile gilt es zu fräsen; sie bilden das Grundgerüst für den Schlitten. Dieser kommt ohne Metallverstrebungen und fast ohne Schrauben aus – ganz im Gegen-

KAVI SCHREINEREI PEIST

SCHANFIGGERSCHLITTEN

satz zum weltberühmten Davoser Typ. Konkret führt Kavi die Längsleisten durch die Löcher in den Querleisten hindurch. »Dadurch erhält der Schlitten seine grosse Stabilität – und hält gut und gerne 20 bis 25 Jahre«, erklärt der Schreiner. Eine Schlüsselrolle spielen die zwei Kufen: Sie werden am Stück in die richtige Form gebogen – und dann erst in zwei Teile zerschnitten. Das garantiert dem Schreiner, dass sich die Kufen absolut identisch verhalten. Was wiederum das Herz jedes Schlittlers erfreut: Denn nur so weicht der Schlitten nicht von der Spur ab. Bevor das Gefährt auf die Piste geht, folgt die Endkontrolle. Das heisst: Die Macher prüfen nochmals, ob die Kufen ganz flach am Boden aufliegen. Erst wenn dem so ist, ziehen sie den rostfreien Chromstahl auf. Dieser sorgt für vergnügliche Schussfahrten. Nicht nur viele Schanfigger, sondern auch Unterländer – und sogar Eros Ramazotti – besitzen einen echten Schanfigger Schlitten. Kavis Massarbeit kennt keine Grenzen, auch in Sachen PR nicht.

> »Ehrlich gesagt, bin ich ziemlich stolz darauf, dass es mir gelungen ist, dieses Handwerk zu erhalten.«

KÜCHEN STATT SCHLITTEN

Den Schlitten widmet sich der Schreiner aus purer Leidenschaft. Sein täglich Brot jedoch verdient er mit dem Ausbau von Küchen und Innenräumen. Sein Flair fürs Handwerk ist ihm in die Wiege gelegt worden: Der Vater besass in Sri Lanka eine Drechslerei. Und Klein Kavi war Tag und Nacht in der Werkstatt anzutreffen. Holz war stets sein Element. Als Jugendlicher besuchte er ein Technical College und erlernte dort sein Metier von Grund auf. Heute ist Kavi ein angesehener Mann. Er spricht fliessend Walserdeutsch. Heimkehren nach Sri Lanka wird er auch nicht mehr so rasch. Denn seit 1990 ist er glücklich mit Vreni verheiratet. Beide leben mit ihren fünf Kindern in einem alten Bauernhaus. Und der Wahl-Schanfigger will um jeden Preis dafür sorgen, dass sein Handwerk weiterlebt. Nicht zuletzt wegen seinen Mitarbeitenden, die mit ihm den Laden in Schuss halten.

KAVITHAS JEYABALAN | SCHLITTENBAUER

ARMIN STROM | UHRMACHER

Die Uhr, die tief blicken lässt

Bei der Manufaktur Armin Strom in Biel gehen traditionelle Handarbeit und modernste Produktionsmethoden Hand in Hand. Mit seiner Skelettuhr schuf der Gründer einen einzigartigen Chronometer.

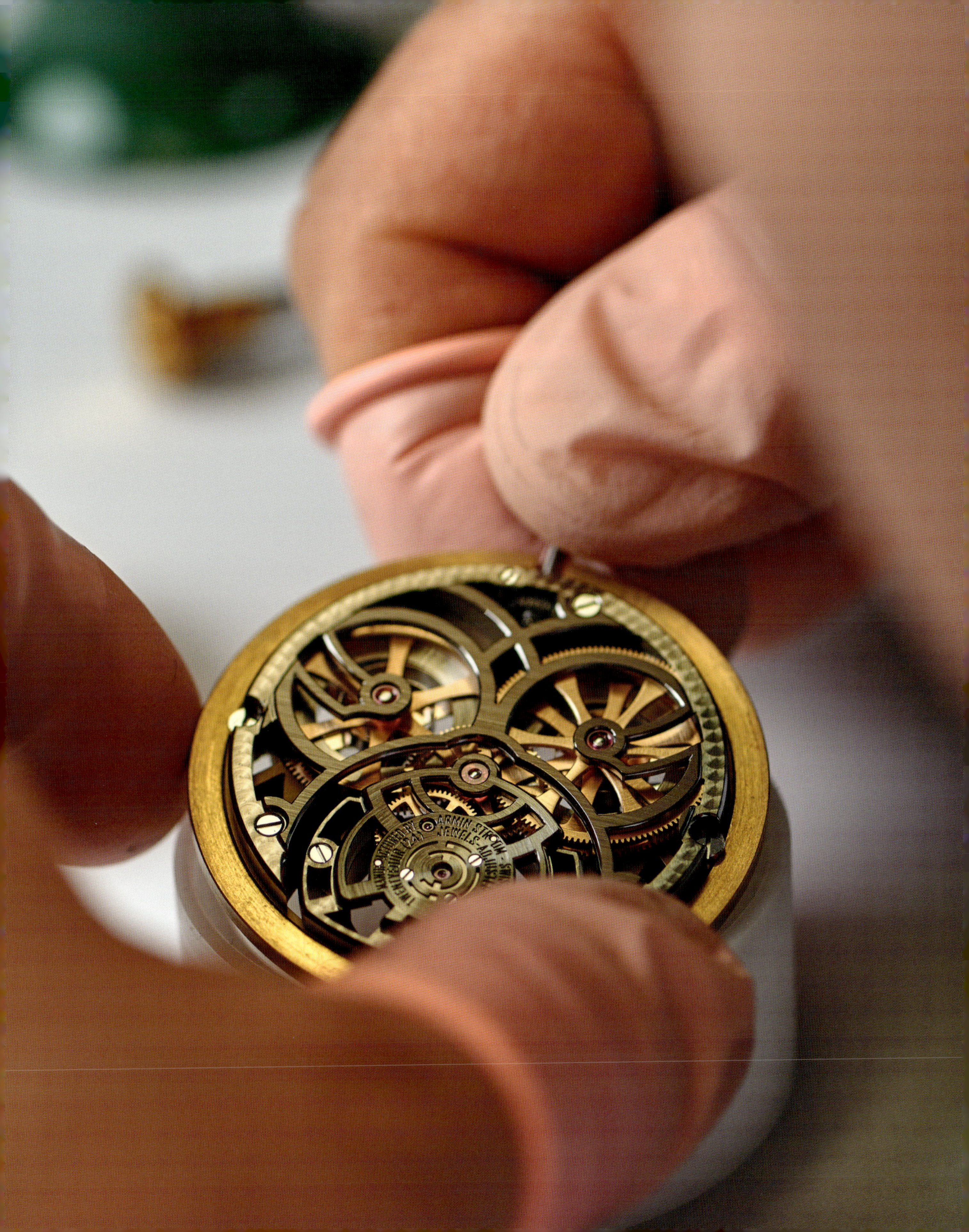
ARMIN STROM

Sie hängen an allen vier Wänden des Wohnzimmers, stehen auf der Anrichte, dem Couchtisch, dem Sideboard. Und bimmeln, gongen und klingen zu jeder vollen Stunde um die Wette. Zusammengetragen in einem Leben, in dem die Zeitmesser den Takt angegeben haben, sitzt mittendrin Armin Strom, 78. Das Prunkstück seiner Sammlung jedoch prangt am Handgelenk des Burgdorfer Uhrmachers: eine Skelettuhr. Selbst entworfen, konstruiert und eigenhändig zusammengebaut, zeigt sie weit mehr an als nur die Zeit. Offenherzig lässt sich dieser Chronometer von beiden Seiten bis in sein Innerstes blicken – zum Herzschlag des Werks. Kein Zifferblatt verbirgt das Zusammenspiel der winzigen Zahnräder, sichtbar werden Brücken, Schrauben und aufwendig gravierte Platten, die bis auf ihre tragende Grundsubstanz durchbrochen sind. Es ist, als könne man der Zeit beim Laufen zusehen.

EINE GLASKLARE VISION VOR AUGEN

Scharfe Augen, ruhige Hände, Sinn für Ästhetik – und eine Vision. »Ich wollte etwas Einzigartiges, Unverkennbares kreieren. Als ich auf die vergessene Technik des Skelettierens stiess, wusste ich: Das ist es.« 1983 macht sich Armin Strom im Hinterzimmer seines Uhrengeschäfts in Burgdorf erstmals daran, mit Stichsäge, Feile und viel Fingerspitzengefühl alle überflüssigen Teile eines Uhrwerks zu entfernen. Dass dabei weder die Ganggenauigkeit noch die Stabilität der Uhr leiden dürfen, versteht sich. Neben der kunstfertigen Freilegung winziger Werkteile sind auch Phantasie und Kreativität gefragt, um ein ästhetisches Gesamtbild entstehen zu lassen. Deshalb lässt Armin Strom die verbleibenden Teile mit aufwendigen Ornamenten gravieren und setzt das fertige Werk in edle Gehäuse ein. Ein Jahr später präsentiert er die Neuigkeit an der international renommierten Uhren- und Schmuckmesse in Basel.

Als einer der wenigen Schweizer Uhrmacher, die sich in jener Zeit aufs Skelettieren verstehen, macht er sich rasch einen Namen.

> »Ich wollte etwas Einzigartiges, Unverkennbares kreieren. Als ich auf die vergessene Technik des Skelettierens stiess, wusste ich: Das ist es.«

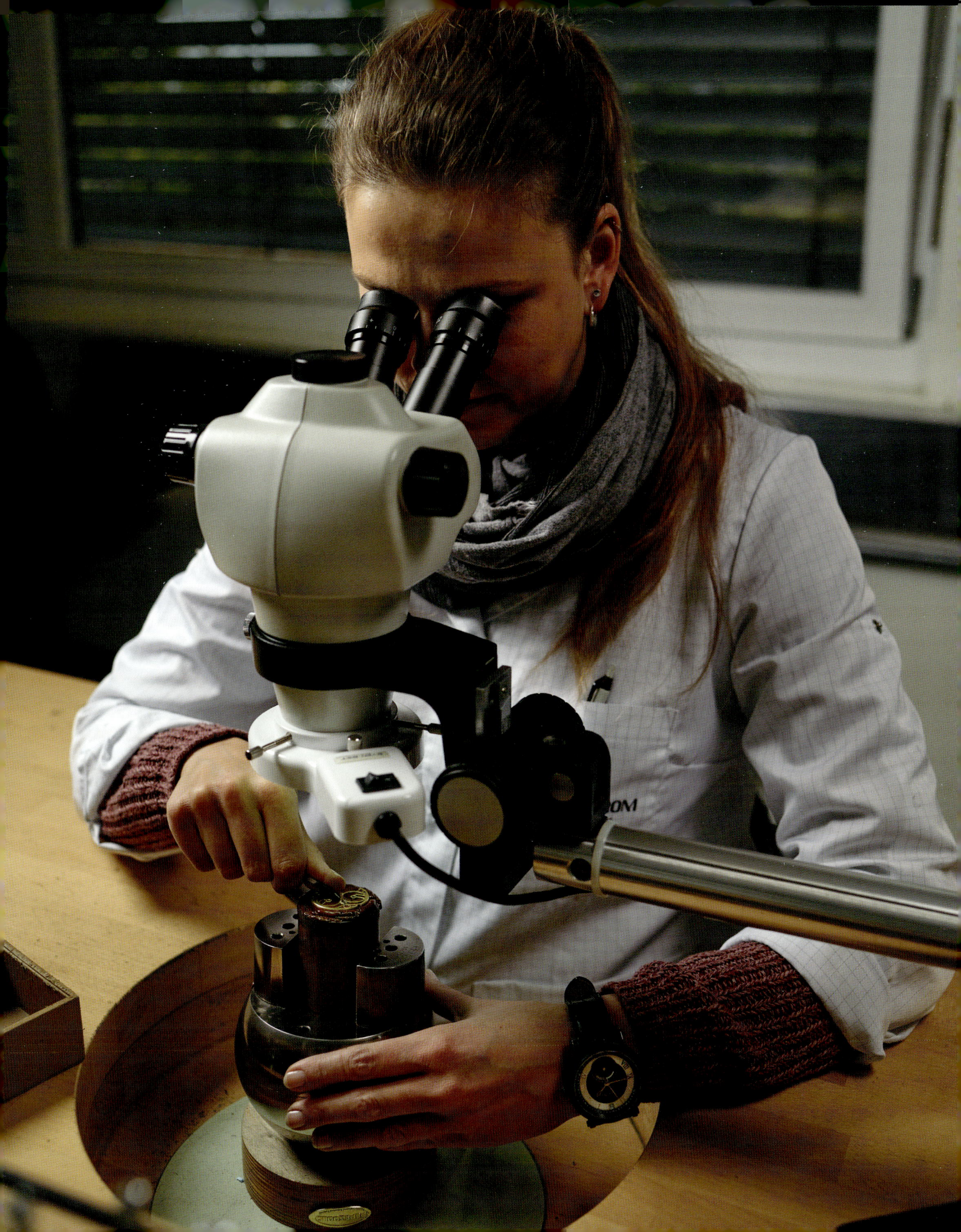

Während seine Frau das Geschäft führt, sich um Haushalt und Kinder kümmert, bringt Armin Storm die Bestellungen persönlich zu den Kunden in aller Welt. Der Eintrag ins Guinness-Buch der Rekorde Anfang der 90er-Jahre – bis heute übrigens ungeschlagen – kurbelt das Geschäft zusätzlich an: Armin Strom kreiert die kleinste, handskelettierte Damenuhr der Welt. Bei einem Durchmesser von 12,5 Millimetern ist sie voll funktionsfähig.

VOM EINMANNBETRIEB ZUR MANUFAKTUR MIT ÜBER 20 MITARBEITERN

Hinter einer schlichten Fassade in einem Aussenquartier von Biel werden heute jährlich 600 Luxus-Armbanduhren hergestellt. Auch wenn im Sortiment längst keine Damenuhren mehr zu finden sind und die filigranen Ziselierungen von damals einem moderneren, weniger verspielten Design gewichen sind – die Marke Armin Strom

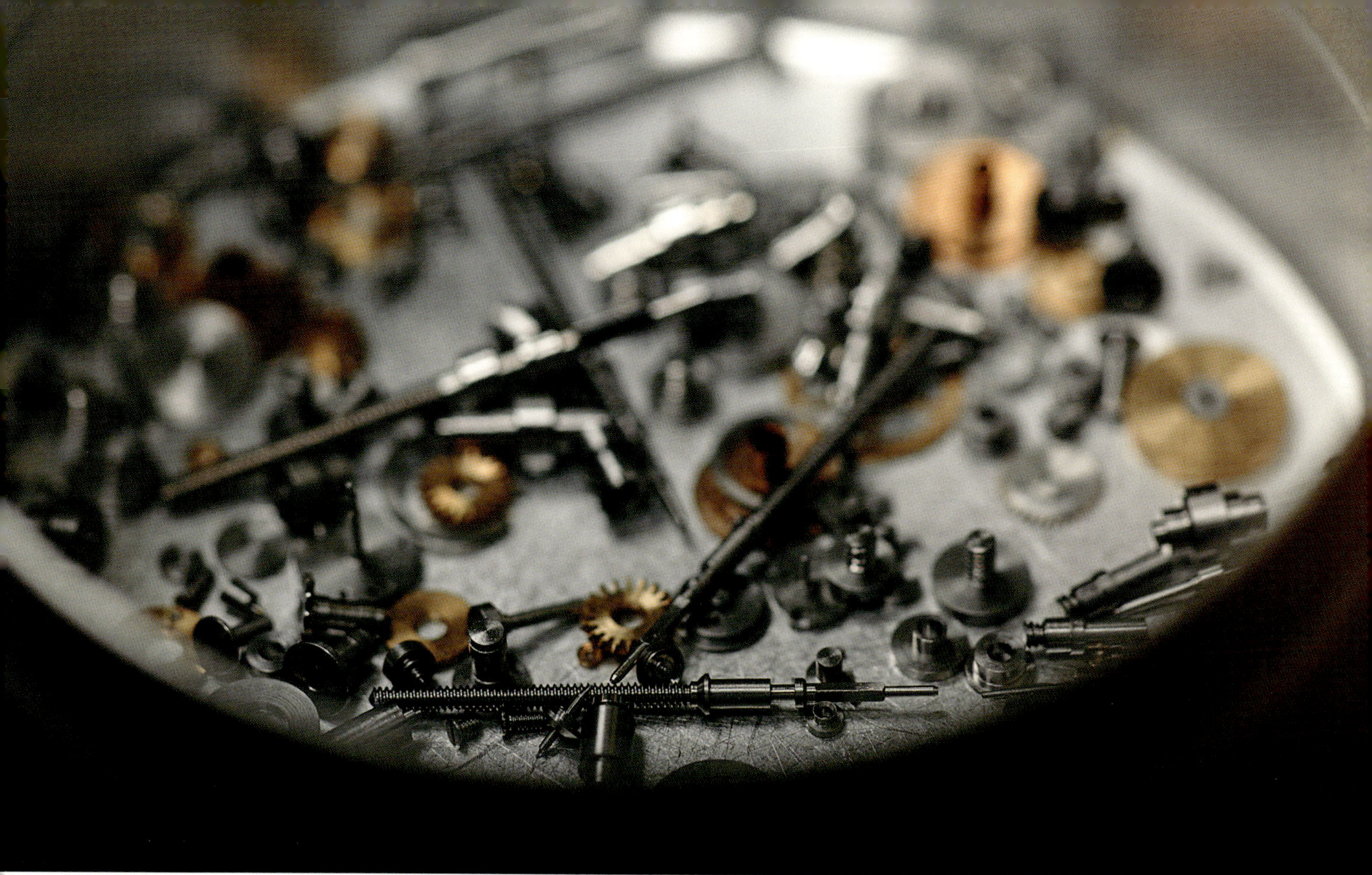

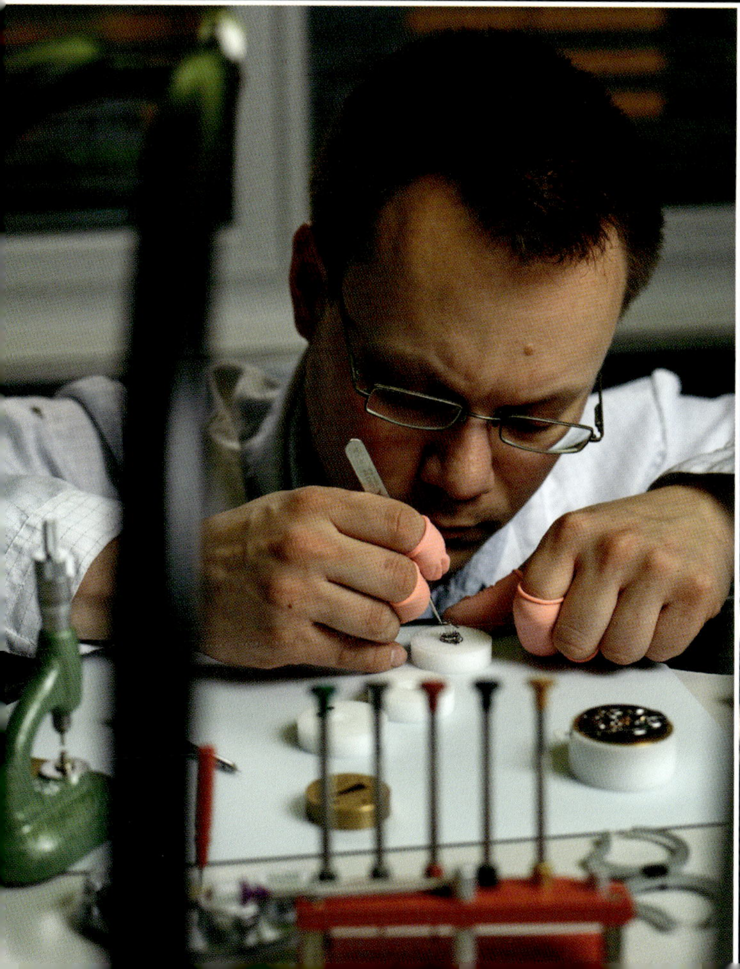

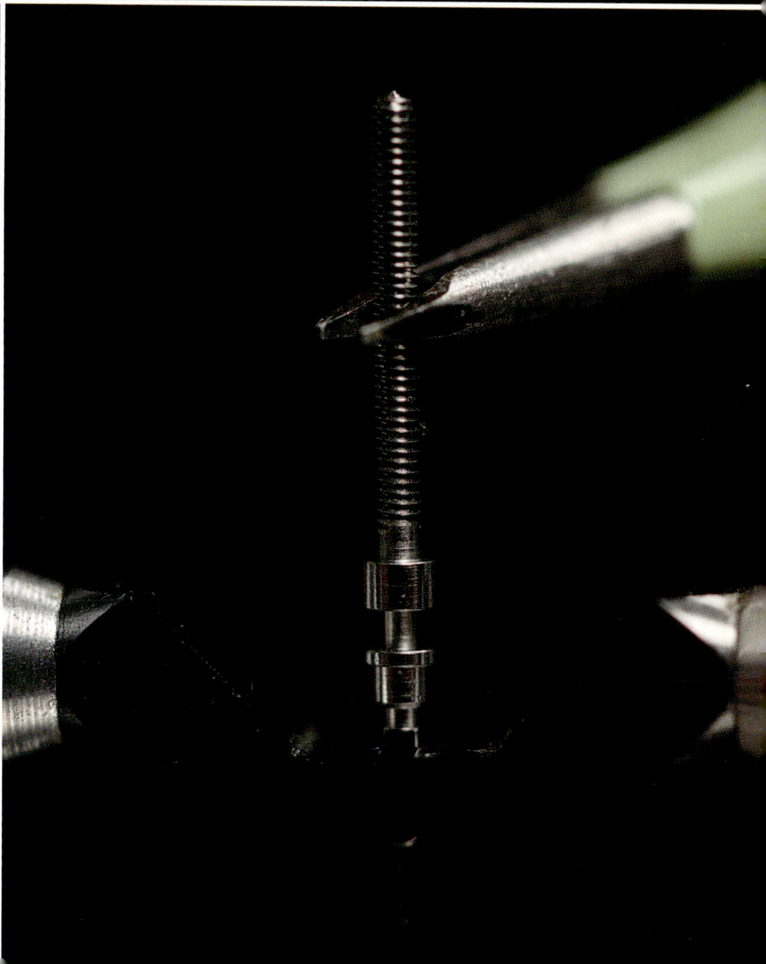

steht unverändert für hochwertige, handgefertigte Uhren mit transparenter Mechanik, weshalb die Firma auch nach dem Verkauf im Jahr 2008 seinen Namen trägt. Sechs Jahre später verwirklicht die Manufaktur den Traum ihres Gründers: Sie kreiert mit One Week Skeleton eine Skelettuhr, die komplett eigenständig hergestellt wurde.

Claude Greisler, Direktor der Armin Strom AG, legt als gelernter Uhrmacher und Konstrukteur auch selbst Hand an. Die ersten Skizzen entstehen mit Bleistift, später kommen der Computer und ein 3D-Drucker zum Einsatz, der den Spezialisten ermöglicht, das neue Objekt 1:1 auf seine Tauglichkeit zu überprüfen. Danach stellen die hauseigenen Mikromechaniker Brücken, Werkplatten, Schrauben und Zahnräder, Triebe, Hebel, Federn, Platinen, Zifferblätter und Zeiger her. Ebenso wie die winzigen Präzisionsteile, die später zum raffinierten Tourbillon zusammengesetzt werden. »Wir pflegen die Tradition, verbinden sie jedoch mit modernster Technologie«, sagt der 38-jährige Greisler.

»*Man muss auch wissen, wann es Zeit ist, loszulassen.*«

ZEIT LOSZULASSEN

Bevor die Teile zur Oberflächenbehandlung in die Galvanikabteilung und danach in die Montage gebracht werden, landen sie in der Dekorationswerkstatt, dem Herzstück der Manufaktur. Hier werden die Teile von Spezialisten dekoriert, auf Hochglanz poliert, angliert und von Hand graviert. Der Gründer selbst hat hier bis vor fünf Jahren noch gewirkt und sein Wissen, das man bis heute an keiner Uhrmacherschule lernen kann, an seine Nachfolger weitergegeben.

Damit ist nun endgültig Schluss. »Man muss auch loslassen können«, sagt Armin Strom bestimmt. Sein Blick schweift durchs Wohnzimmer, von Uhr zu Uhr zu Uhr. Seine treuen Weggefährten scheinen gleicher Meinung zu sein. Wie zur Bestätigung erklingt ein Glockenschlag nach dem andern.

ARMIN STROM | UHRMACHER

HANS REIFLER | WEISSKÜFER

Der Mann fürs Feine

Weissküfer gehörten früher zu jedem Dorfbild. Heute ist Hans Reifler in Hundwil in Appenzell-Ausserrhoden einer der letzten seiner Art. Er bleibt seinem Beruf treu, auch wenn sich das Berufsbild verändert hat.

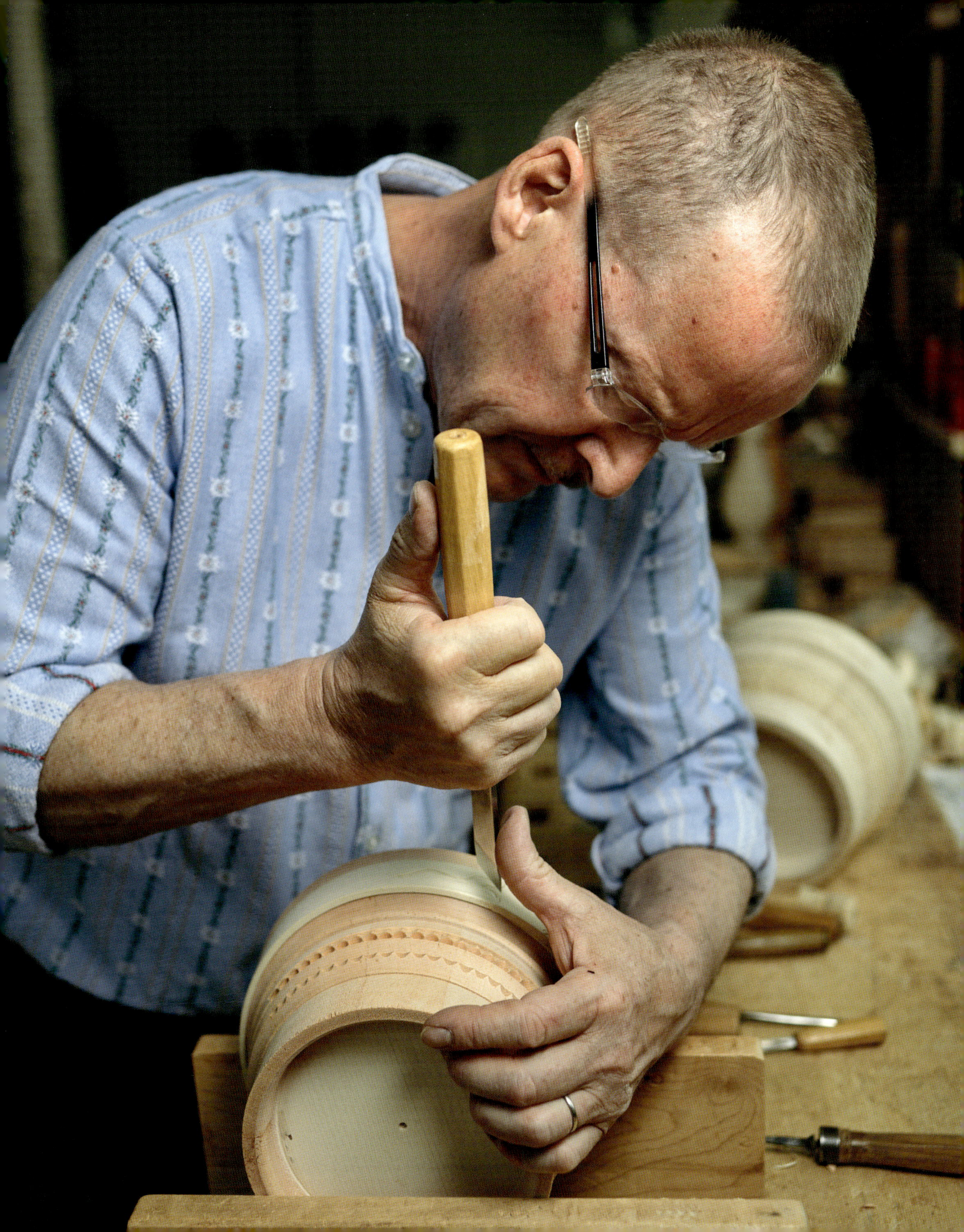

Ein Hobelspan-Sturm geht über Hans Reifler nieder, in der Luft liegt der Geruch von Holz und der Lärm der Drehmaschine. Vom Lärm ungerührt sagt der Weissküfer: »Ich weiss noch genau, wo und wann das Holz für jedes meiner Stücke gefällt wurde. Ich war immer dabei.«

Dabei sein, von A bis Z, vom Fällen des Holzes bis zum Verkauf der fertigen Produkte, das bezeichnet der 58-Jährige aus Hundwil im Ausserrhodischen als das Schönste in seinem Beruf. Dieser existiert wohl schon seit jener Zeit, als die Menschen die Kühe domestizierten und Gefässe für die Milch brauchten. »Allein in der Ostschweiz gab es in der 2. Hälfte des 18. Jahrhunderts über 80 Weissküfer«, sagt Reifler. Heute ist er einer der letzten, der in der Schweiz noch mit so unbekannten Werkzeugen wie Hohlkeelmesser, Drehmeissel, Stechbeitel oder Zugmesser ebenso unbekannte Gerätschaften wie Gebsen – eine Art flacher Milchbehälter –, Tansen, Rahmeimer. Überhaupt alles, was es auf einem Milchbetrieb braucht. Respektive brauchte. Denn scheinbar ewige Werte haben sich in kurzer Zeit verändert.

> »Es nützt nichts, den alten Zeiten nachzutrauern. Der Beruf des Weissküfers hat sich – wie so viele andere auch – einfach verändert.«

HYGIENE MACHT DEM HOLZ DEN GARAUS

«Vor 70 Jahren kamen zunächst der Chomstahl, dann das Plastik und zu guter Letzt die Hygienevorschriften«, sagt Reifler. Holz hatte im Zusammenhang mit Milch ausgedient, obwohl das antibakterielle Holz gemäss vielen Studien hygienischer ist als Kunststoff. Während die Fassküfer mit dem Aufkommen der Barrique-Weine eine Renaissance erlebten, mussten die verbleibenden Weissküfer umstellen. »Ich mache zwar heute noch Milchgeschirr«, sagt Reifler. »Aber es dient vor allem der Tradition. Zur Alpfahrt wird im Appenzellischen oft ein Karren – der sogenannte Ledi-Wagen – mit Milchgeschirr aus Holz beladen und mitgeführt.«

Weissküfer haben ihren Namen einerseits von der Milch, für die ihre Produkte verwendet wurden. Andererseits aber auch von der Farbe des Holzes. Im Gegensatz zu den Fassküfern, die mit dunkler

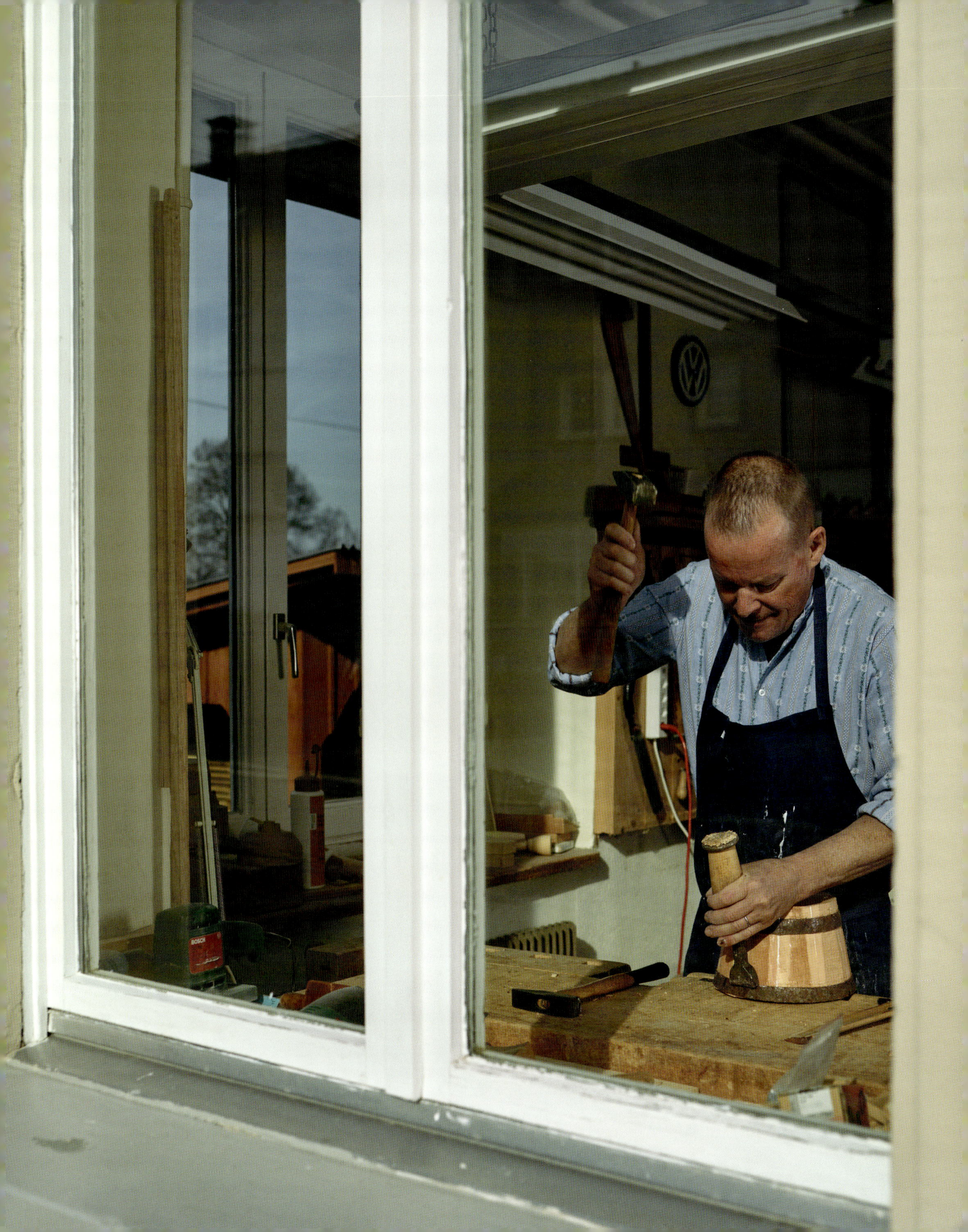
BOSCH

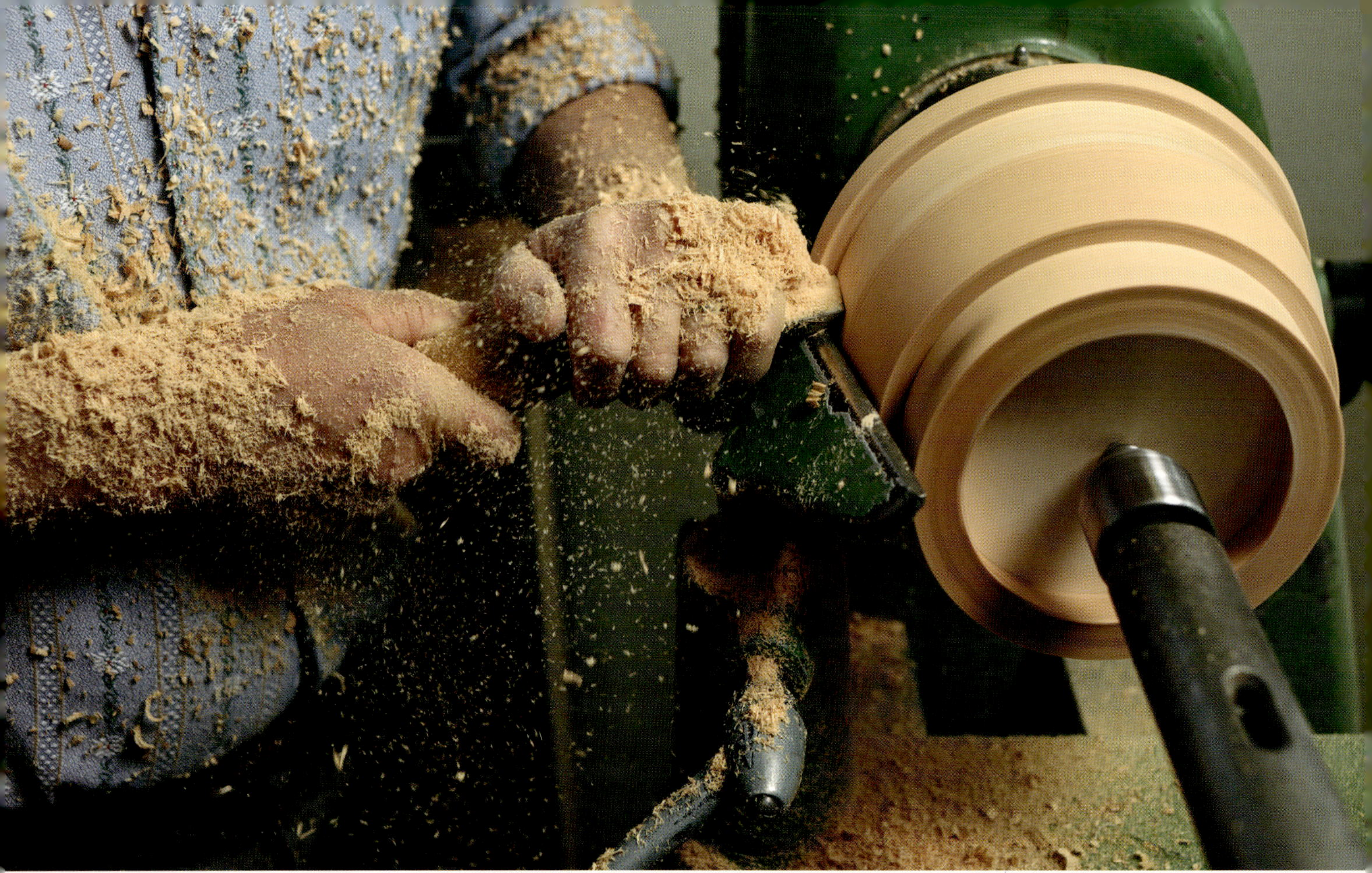

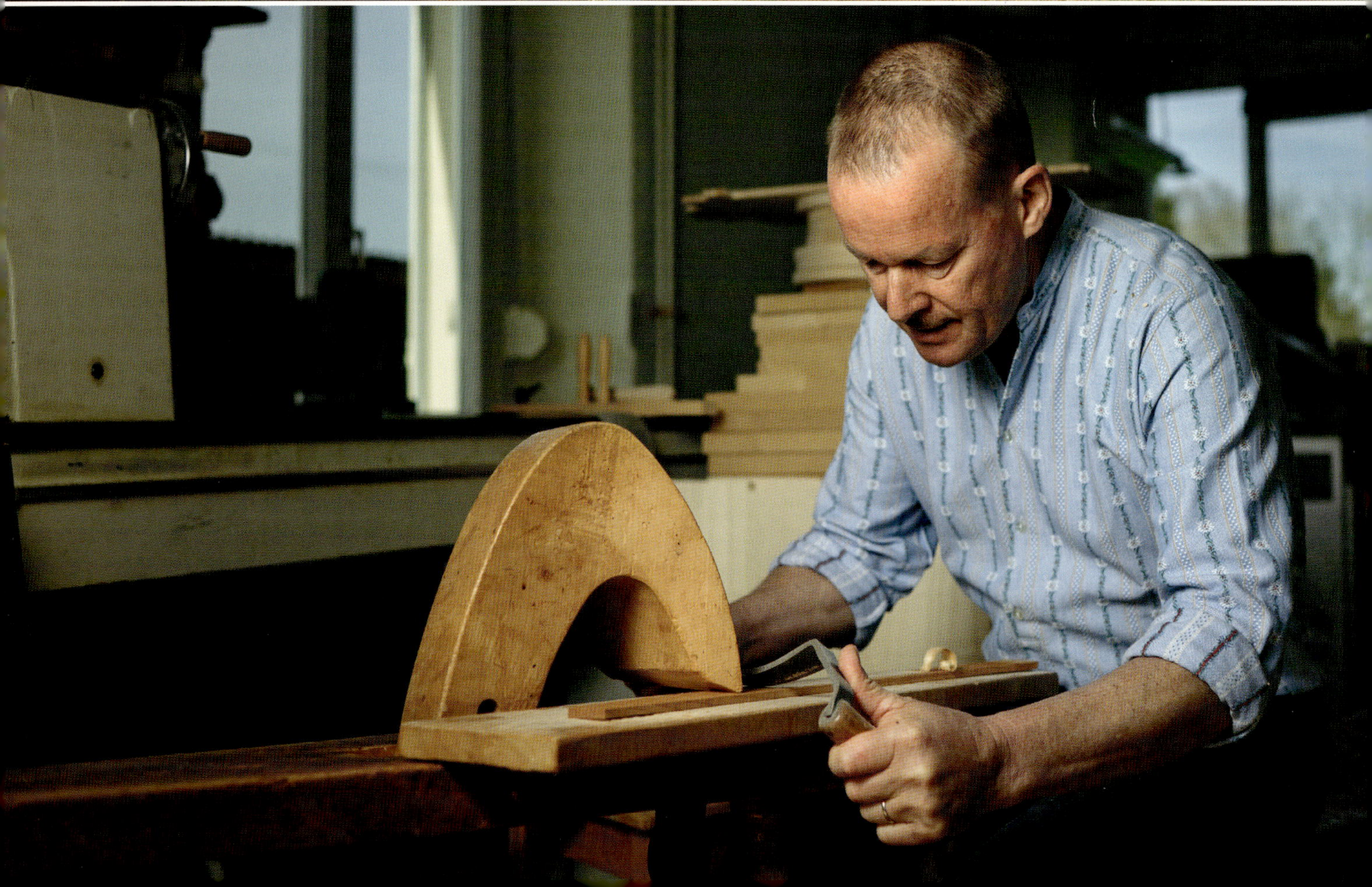

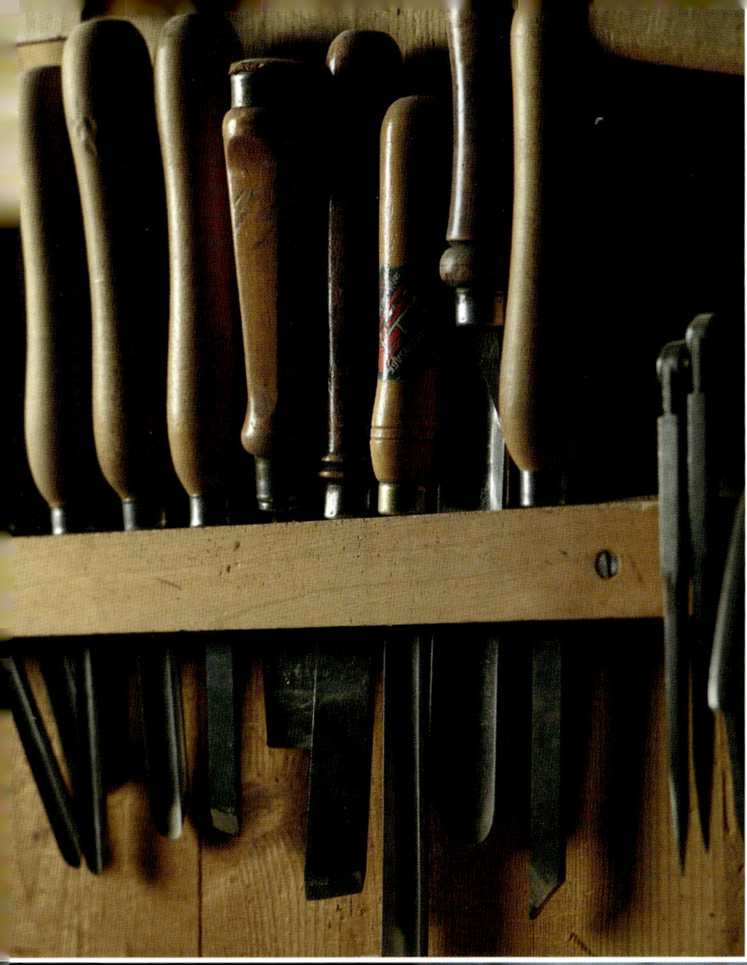
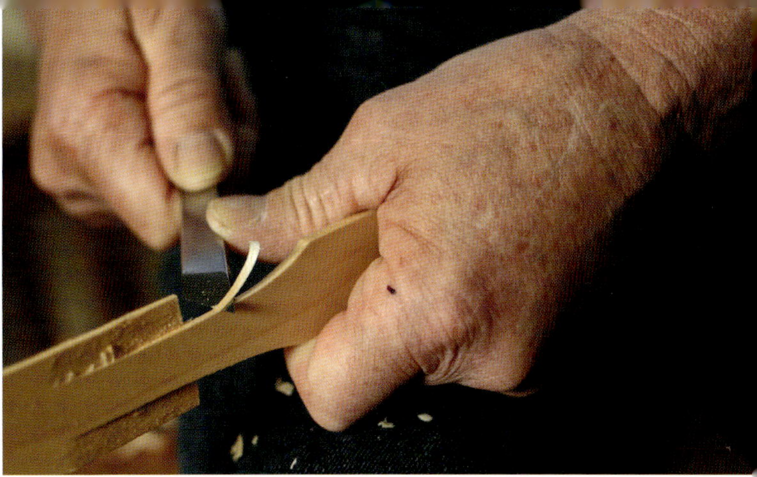
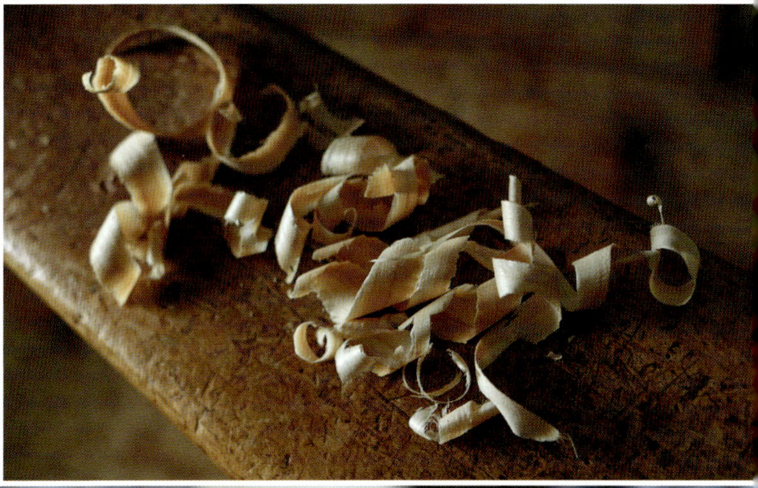
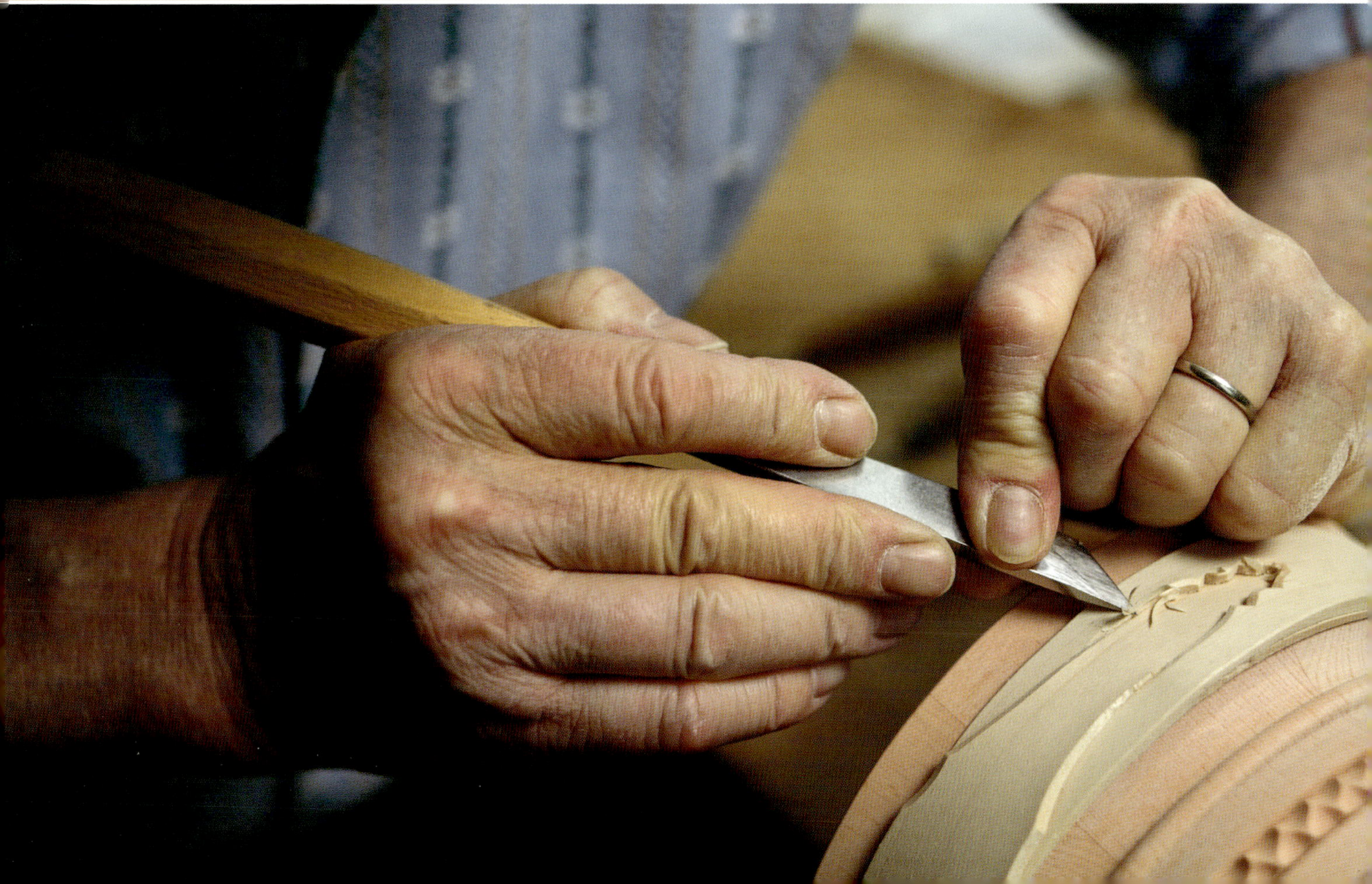

Eiche arbeiten, verwenden Weissküfer nur helles Tannen-, Arven- oder Ahornholz.

GESPÜR FÜR NEUES ENTWICKELN

Sein Beruf und sein Können sind zwar weiterhin gefragt. Doch anstelle von Milchgeschirr stellt Reifler mit den traditionellen Werkzeugen neue Artikel her. Mit unglaublicher Geduld und Präzision verziert er heute Käsebretter, Uhren, Teller und Tansen mit den traditionellen Schnitzmustern. Immer wieder tauchen lilienartige Blumen auf, ein Muster, das schon sein Vater und Grossvater verwendet haben. Tut das nicht weh, wenn eine Tanse zum Schirmständer umfunktioniert wird? Nein, sagt Reifler und biegt vorsichtig ein etwa fünf Millimeter dünnes Band aus Ahornholz um ein sogenanntes Tropfeimerli, ein Gefäss, mit dem früher das Käsewasser aufgefangen wurde. »Wie so viele Berufsbilder hat sich auch das des Weissküfers verändert. Es nützt nichts, den alten Zeiten nachzutrauern.«

Der Beruf, der in vier Jahren erlernt werden kann, ist also ein anderer geworden. Geblieben ist das fachliche Können und das Wissen ums Holz. An einem Melkkübel etwa arbeitet Reifler fast drei Tage, vor allem die Schnitzereien sind sehr zeitaufwendig. Und was ist, wenn in der letzten Stunde ein Fehler passiert? Etwa das Schnitzmesser ausrutscht? »Das passiert nicht«, sagt Reifler. »Das tönt vielleicht überheblich – aber es passiert wirklich nicht.«

»Am liebsten bin ich von A bis Z dabei – vom Fällen des Baumes über das Erstellen des Objektes bis zum Verkauf. Bis heute fasziniert mich diese Ganzheitlichkeit an meinem Beruf.«

HANS REIFLER | WEISSKÜFER

ADRESSEN DER PORTRÄTIERTEN BETRIEBE

Familie Bachmann
Alphornmacherei
Führungen/Besenbeiz
Knubel 428
3537 Eggiwil
Tel. +41 (0)34 491 20 23
www.alphornmacherei.ch
bachmann@alphornmacherei.ch

Julian Huber
Risa Hutwerkstatt AG
Zinsmattenstrasse 10
5607 Hägglingen
Tel. +41 (0)56 624 20 40
www.risa.ch
info@risa.ch

Confiserie Beschle
Aeschenvorstadt 56
4051 Basel
Tel. +41 (0)61 295 40 50
www.beschle.ch
info@beschle.ch

Marion Geissbühler
ateliergeissbühler GmbH
von Tavelweg 1
3510 Konolfingen
Tel. +41 (0)31 791 03 22
www.ateliergeissbuehler.ch
schmuck@ateliergeissbuehler.ch

Familie Robert
und Daniel Werren
Hertistrasse 2
5704 Egliswil
Tel. +41 (0)62 775 22 87
www.schmid-werren.ch/
werren-geisseln

F. Blumer & Cie. AG
Windeggstrasse 16
8867 Niederurnen
Tel. +41 (0)55 644 11 17
www.blumer-f.ch
office@blumer-f.ch

Sepp Steiner
Verein Tellswerkstatt
Seestrasse 28
6442 Gersau
Tel. +41 (0)79 414 63 19
www.tellswerkstatt.ch
steiner@tellswerkstatt.ch

Robert Niederer
Hergiswiler Glas AG
Seestrasse 12
6052 Hergiswil am See
Tel. +41 (0)41 632 32 32
www.glasi.ch
info@glasi.ch

Werner Alder
Hackbrettbau
Kasernenstrasse 39a
9100 Herisau
Tel. +41 (0)71 352 37 07
www.alder-hackbrett.ch
info@alder-hackbrett.ch.

Familie Murith
La Ferme du Bourgoz
Chemin du Bourgo 14
1663 Gruyères
Tel. +41 (0)26 921 26 23
www.lafermedubourgoz.ch
info@lafermedubourgoz.ch

Christine Baumgartner
Enzian Keramik GmbH
Oberdorfstrasse 23
3792 Saanen
Tel. +41 (0)33 744 23 02
www.enziankeramik.ch
enziankeramik@gmx.ch

Jean-Pierre Damerau GmbH
Gütschhöhe 27
6003 Luzern
Tel. +41 (0)79 211 17 61
www.damerau.ch
info@damerau.ch

François Junod
Automatier Sculpteur
Rue des Rasses 17
1450 Ste-Croix
Tel. +41 (0)24 454 12 55
www.francoisjunod.com
automata-junod@vtxnet.ch

Willy Läng
Poya Malerei
Les Gais Pinsons
11, route de la Dent
1660 Château d'Oex
Tel. +41 (0)26 924 72 13
www.poyawilly.ch
willylang@bluewin.ch

Markus Flück
Holzbildhauer
Feldstrasse 18
3855 Brienz
Tel. +41 (0)78 789 74 54
www.markusflueck.com
info@markusflueck.com

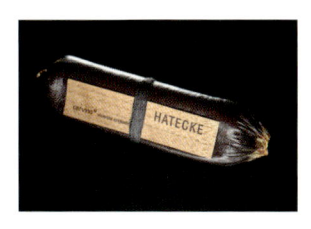

Metzgerei Ludwig Hatecke
Center Augustin Stradun 197
7550 Scuol
Tel. +41 (0)81 864 11 75
www.hatecke.ch
info@hatecke.ch

zai AG
Via dalla Stampa 8
7180 Disentis
Tel. +41 (0)81 936 44 55
www.zai.ch
info@zai.ch

Beatrice Straubhaar
Scherenschnitte/Découpages
Rue de l'Hôpital 45
1632 Riaz
Tel. +41 (0)33 765 34 71
www.scherischnitt.ch
info@scherischnitt.ch

Oskar Ebiner
Talstrasse 23
3916 Ferden
Tel. +41 (0)27 939 10 31
o.ebiner@bluewin.ch

Peter Wisler
Orginal Aemmitaler-Örgeli
Mauer 590
3454 Sumiswald
Tel. +41 (0)34 437 18 00
www.aemmitaler-oergeli.ch
p.wisler@sunrise.ch

Hansjörg Kilchenmann AG
Messerschmiede
Dornacherstrasse 192, Bau 4
4053 Basel
Tel. +41 (0)61 261 08 77
www.messer-hjk.ch
info@messer-hjk.ch

Creaziun Pastizaria Benderer
Plaz 64
7554 Sent
Tel. +41 (0)81 864 13 77
www.benderer.ch
benderer@bluewin.ch

Eva Durisch (-Hemmi)
Couture und Trachtenatelier
Ringstrasse 72
7000 Chur
Tel. +41 (0)81 284 37 68
evadurisch@bluewin.ch
Bündner Trachtenvereinigung:
www.buendnertracht.ch

Roger Dörig
Kunsthandwerk
Poststrasse 6
9050 Appenzell
Tel. +41 (0)71 787 11 82
www.myappenzell.com
info@myappenzell.com

Schreinerei Kavi
Hauptstrasse
7029 Peist
Tel. +41 (0)81 374 13 01
www.schreinerei-kavi.ch
kavi-peist@bluewin.ch

Armin Strom AG
Bözingestrasse 46
2502 Biel
Tel. +41 (0)32 343 33 44
www.arminstrom.com
info@arminstrom.com

Hans Reifler
Weissküferei, Drechslerei
und Holzwaren
Urnäscherstrasse 127
9064 Hundwil
Tel. +41 (0)71 367 13 40
www.reifler.ch
info@reifler.ch

DIE MACHER

YANNICK ANDREA Der ausgewiesene Fotograf aus Filisur begleitet für bekannte Schweizer Medien, Unternehmen und Non-Profit-Organisationen Menschen in Beruf, Umwelt und Kultur mit seiner Kamera. Seine Reisen auf fast allen Kontinenten haben ihn zum visuellen Handwerker gemacht. Er, der in seinem ersten Beruf Zimmermann war.

FRANZ BAMERT Der Urbündner und passionierte Berggänger liebt dieses Land und seine Leute. Als Reporter der Coopzeitung hat er beinahe jede Ecke der Schweiz gesehen und beschrieben – mit unverkennbarer Handschrift.

DOMINIK JOOS Der Historiker und Gründer des ersten Schulmuseums der Schweiz engagiert sich seit Jahren für die Dokumentation von aussterbendem immateriellem Kulturgut. Beim Schweizer Handwerk interessiert ihn dessen innovative Umsetzung.

ANINA RETHER Die Baslerin ist ausgebildete Musikerin. Sie führt eine feine Feder – und hat lange als Ressort-Leiterin bei der Schweizer Illustrierten das Schweizer Kunst- und Kulturleben begleitet. Hier leuchtet sie die unbekannten Facetten handwerklichen Tuns aus.

ERIKA SUTER Die ausgewiesene Fachjournalistin hat sich schon mit vielerlei schönen Dingen in unserem Land beschäftigt – Architektur, Wohnen und Dekoratives im Besonderen.

RETO WILHELM Der Tourismusfachmann kennt Brauchtum und Traditionen in allen Schweizer Regionen. Als Storyteller sucht er Menschen mit Passionen, die mit Kopf, Hand und Herz etwas Spezielles bewegen.

© 2016 Orell Füssli Verlag AG, Zürich
www.ofv.ch
Alle Rechte vorbehalten

Dieses Werk ist urheberrechtlich geschützt. Dadurch begründete Rechte, insbesondere der Übersetzung, des Nachdrucks, des Vortrags, der Entnahme von Abbildungen und Tabellen, der Funksendung, der Mikroverfilmung oder der Vervielfältigung auf andern Wegen und der Speicherung in Datenverarbeitungsanlagen, bleiben, auch bei nur auszugsweiser Verwertung, vorbehalten. Vervielfältigungen des Werkes oder von Teilen des Werkes sind auch im Einzelfall nur in den Grenzen der gesetzlichen Bestimmungen des Urheberrechtsgesetzes in der jeweils geltenden Fassung zulässig. Sie sind grundsätzlich vergütungspflichtig.

Fotografie: Yannick Andrea
Autoren: Franz Bamert, Reto Wilhelm, Dominik Joos, Anina Rether, Erika Suter
Lektorat / Korrektorat: Reto Wilhelm, Anina Rether, Esther Hürlimann
Umschlag, Grafische Gestaltung und Umbruch: buchundgrafik, Isabel Thalmann + Doris Grüniger, Zürich

ISBN 978-3-280-05627-1

Die Deutsche Nationalbibliothek verzeichnet diese Publikation in der Deutschen Nationalbibliografie; detaillierte bibliografische Daten sind im Internet unter www.dnb.de abrufbar.